André Shanteem

Öffne deinen Herzlotos

André Shanteem

Öffne deinen Herzlotos

Wie Sie über Ihr Herzenslicht
zu Freude, Klarheit und
tiefer Selbsterkenntnis gelangen

Lotos

FSC
www.fsc.org
MIX
Papier aus verantwortungsvollen Quellen
FSC® C014496

Verlagsgruppe Random House FSC®-N001967

Erste Auflage 2017

Redaktion: Dr. Diane Zilliges
Umschlaggestaltung: Christine Klell, Wien
Satz: Satzwerk Huber, Germering
Druck und Bindung: GGP Media GmbH, Pößneck
ISBN 978-3-7787-8269-9
www.ansata-integral-lotos.de
www.facebook.com/Integral.Lotos.Ansata

Inhalt

Einleitung

Zu Beginn des 21. Jahrhunderts scheint die Menschheit wieder einmal an der Schwelle zu stehen. Tatsächlich leben wir im Westen in einem in der Menschheitsgeschichte noch nie da gewesenen Reichtum mit großen individuellen Freiheiten – wobei dieser Trend noch lange nicht zu Ende sein dürfte. Dennoch fehlt auffallend vielen Menschen etwas. Das zeigt sich oftmals durch Gefühle der Leere, durch Unruhe und Unzufriedenheit, aber auch durch Energielosigkeit oder Aggression oder das Unbehagen gegenüber anderen Menschen.

Es ist also nicht unbedingt der äußere Reichtum, der uns glücklich macht, sondern es ist etwas anderes – etwas viel tiefer Liegendes. Genau danach suchen heute immer mehr Menschen.

Wie also kann man ein erfülltes, glückliches und befriedetes Leben führen? In diesem Buch finden Sie die Antwort. Denn es ist unser Herz, dessen wahre Energien in uns noch immer schlummern und nur darauf warten, endlich freigesetzt zu werden. Durch das Herzlotosprogramm, das Sie hier kennenlernen werden, können Sie Ihre Herzenergie bewusst befreien und dadurch jede Sekunde Ihres Lebens in aller Fülle genießen.

Um aus einem oft problemorientierten, verkopften Lebensgefühl in ein offenes, herzliches, spontanes Bewusstsein zu gelangen, gibt es also eine wunderbare »Quelle«, die Sie aktivieren können. So bleiben die Theorien über ein »herzliches, herzensvolles Leben« nicht bloß Theorien, sondern werden zu einer tatsächlich erlebten Wirklichkeit. Das Tor, durch das Sie die neue Welt betreten, ist der innere Lotos in Ihrer Brustmitte, der die alte Welt nach und nach auflöst und die wunderbare Wirklichkeit dahinter zum Vorschein bringt.

Dieses Buch ist ein praktisches Buch. Es bietet Ihnen einen konkret anwendbaren Leitfaden, wie Sie Ihr Herz öffnen können. Das Leben aus dem Herzen heraus bleibt so kein bloßes Wunschbild, sondern wird zu etwas, das Sie unmittelbar und aktiv erfahren.

Durch die Öffnung des Herzens findet in Ihnen eine tief gehende positive Veränderung statt. Was Sie zum Beispiel am Anfang ziemlich schnell merken werden, ist, dass Sie sich in all Ihrer Schönheit und mit all Ihren Potenzialen innerlich wieder aufrichten. Manche beschreiben es als ein »Erwachen«. Es ist so, als ob Sie lange Zeit in einer Art Schlafzustand gefangen gewesen wären, ohne es überhaupt zu bemerken. Erst durch die Herzöffnung erkennen Sie, wie vielseitig und klar das Leben wirklich ist. Manche beschreiben es auch als ein »Erwachsenwerden«. Üblicherweise werden die Menschen nach der Pubertät adoleszent, dennoch fehlt den meisten ein Leben lang etwas, ohne dass sie es genau benennen könnten. Es ist eine vage Ahnung, dass es im Leben noch mehr geben könnte hinter einem Horizont, der nicht greifbar ist. Indem Sie Ihren Herzlotos aktivieren, lüften Sie den Schleier. Es ist, als ob Sie einen Vorhang nicht nur beiseiteschieben, sondern gleich ganz auflösen. Damit eröffnet sich Ihnen eine klare und zugleich kraftvolle Sicht auf die Wirklichkeit, so wie sie tatsächlich ist.

Manche beschreiben die Herzlotosöffnung auch als Aktivierung des Inneren Kindes, durch die wir wieder eine verspielte

Frische und Leichtigkeit erlangen, die uns dann ein Leben lang begleitet. Das mag zwar paradox klingen, wenn wir durch die Herzöffnung zugleich endlich wirklich erwachsen werden, aber Paradoxe entstehen im Verstand, wenn er sich bestimmte Dinge nicht erklären kann. Genau genommen kann man die Herzöffnung auch nicht vom Verstand her erfassen – man kann sie nur zulassen und unmittelbar erfahren.

Was ich auch oft höre, ist, dass durch die Herzöffnung ein unmittelbares Ankommen stattfindet – ein Ankommen »zu Hause«, wobei dieses »Zuhause« das Leben selbst ist in all seiner stets frischen Schönheit und Magie.

Die Öffnung des Herzlotos ist mit all dem die ultimative Entwicklung. Eine Ent-wicklung aus unsichtbaren Banden, eine Befreiung aus einer Zelle hinter Gitterstäben, die uns jahrelang gefangen hielten und dadurch vom Strom des Lebens fernhielten. Zwar geht auch nach der Befreiung des Herzlotos die Entwicklung weiter, aber es ist dann ein Leben und Lernen aus dem Sein heraus. So wie ein Gefangener, der jahrelang eingesperrt war und das Leben dann in all seiner Vielfalt betritt, so begegnen auch Sie nun mit Ihrer aktiven Liebesenergie der Welt um Sie herum in all ihrer Schönheit. Was bleibt, ist das pure Sein, ein Zustand, der eigentlich nie weg war. Nur haben Sie ihn durch die Dominanz des Verstandes häufig einfach vergessen.

In diesem Buch wird an mehreren Stellen von Gott oder dem göttlichen Sein gesprochen. Damit beschreibe ich eine Erfahrung, die auf den Erfahrungen zahlreicher Mystiker vor mir aufbaut. Gott ist dabei nicht ein von uns getrennter, strenger Übervater, der außerhalb unserer Schöpfung darüber wacht, ob wir haargenau die Regeln einer bestimmten Religion befolgen. Vielmehr ist es das unmittelbare Bewusstsein, das alle Bereiche der Schöpfung durchdringt – uns eingeschlossen.

Wie es in der Bibel im Psalm 139,5 dazu heißt: »Von allen Seiten umgibst Du (Gott) mich und hältst Deine Hand über mir.« Oder im Koran: »Allah gehört der Osten und der Westen – wohin du dich wendest, überall ist Allahs Angesicht. Allah ist Allesdurchdringend und Allwissend« (2,115). Und wie es in der altindischen Chandogya Upanishad heißt: »Wahrhaftig, alles ist Brahman« (02,14,01).

Wenn wir Gott als von uns getrennt erleben, dann nicht, weil er wirklich von uns getrennt wäre, sondern weil wir Ihn als von uns getrennt wahrnehmen. Der durch die Herzöffnung erzeugte Zustand der Mystik oder des »Samadhi« beendet diese Trennung: Wir tauchen ein in das allumfassende Bewusstsein, das die ganze Zeit bereits vorhanden war. Der erwachte Mystiker stellt darum die Einheit mit dem göttlichen Sein nicht her, sondern erkennt sie lediglich.

Manche Mystiker vermeiden auch den Gottesbegriff und nennen das unmittelbare Bewusstsein anders. Dies heißt aber nicht, dass es im Bereich der Mystik einen Widerspruch zwischen Theisten und Atheisten gäbe, sondern lediglich, dass die Beschreibungen unterschiedlich sind, mit denen dieses allumfassende Sein erklärt wird.

Was bleibt, ist eine wunderbare und sehr klare Einheitserfahrung, die aber letztendlich nur schwer in Worte zu fassen ist. Sie können sie jedoch über Ihr Herz selbst realisieren und dann versuchen, diese Einheitserfahrung in Ihren eigenen Worten zu beschreiben. Das allerdings, was ich für Sie als Anregung in Worte fassen kann, sind Übungen und Meditationen, durch die Ihr Herzlotos aktiviert wird, sodass Sie für sich die Wahrheit hinter dem Horizont unmittelbar erfahren können.

Zur Anwendung des Praxisprogramms

In diesem Buch sind Übungen aus mehreren spirituellen Traditionen versammelt. Ich selbst bin Lehrer in der Sufi-Tradition, in diesem Buch sind aber auch Meditationsübungen aus dem Yoga, dem Zen und der christlichen Mystik zu finden.

Der Kontakt zum Herzlotos lässt sich in der Regel sehr schnell herstellen. Sie sitzen anfangs für eine bestimmte Zeit da und konzentrieren sich auf die Brustmitte. Schon nach wenigen Tagen haben Sie so Kontakt zu Ihrem spirituellen Liebesquell aufgenommen. Allein dieser erste Schritt ist schon eine Initiation für sich, die zur Folge hat, dass Sie für den Rest Ihres Lebens mit diesem Zentrum in Kontakt bleiben können. So entwickeln Sie immer tiefere und subtilere spirituelle Erkenntnisse bis zum Samadhi, der spirituellen Öffnung, in der Ihnen die Schönheit des Seins völlig bewusst wird.

Das ist das Besondere am Herzensweg: Sie brauchen dazu keine teuren Kurse oder Seminare zu besuchen. Es reicht, wenn Sie einfach für sich die Muße finden und auf Ihre Brustmitte meditieren – viele Anregungen dazu geben Ihnen die folgenden Kapitel. Alles Weitere vollzieht sich dann ganz natürlich. Sie brauchen auch nicht in andere Länder oder Städte zu reisen oder darauf zu warten, dass ein besonderer Guru erscheint. Das Herzzentrum schlummert die ganze Zeit in Ihnen, darauf wartend, endlich freigelegt und aktiviert zu werden.

In der Herzmeditation gibt es auch nicht viel zu denken, sondern es geht darum, unmittelbar zu sein. Wenn Sie sich erst einmal des Herzenslichts bewusst geworden sind, dann sucht es sich nämlich selbst Wege, um sich auszubreiten. Wie Wasser sich seinen Weg ganz natürlich durch Gestein bahnt, so geschieht auch die Herzensmeditation in der Regel aus sich heraus: Wenn Sie in sich das Herzenslicht einmal entdeckt haben, dann wird es sich automatisch einen Weg suchen, um sich dauerhaft in Ihrem Bewusstsein zu verankern. Es ist wie eine Kraft, die lange Zeit gefangen war und nun endlich freigesetzt wird. Sobald Sie mit dem Liebeslicht in der Brustmitte Kontakt aufnehmen, sucht es auch den Kontakt zu Ihnen.

Die Übungen in den einzelnen Kapiteln sind so gestaltet, dass Sie sie für sich frei auswählen können. Um es gleich vorwegzunehmen: Was dieses Buch nicht ist, ist ein strenger Lehrplan, durch den Sie im ersten Kapitel mit der Grundmeditation auf den Herzlotos anfangen und schließlich im letzten Kapitel zur Erleuchtung kommen. Sie können die Übungen aus den einzelnen Kapiteln jederzeit frei auswählen. Die einzige Übung, von der ich Ihnen rate, dass Sie sie regelmäßig anwenden, ist die Basisübung: die direkte Meditation auf den Herzlotos, wie sie im Kapitel »Die Praxis der Herzlotosmeditation« beschrieben wird. Alle anderen können Sie dann völlig frei nach Ihrem Gusto umsetzen.

Genauso brauchen Sie auch nicht alle Übungen aus dem Buch zu machen. Wenn Sie mit der Praxis beginnen und für sich feststellen, dass Ihnen die eine oder andere Übung erst mal nicht guttut, dann lassen Sie sie einfach weg und konzentrieren Sie sich stattdessen lieber auf die anderen Angebote, die Ihnen guttun. Manchmal kann es sein, dass Sie die Übungen dann später doch machen wollen. Auch hier gilt: Es gibt keinen Zwang.

Den Herzlotos kann man nicht mit Gewalt befreien. Wenn Sie das Gefühl haben, eine bestimmte Übung ist hilfreich dabei, wieder mit Ihrem Herzen in Kontakt zu kommen, dann ist es gut. Wenn Sie aber merken, Sie fühlen sich bei einer speziellen Übung nicht gut, dann erzwingen Sie nichts, sondern konzentrieren Sie sich lieber auf das, was sich gut anfühlt.

Speziell im Tantra-Yoga wird dem Herzlotos das Reh als eine Art Krafttier zugeordnet. Ein Reh kann man nicht zwingen, zu einem zu kommen. Man kann es nur mit großer Achtsamkeit anlocken. Ebenso ist es mit dem Herzlotos: Er ist bei vielen von uns verschlossen, weil wir in unserem Leben permanent Zwängen unterworfen sind. Wie aber könnten wir einen bereits erzwungenen Zustand durch neuen Zwang beenden? Ihr Herz befreien Sie darum nicht mit Druck, sondern indem Sie einfühlsam auf Ihren Brustlotos achten, um so das feine Licht in Ihrer Brustmitte wieder zum Leuchten zu bringen. Die in der Gesellschaft jahrzehntelang antrainierten Blockaden fallen dann in der Regel nach und nach von allein von Ihnen ab.

Auch bei der Länge der Meditationen gibt es keine Vorschriften: Sie können die einzelnen Techniken regelmäßig für ein paar Sekunden anwenden, wodurch sich bereits ein positiver Effekt ergibt. Sie können aber genauso gut die einzelnen Übungen für einen längeren Zeitraum anwenden – von zwei Minuten bis zu zwei Stunden.

Als generelles Maß für eine gute Meditation gilt allerdings der Zeitraum von fünf Minuten bis zu einer halben Stunde. Wenn Sie es schaffen, für diesen Zeitraum vor allem regelmäßig die erste Grundmeditation auf die innere Sonne, die Konzentration auf die Brustmitte, anzuwenden, dann ist es gut. Wenn Sie aber aufgrund anderer Verpflichtungen die Zeit für eine regelmäßige Herzlotospraxis nicht haben, dann ist es auch kein Problem.

Allerdings, überlegen Sie mal: Wie viel Ihrer Zeit geht für bestimmte Kurzweiligkeiten drauf, fürs Fernsehen, Lesen, am Computersitzen? Vielleicht wollen Sie mit der Zeit diesen ablenkenden Konsum reduzieren und sich wieder auf das Wesentliche konzentrieren. Durch den Herzlotos bekommen Sie einen direkten Zugang zu sich selbst. Im Herzen ist bereits alles vorhanden. Wenn Sie tief in sich gehen, erleben Sie gleichzeitig Fülle und Leere in solch einer Intension, dass dagegen alle äußerlichen Ablenkungen verblassen. Im Herzen liegt Ihre Heimat. Wenn Sie wieder bei sich angekommen sind, brauchen Sie nichts anderes mehr, um glücklich zu sein. Sie können dann stundenlang dasitzen und nur bei sich in der inneren Sonne sein, ohne etwas zu denken, und trotzdem wird Ihnen nicht langweilig. Dies ist der Zustand tiefen Glücks – eine Freude, die Sie einfach nur darüber erleben, dass es Sie gibt.

Wenn Sie nach der Meditation in die Außenwelt gehen, dann erleben Sie Ihre vertraute Welt mit völlig neuen Augen. Dinge, die Ihnen zuvor vielleicht als unwichtig erschienen oder die Sie als uninteressant und überschaubar erlebten, sehen Sie nun aus einer völlig neuen Perspektive. Sie werden aber auch feststellen, dass Sie die Qualität des Herzens mit nach außen tragen. Sie beleuchten dann regelrecht Ihre Lebenswelt mit den wunderbaren Strahlen Ihres Herzlotos. Sie werden zugleich bemerken, dass die Welt außen nicht das Eigentliche ist. Das Eigentliche ist das Innere, zu dem Sie jederzeit über das Seelentor – das Herzzentrum – zurückkehren können.

Wenn Sie mit der Basisübung, der Konzentration auf die Brustmitte beginnen, werden Sie sehr schnell positive Resultate erleben. Dies ist auch der Unterschied zu anderen mächtigen Meditationstechniken wie etwa zum Lösen von Koans – paradoxen Rätseln im Zen –, oder zur Meditation auf den

Leidensweg bestimmter Heiliger, die die Menschen ebenfalls zum Erwachen führen können. Allerdings braucht es bei diesen Techniken oftmals sehr lange, bis die Wirkung spürbar wird. Bei der Herzlotosmeditation hingegen spüren Sie das positive Licht und die Wärme des Herzens sehr schnell – ein überaus freudiger Zustand, der in Ihnen eigentlich die ganze Zeit geschlummert hat und der nur darauf gewartet hat, um von Ihnen wieder freigesetzt zu werden.

Ein paar Hinweise zum Sitzen

Achten Sie bei längeren Meditationen darauf, dass Sie bequem sitzen. Besonders in der Zen-Tradition kursieren Geschichten von Mönchen, die bewusst längere Zeit in völlig unbequemen Positionen kauerten, bis sie ernsthafte körperliche Schäden hatten – sie erlangten auf diesem Weg Erlösung. Ohne das Ergebnis dieser Mönche infrage zu stellen, lehrt die Sufi-Tradition, der ich entstamme, einen anderen Ansatz: Unbequemes Sitzen verursacht irgendwann Schmerzen, und dauerhafte Schmerzen lassen die Aufmerksamkeit abwandern. Grundsätzlich gilt darum: Bei der Herzensmeditation sollten Sie Ihren Körper im negativen Sinne so wenig wie möglich spüren. Sitzen Sie darum so angenehm, wie es machbar ist.

Ich empfehle das entspannte Sitzen auf einem gepolsterten Stuhl mit Rückenlehne oder im Schneidersitz auf einem breiten, gemütlichen Sofa oder das Sitzen auf mehreren Kissen mit der Möglichkeit, sich anzulehnen, während Ihr Rücken gerade bleibt.

Es geht darum, sich über den Herzlotos auf das göttliche Sein zu konzentrieren. Dabei ist es unnötig, Energie zu verschwenden, indem wir unbequem sitzen. Was ich beschrieb, sind aber nur Vorschläge: Wenn Sie bereits gute Erfahrungen mit bestimmten Meditationssitzen gemacht haben, sei es der Fersensitz oder der Lotossitz, dann können Sie natürlich auch in diesen Positionen Ihr inneres Licht fokussieren.

Ansonsten aber rate ich dazu, sich einen bequemen und gepolsterten Stuhl zu besorgen, auf dem Sie problemlos auch für längere Zeit sitzen können. Um der Gefahr vorzubeugen, dass Sie auf allzu vertrauten Sitzgelegenheiten bei sich zu Hause wieder zu sehr in alltägliche Gedankenmuster geraten, können Sie sich anfangs sogar einen Stuhl extra nur für die Herzmeditation hinstellen, den Sie in einer separaten Ecke in der Wohnung aufbewahren. Dieser Stuhl dient dann nur Ihrer Herzlotospraxis und nichts anderem. Sie sollten aber bei der Neuanschaffung darauf achten, dass Sie so angenehm wie möglich sitzen. Ansonsten suchen Sie sich eine Sitzgelegenheit in Ihrer Wohnung, von der Sie schon wissen, dass Sie dort für längere Zeit aufrecht, aber entspannt verharren können.

Der Herzlotos – das unbekannte Organ

Wir Menschen tragen in uns einen pulsierenden Quell der Freude, der darauf wartet, von uns freigelegt zu werden. Dieser Brunnen ist das spirituelle Herz, das schon seit frühester Kindheit in uns lebt. Es war seither nie wirklich weg: Wir haben es allenfalls vergessen. Weil dieses Organ nie richtig gefördert wurde, ist es vielleicht verkümmert. Doch auch wenn wir es im Alltag meist nicht spüren: Es ist ein Teil unseres menschlichen Erbes, eine Art Geschenk, das uns mitgegeben wurde, um ein erfülltes Leben zu führen.

Das Herz hat in seiner Gesamtheit viele positive Aspekte: So gilt es als das Organ der Liebe. Wenn wir frisch verliebt sind, fängt unser Herz an, in einem bestimmten Rhythmus zu schlagen: Wir sind dabei hellwach und werden von Glückshormonen überflutet, die uns sowohl Leichtigkeit als auch Klarheit und große Gewissheit verleihen. Frischverliebte begegnen all ihren Mitmenschen mit großer Aufmerksamkeit und Offenheit. Feinde von gestern erscheinen ihnen plötzlich als normale Menschen mit ihren ganz besonderen Eigenheiten, und auf einmal wirken auch im Alltag viele zuvor unwichtige Details interessant.

Stellen Sie sich einmal vor, dieses himmlische Gefühl des Frischverliebtseins sei nicht nur auf wenige Tage in unserem

Leben begrenzt; vielmehr könnten Sie über diese Leichtigkeit und innere Freude andauernd verfügen. Wie würde es sich wohl anfühlen, wenn Sie diese Wachheit in allen Situationen des Lebens voll auskosten könnten?

Das Herz ist der Schlüssel dazu. Und es ist auch wie ein Fenster zur Welt. Wir wissen von fünf Sinnesorganen; aber wussten Sie, dass auch das Herz ein spezielles Sinnesorgan ist, mit dem wir die Welt wahrnehmen? Es ist wie ein Spiegel, der das Äußere reflektiert. Bei den meisten Menschen ist dieser Spiegel allerdings grau und trübe. Dadurch erscheinen ihnen auch die Welt und die Mitmenschen grau und trübe. Woher kommt es, dass manche Menschen andere ständig nur in schlechtem Licht sehen, ohne dass sie sie überhaupt richtig kennen? Die Antwort aus meiner Sicht ist, dass der Herzspiegel dieser Menschen verdunkelt ist. Die Umwelt und die anderen erscheinen auf diese Weise düster und feindselig. Ist aber der Herzensspiegel klar poliert, so sehen wir unsere Mitbürger in völlig neuem Licht. Wir erkennen, dass die Menschen, mit denen wir weniger gut zurechtkommen, lediglich ihre Eigenheiten haben, die es nicht unbedingt zu verurteilen gilt.

Unsere Sicht auf die Welt verändert sich durch ein offenes Herz tatsächlich komplett. Nicht die Welt um uns herum ist dann anders geworden, vielmehr hat sich unser Bewusstsein, unsere Wahrnehmung der Welt verwandelt.

Das Herz ist aber auch ein Organ zur unmittelbaren spirituellen Erfahrung. Im Lauf der Geschichte gab es in der Theologie immer wieder einige logische Gottesbeweise, so die von Platon, Aristoteles, Anselm von Canterbury, Spinoza, Descartes und aktuell den von Kurt Gödel. Doch auch bei diesen

»Beweisen« bleiben Zweifel, denn letztendlich sind es nur Theorien und alles, was logisch bewiesen werden kann, könnte auch logisch widerlegt werden.

Die Gottesschau des Herzens ist eine andere, eine mystische. Hier wird nichts mit dem Verstand logisch gerechtfertigt, vielmehr wird das Spirituelle bewusst erfahren. Es handelt sich um jenes Phänomen, das die Mystiker unio mystica (Vereinigung mit dem Göttlichen) oder visio beatifica (Schau des Göttlichen) nennen: ein Gewahrsein des Vollkommenen ohne alle Zweifel.

Das Herz ist zugleich auch ein wichtiger Ratgeber. Wir haben mit ihm einen Gefährten an unserer Seite, der uns unmittelbar auf rechte Weise leitet, einen Boten höherer Erkenntnis, der uns den sicheren Weg durchs Leben zeigt. Wenn unser Herzlotos offen ist, dann spüren wir unmittelbar, was für uns gut ist und was nicht. So bemerkte schon Hildegard von Bingen: »Der Mensch sollte alle seine Werke zunächst einmal im Herzen erwägen, bevor er sie ausführt.«

Wie der Sufi Al Ghazzali (gest. 1111) schreibt, ist das Herz nicht nur das Organ der Gotterkenntnis, sondern auch das eigentliche Organ der Weisheit. Das Herz, so Al Ghazzali, ist dabei von engelhafter Substanz und sehnt sich deshalb zurück nach seinem himmlischen Ursprung. Indem die Menschen ihrem Herzen folgen, finden sie ihren Weg zurück zum Himmel und damit zur Glückseligkeit. Verschließen sich Menschen jedoch diesem Boten, so übernehmen andere, triebhafte Impulse die Macht, wodurch die Menschen sich und andere ins Unglück stürzen.

Es ist, als lebte in unserem Innern ein Lotse, der uns mitten im irdischen Leben schnurstracks zurückbringt zu unserer himmlischen Heimat. In diesem Leben gibt es viele Stationen zu passieren, und immer wieder machen wir auch Halt für bestimmte Erfahrungen. Doch kommen wir von unserem Ziel ab, so wird unser Herzenslotse unruhig. Er warnt uns gleichsam, sodass wir spüren können, dass etwas nicht stimmt, und wir unseren Weg wieder begradigen können.

Der befreite Herzlotos versetzt uns nicht zuletzt auch in einen Zustand hoher Konzentration. Darunter darf man sich nichts Anstrengendes vorstellen, vielmehr etwas sehr Fließendes, Weiches. Normalerweise ist unsere Aufmerksamkeit abgelenkt, da ständig an dies und das gedacht werden muss. Es entspinnen sich innere Dialoge, durch die wir unsere Sicht auf die Welt ständig neu zu bestätigen suchen. Durch das Feuer der Liebe aber werden wir in eine sehr klare Aufmerksamkeit versetzt – ein Zustand, in dem wir die Welt weitgehend ohne den Filter der Gedanken wahrnehmen.

Das Herz ist auch ein Organ der Vergebung und der Segnung. Der logisch denkende Verstand erinnert sich ständig an schlechte Taten unserer Mitmenschen und sucht deshalb nach Vergeltung oder Wiedergutmachung. Im Herzen löst sich die Logik des Vorwurfs und der Rache einfach auf. Sie wird durch keine Kraft mehr gespeist, sodass Verzeihen stattfinden kann.

Der natürliche Zustand unseres Herzens besteht darin, dass wir ständig Segnungen aussenden und empfangen. Es ist wie ein Resonanzkörper in uns, der andere Resonanzkörper ebenfalls zum Schwingen bringt. Bei offenem Herzlotos wünschen Sie Ihren Mitmenschen nichts Schlechtes mehr. Im Gegenteil: Sie wünschen sich, dass alle Menschen an diesem Glück teilhaben. Wenn immer mehr von uns ihren Herzlotos befreien, würden auch Elend und Leid auf der Erde aufgelöst. Es wird eine Vibration freigesetzt, die uns voll und ganz erfasst und von uns auch ständig auf andere Menschen übergeht.

Das Herz ist ein Quell der Freude. Normalerweise schlägt es freudig, wenn wir im Äußeren vom Leben beschenkt werden:

ob es sich um das Wiedersehen mit einen Freund handelt, das erste Rendezvous, einen prächtigen Gewinn oder auch den Sieg der eigenen Fußballmannschaft. Durch einen speziellen Herzpuls entsteht dann Freude, die bald wieder vergeht, wenn der Alltag mit all seinen Aufgaben und Problemen zurückkehrt. Doch stellen Sie sich vor, wie es wäre, wenn diese vitale Freude nicht nur von kurzer Dauer wäre und von äußeren Dingen abhinge, sondern wenn sie stabil und von Äußerlichkeiten völlig unabhängig wäre.

Manche Zweifler sagen, zur Freude müsse auch Leid gehören und dass darum ein ausschließlich freudvolles Leben zu einseitig wäre. Doch die Menschen, deren Herz geöffnet ist, berichten, dass Freude der Urzustand unserer Seele ist. Freude ist wie die Rückkehr zu unserem eigentlichen Selbst. Frustration und Leid sind demnach unnatürlich: Sie gleichen Gitterstäben, die unser Selbst gefangen halten. Wenn aber der eigentliche Urzustand unserer Seele eine freudige Leichtigkeit ist, warum sollen wir dann in dunklen Gefühlen eingesperrt bleiben?

Durch die Entfaltung des Herzens erlangen wir auch eine Erfahrung des eigentlichen Selbst, das manche als die Seele bezeichnen. Der Urzustand der Seele ist reine Glückseligkeit, eine Erfahrung, von der auch Mystiker aller Religionen berichten: eine Seligkeit, die aus sich selbst heraus entsteht.

Gerade in der heutigen Zeit versuchen Menschen, Glückseligkeit vor allem durch äußere Mittel zu erlangen: durch Alkohol, Drogen und Medikamente genauso wie durch materielle Dinge wie Konsumgüter und Statussymbole, teilweise auch durch Liebespartner oder ein besonderes Ansehen der eigenen Person. Da aber äußere Dinge keinen dauerhaften Bestand haben, hat auch die äußerlich hergestellte Freude keine Dauer: Auf den Rausch folgt der Kater, auf das Stimmungshoch der Absturz, auf die Freude über einen bestimmten Konsumartikel folgt die Sehnsucht nach dem nächsten Kaufobjekt und dem Frischverliebtsein folgt oft die Beziehungsroutine oder gar der Beziehungsfrust.

Anders hingegen ist der freudige Zustand der Seele. Er ist im Prinzip immer vorhanden: ein Glück, das aus sich heraus besteht und nur darauf wartet, von uns Menschen wiederentdeckt zu werden. Die Seele ist aus sich heraus glücklich und offen, völlig unabhängig von äußeren Dingen.

Mystiker sagen, dass die Seele und das damit verbundene Glücksgefühl nie wirklich abwesend waren. Wir Menschen haben nur das ursprüngliche Gefühl der Seele vergessen. Es ist wie ein Schatz, der endlich geborgen werden will.

Der Erfahrung der Mystiker nach ist die menschliche Seele mit der All-Seele verbunden: mit der göttlichen Seele, die alles umfasst und alles durchdringt. So eröffnet sich über die Erfahrung der eigenen Seele auch ein Zugang zu Gott: die Unio Mystica, von der unabhängig voneinander mehrere Heilige aus verschiedenen Weltreligionen berichtet haben.

Die Herzöffnung als universelle spirituelle Konstante

Die Herzöffnung ist wahrscheinlich eine der ältesten spirituellen Techniken überhaupt. Zu fast allen Zeiten und in eigentlich allen Religionen wurde es als zentrales Organ der religiösen Erfahrung erwähnt. Zwischen den einzelnen Religionen mag es zahlreiche theologische Unterschiede geben – gemeinsam aber ist allen die mystische Erfahrung der universellen Liebe, die mit der Öffnung des Herzens einhergeht.

So heißt es bereits in der Thora: »Schaffe in mir Gott ein reines Herz« (Psalm 51,12). Jesus spricht in der Bergpredigt:

»Selig sind, die reinen Herzens sind, denn sie werden Gott schauen« (Math 5,8). Und Franz von Assisi sagt: »Ein Mensch mit gütigem, hoffendem Herz fliegt, läuft und freut sich, er ist frei. Weil er geben kann, empfängt er, weil er hoffen kann, liebt er.«

Die Meditation über das Herz ist so auch eine wichtige Technik bei vielen Christen. Manche meditieren in ihren Exerzitien zum Beispiel über das Herz Jesus als eines seiner Wundmale bei der Kreuzigung am Berg Golgatha, und im Herzensgebet der orthodoxen Mönche erfolgt ununterbrochen die Anrufung von Jesus, bis sie schließlich völlig übergeht in den Atem und den Puls.

Im Vajrajana-Buddhismus wird ebenfalls die Meditation auf das feinstoffliche Herz gelehrt. Wie Buddha spricht: »Nach der Reue ist mein Herz leicht wie eine Wolke, die unbeschwert am Himmel dahinsegelt.« Und wie der Zen-Meister Ganseki spricht: »Der Buddha ist das gute Herz.« Sein Schüler Doppa lehrt später: »Das Wichtigste in der Welt ist ein gutes Herz.«

Auch im Hinduismus spielt diese Öffnung eine wichtige Rolle. So ist die Meditation auf die Brustmitte die zentrale Praxis gleich mehrerer Yoga-Systeme, so des Bhakti-Yoga oder des Laya-Yoga. Nachdem die Yogis mehrere Yoga-Positionen (Asanas) und Reinigungsübungen (Kryas) gelernt haben, beginnt die Meditation auf das feinstoffliche Herz, um so die spirituelle Erleuchtung (Samadhi) zu erlangen.

Wie es im Vydhya-Tantra über die Herzöffnung heißt: »Ich bin reine Freude und Glückseligkeit.« Und in der Chandogya Upanishad: »Dieser ist mein Atman (Selbst) im inneren Herzen, kleiner als ein Reiskorn oder Gerstenkorn oder Hirsekorn oder eines Hirsekornes Kern. Dies ist mein Atman (Selbst) im inneren Herzen, größer als die Erde, größer als der Himmel, größer als die Welten« (3,14).

Auch im mystischen Islam spielt die Herzöffnung eine wichtige Rolle. In fast allen Suren des Koran wird das Herz als Ort der Bewusstwerdung erwähnt. Wie es zum Beispiel in der Sure Ar-Rad heißt: »Er (Allah) führt die zu Sich zurück, die glauben und deren Herz im Gottgedenken Ruhe findet« (13,27). Die Sure 94 widmet sich sogar ganz dem Prozess der Erleuchtung des Herzens: »Habe Ich (Gott) dir nicht die Brust geöffnet und dich von der Beschwernis befreit?« (94,1–2)

Darüber hinaus beziehen sich zahlreiche Aussprüche des Propheten Mohammed auf die Öffnung des Herzens. »Gott ist bei dem, dessen Herzen um Seinetwillen geöffnet ist.« »Das Herz ist die Wohnstatt Gottes.« »Die ganze Schöpfung ist nicht groß genug, um Gottes Schönheit zu fassen – aber das Herz der Gläubigen ist groß genug, um Gottes Schönheit zu fassen.«

Im Sufismus, der islamischen Mystik, spielt darum der Quell in der Brustmitte eine zentrale Rolle. Bei ihrer Initiation sitzen sich die Sufis gegenüber, um so das geheime Zentrum in der Brustmitte (Sirr) zu aktivieren.

Auch aus der chinesischen Tradition gibt es zahlreiche Überlieferungen zum Herzen. So schreibt etwa Laotse: »Das Herz im Himmel – den Himmel im Herzen.« Und Konfuzius: »Wenn im Herzen Aufrichtigkeit ist, wird sich Schönheit im Wesen zeigen.«

Das Herz ist tatsächlich eines der großen Mysterien der Menschheit. Es wurde in der Minne hochgelobt, in Märchen thematisiert und von Dichtern wie Goethe, Novalis oder Hölderlin besungen. Im klassischen Japan wurde es in Haikus genauso verklärt wie in den orientalischen Dichtungen von Saadi, Hafiz oder den Erzählungen aus Tausendundeiner Nacht.

Es wurde über die Kontinente hinweg in der sakralen Kunst verewigt, sei es in den Kirchen und Kathedralen des Abendlandes; in indischen Tempelanlagen oder in orientalischen Kalligrafien. Genauso wurde es auch in der Musik behandelt: in volkstümlichen Liedern, klassischen Opern, aber auch über die Erde hinweg in unzähligen modernen Popsongs.

Das irdische Exil

Doch warum sind sich die meisten Menschen dieser universellen Liebesenergie nicht bewusst? Warum gibt es so viel Hunger und Krankheit, Terror, Krieg und Ausbeutung, aber auch Wohlstandsleiden wie psychische Leere, Depressionen und Süchte?

Der Grund besteht aus Sicht der Sufis darin, dass die Menschen durch ihre angelernten Konzepte, Ich-Vorstellungen und Gewohnheiten aus ihrer Mitte gebracht wurden. Im Laufe der Sozialisation bekommen junge Menschen von der Gesellschaft zahlreiche Rollenbilder, Strategien und Konzepte überliefert, die sich in den Köpfen verankern. Ab einem gewissen Alter haben sie dann den Kopf voll mit allen möglichen Gedanken, sodass der subtile Herzimpuls übertönt und schließlich ganz vergessen wird.

Darum schreibt Rumi im Mathnawi in seiner Meditation über das Schilfrohr: »Ist das Schilf voll mit Mark, so können darauf keine Melodien erklingen. Erst wenn das Innere des Rohrs ausgebrannt ist, können darauf die Lobpreisungen Gottes klingen.« Das Schilf ist in diesem Gleichnis unsere Persönlichkeit, die voll ist mit Gedankenmustern, Erwartungen, Konzepten und negativen Prägungen, die uns blockieren. Wenn diese Blockaden verschwinden, so kann auch der Herzton in uns frei vibrieren.

Auch Laotse schreibt etwas Ähnliches: »Der einen engen Verstand hat, hat kein breites Herz.« Damit wird angedeutet, dass es der menschliche Verstand ist, der uns von unserer zentralen Liebesenergie abbringt. Ist der Kopf eingeschränkt durch alle möglichen Sorgen, Urteile und Konzepte, so sind wir von unserer Liebesenergie getrennt.

Auch in der modernen Psychologie werden die Mechanismen der seelischen Verkümmerung beschrieben. So lehrt der Begründer der Psychoanalyse, Siegmund Freud, dass wir während des Prozesses der Kulturation andauernd moralischen Imperativen ausgesetzt sind, durch die sich ein Über-Ich in unseren Köpfen etabliert, dass uns dauerhaft aus unserer Mitte bringt und in Gewissenkonflikte stürzt. So haben wir bald immer weniger Bezug zu uns selbst und unseren Gefühlen.

Der Freud-Schüler und Begründer der Humanistischen Psychologie Wilhelm Reich lehrt, dass wir seit der frühesten Kindheit und Jugend immer wieder Zurückweisungen, Traumata und Verletzungen ausgesetzt sind, auf die wir mit Verhärtung reagieren, die sich sowohl körperlich als auch psychisch manifestieren. Sie schützen uns zwar in gewisser Weise vor Zurückweisungen, Beleidigungen und psychischen Verletzungen, allerdings entsteht dabei auch ein Charakterpanzer, der uns leicht verächtlich werden lässt sowohl gegenüber den eigenen Gefühlen als auch gegenüber der Besonderheit und dem Leiden anderer Menschen. So kommt es, dass wir aus Angst vor Verletzungen immer zynischer und zurückweisender werden können gegenüber den Mitmenschen – die natürliche, grundsätzliche Liebesenergie geht verloren.

Einer esoterischen Überlieferung nach gehört es zur menschlichen Entwicklung dazu, dass wir erst einmal unseren göttlichen Ursprung vergessen müssen. Wir gehen in einem oder mehreren Leben durch verschiedene Erfahrungen hindurch, um uns am Ende auf einer bewussteren Stufe wieder mit dem Göttlichen zu vereinen.

Wie es in einem Ausspruch des Propheten Mohammed heißt: »Ich (Allah) war ein verborgener Schatz, darum erschuf ich die Welt, damit sie mich sucht und findet.« Und wie der weise Rabbi Nachman spricht: »Gott versteckt sich in Seiner von Ihm erschaffenen Welt vor den Menschen, damit sie Ihn suchen und finden.«

Gemeint ist: Die Reise des Menschen durch die Schöpfung beginnt mit einer vermeintlichen Trennung. Er sammelt durch diese Isolation viele Erfahrungen, die ihn dann wieder in die Einheit bringen.

Aus Sicht vieler Sufis war darum der »Sündenfall« von Adam und Eva ein Teil des göttlichen Plans: Die Menschen mussten erst einmal ihre göttliche Herkunft vergessen, um in der Schöpfung dann wieder das göttliche Sein neu für sich zu entdecken.

Sufis sprechen manchmal vom »irdischen Exil«: Die Seele der Menschen weilt demnach von ihrem Ursprung getrennt in der irdischen Sphäre und sehnt sich danach, mit ihrer himmlischen Herkunft wieder vereint zu sein – auch wenn der Verstand diesen Ursprung scheinbar vergessen hat.

Bezeichnend dafür ist eine Erzählung des persischen Mystikers Suhrawardi, der die Situation so beschreibt: Der Ursprung der Menschen liegt im Lichtland im Osten. Eines Tages geht ein junger Mann auf Wanderschaft nach Westen, um dort Dinge zu erledigen und Erfahrungen zu sammeln. Auf der Reise jedoch gerät der Wanderer in Gefangenschaft und wird in ein dunkles, vergittertes Erdloch gesperrt. Er findet sich schließlich mit seiner Gefangenschaft ab und vergisst sogar seine göttliche Heimat, schließlich hält er – ähnlich wie in Platons Höhlengleichnis – die Höhle irgendwann für die einzig reale Welt. Der Wanderer in dieser Geschichte ist das Herz, das himmlischen Ursprungs und nun auf der Erde gefangen ist. Allerdings weiß es, dass die Gefangenschaft nicht das eigentliche Leben ist.

So sehnt sich das Herz danach, wieder in der himmlischen Heimat anzukommen, wobei es nicht so ist, dass dieser Zustand erst nach dem Tod oder in einem der nächsten Leben erreicht werden kann, sondern durchaus schon in diesem Leben.

Die Wirkung der Herzlotospraxis

Bevor Sie mit der Herzlotosmeditation beginnen, möchte ich Ihnen noch ein paar Hinweise darauf mitgeben, was Ihnen auf dieser wunderbaren Reise passieren kann. Dies sind keine Fixpunkte, sondern wirklich nur Hinweise auf Dinge, auf die Sie vorbereitet sein sollten.

Die wunderbare Qualität des Augenblicks

Wenn Ihr Bewusstsein auf dem Herzlotos ruht, erleben Sie die wunderbare Qualität des Augenblicks. Die Grundmentalität unserer Kultur ist aktuell die, dass wir uns in Gedanken mit Vergangenem oder Zukünftigem beschäftigen. Das führt dazu, dass wir ständig den Kopf voll von Dingen haben, die uns den Augenblick, den wir gerade erleben, gar nicht wahrnehmen lassen. Wir ignorieren die wunderbare Welt um uns herum. Und wir sind grundsätzlich ungeduldig, weil wir den Moment, der gerade ist, am liebsten überspringen möchten. Dann geht jemand zum Beispiel durch eine Parkanlage, weil er auf der anderen Seite des Parks ein wichtiges Geschäft erledigen will. Sein Kopf ist dabei voll mit Gedanken, sodass der Gang durch den Park nur als Ballast angesehen wird. Er sieht weder die Pracht der Pflanzen um sich her noch denkt er konstruktiv an den Termin. Vielmehr verlieren sich seine Gedanken in bereits bekannten, immer wiederkehrenden Mustern. Die Schönheit des Augenblicks ist ihm nicht präsent.

Mit einem geöffneten Herzen ist es anders. Da erkennen Sie die grenzenlose Fülle an Schönheit, die der jeweilige Augenblick bietet: ein hübsches Mädchen, das Sie vielleicht anlächelt; ein wunderbares Lichtspiel aufgrund des Wetters; eine bestimmte Wolkenfiguration am Himmel oder in der Baumkrone ein Vogel, der gerade ein Nest baut … Das heißt nicht, dass der Geschäftstermin danach weniger wichtig ist, nur erleben Sie jetzt diesen gegenwärtigen Moment in seiner vollen Intensität. Durch Ihren Herzlotos haben Sie direkten Zugang zu diesem wunderbaren Augenblick.

Selbstverlust

Eine Erfahrung, die viele aus dem Herzen heraus teilen, ist der Selbstverlust. In diesen wundervollen Momenten erleben Sie gewissermaßen, dass es Sie gar nicht mehr gibt. Es besteht nur noch die aktuelle Situation im gegenwärtigen Moment. Dieser Zustand des Selbstverlusts ist schwer zu erklären – Sie können ihn nur erleben und sich von der dabei entstehenden großen Gelassenheit, dem Frieden und der Bewusstheit tragen lassen. Sie können sich in der Betrachtung des äußeren Raums »verlieren«, zum Beispiel der Naturschauspiele um sich herum, aber auch in alltäglichen Situationen. Oder Sie verweilen ganz und gar im Herzlotos. Der Augenblick ist dann wie Ihre eigentliche Heimat – ein Moment, in dem alles stimmig ist. Sie sind wie ein Windhauch, wie ein stilles Lüftchen, das sich im gegenwärtigen Moment zeigt. Das Sein und Sie sind dabei in bewusster Form eins. Und wenn Sie den Augenblick wieder verlassen, fühlen Sie sich in der Regel sehr erfrischt und wie neugeboren.

Wie ein Mann berichtet: »Ich wohne in einem schönen Stadtteil: prächtige Häuser mit schönen Fassaden, mehrere Parkanlagen. Eigentlich bin ich aber ein Leben lang nur durch diese schönen Plätze gerannt, um den Moment zu überspringen, ich wollte ständig an einem anderen Ort sein. Erst durch das Bewusstwerden des Augenblicks, durch das Sein im Herzen wurde mir dann klar, wie prächtig jeder einzelne Moment ist. Eigentlich ist die Welt wie ein gigantisches Wimmelbuch – egal wohin mein Blick fällt, überall gibt es Wunderbares zu entdecken und überall sehe ich Zeichen der göttlichen Präsenz. Allerdings, während bei einem Wimmelbuch der Blick oft schnell hin und her springt, bleibt mein Blick an einem Gegenstand, einer Perspektive oft über längere Zeit still hängen – das ist dieser eine Moment, der mal wenige Minuten dauern kann, mal mehrere Stunden, für mich hat das mittlerweile keine Bedeutung mehr.«

Manche erleben das Eintauchen in den Augenblick auch wie eine Art Reinigung – eine Art Absolution, durch die die Beschwernisse der Welt einfach weggewaschen werden. Eine Frau beschreibt es so: »Ich kann noch so besorgt oder aufgewühlt sein – wenn ich ins Herz, in den Moment eintauche, ist das alles wie weggeblasen.«

Ein innerer Raum

Wenn Ihnen die Herzmeditation gelingt, erleben Sie nach kurzer Zeit, dass Sie im Herzlotos einen wunderbaren Raum geschaffen haben. Es ist kein äußerlicher Raum, in den Sie sich wie in einen Bunker zurückziehen können, sondern es ist ein innerer Raum, in dem Sie jederzeit Ihre Aufmerksamkeit ruhen lassen können. Sie bewegen sich dann ganz normal im Alltag und kommunizieren mit Ihren Mitmenschen. Aber während Ihr Körper in dieser Welt agiert, wissen Sie um diesen sicheren Palast des Herzens in Ihrem Inneren.

Mag die Welt um Sie herum noch so stürmisch und turbulent sein – in Ihrem Inneren tragen Sie diesen wunderbaren Raum, der Ihnen Schutz, Sicherheit und Wärme bietet und der Sie natürlich überall hin begleitet. Es ist wie das Auge eines Hurrikans: Mögen außen noch so wilde Stürme toben – im Zentrum herrscht Stille. Bei den zentralasiatischen Sufis, die ununterbrochen auf ihr Herz meditieren, gibt es dazu sogar eine eigene Meditation: Khalwat dar-Anjuman – »Einsamkeit in der Menge«. Damit sollen die Sufis sich permanent daran erinnern, dass sie zwar auf lebhaften Basaren, fröhlichen Hochzeiten und in windigen Wüsten sein mögen, doch in ihnen gibt es etwas, das sich vom regen Treiben nicht beeinflussen lässt.

Khalwat dar-Anjuman heißt dabei nicht, dass Sie sich von den anderen Menschen abgrenzen sollen – es ist keine Meditation, die Sie in Arroganz versetzt oder die Sie vom Leid und Elend der anderen »befreien« will. Der geöffnete Herzlotos macht Sie grundsätzlich empathisch für die Freuden und Leiden der anderen Menschen – allerdings identifizieren Sie sich nicht mehr mit dem Trubel um sich herum. Die Welt ringsherum geht ihren gewohnten Gang – in Ihnen aber gibt es den Ruhepol Ihrer Brustmitte, an dem die Geschehnisse abperlen. Sie werden nicht mehr aus dem inneren Gleichgewicht gebracht.

Souveränität des Herzens

Auch die Kommunikation gestaltet sich durch die Herzlotosmeditation völlig neu. Manche beschreiben es als ein »Erwachsenwerden« – auch im Miteinander mit anderen. Andere sprechen von einer »geerdeten, aber zugleich auch verspielten Leichtigkeit«. Aus dem Herzlotos heraus fühlen Sie sich endlich zu Hause in der Schöpfung. Es ist ein Gefühl von Kraft, Sicherheit, aber auch Souveränität, die Sie nicht überheblich macht, sondern eher spielerisch, einfühlsam und sogar demutsvoll. Das Selbstbewusstsein und das Selbstvertrauen nehmen zu, sodass Sie im Alltag in den verschiedenen Situationen immer sicherer agieren können.

Das Spannende dabei ist: Die Souveränität des Herzens entspringt nicht einem martialischen Angespanntsein, zum Beispiel durch eine Betonung der Muskeln, sondern einer großen inneren Gelassenheit – einer Art Urvertrauen in die jeweilige Situation. Es ist ein heiteres und leichtes Ankommen im aktuellen Geschehen.

Hier ein paar Stimmen von Menschen dazu, die es erlebten: »Früher war ich immer befangen. Ich hatte oft Schwierigkeiten, andere anzusprechen, und fühlte mich unter anderen Menschen oft isoliert. Besonders bei beruflichen Fortbildungslehrgängen ging mir das ständig so, dass ich allein im Raum herumstand und nicht wusste, was ich zu den anderen sagen sollte. Durch die Herzöffnung aber fühle ich mich heute unter fremden Menschen sehr wohl – egal, ob ich mit ihnen spreche oder nicht. Wenn ich heute einer Gruppe von Leuten begegne, dann besinne ich mich auf mein Herz und bin augenblicklich glücklich.«

»Wenn ich andere Menschen sehe, dann lächle ich sie einfach an, manche lächeln zurück, andere nicht. Ich bin dabei meistens gleich glücklich. Wenn sich Gespräche ergeben, dann kann ich darauf eingehen, wobei mich nichts mehr aus meiner wohligen Ruhe herausbringt. Wenn Gespräche nicht weitergeführt werden, dann finde ich das auch nicht mehr peinlich, sondern ich kehre einfach in die wunderbare Gegenwärtigkeit im Herzen zurück, um bei einer anderen Gelegenheit wieder auf die Menschen zuzugehen.«

Natürliche Freude

Immer wieder berichten Teilnehmende der Herzlotosseminare über die innere Freude, die sich durch die Meditation auf die Brustmitte ergibt. Dann heißt es zum Beispiel: »Für mich ist der Herzkontakt mit großer Fröhlichkeit verbunden. Ich kann noch so griesgrämig sein: Wenn ich mit meinem Herzlotos in Kontakt komme, steigt in mir automatisch die gute Laune. Für mich sind die Herzmeditationen darum wie eine Art Miniurlaub, aus dem ich jedes Mal entspannt und erfrischt zurückkomme.«

Manche vergleichen die Herzensenergie auch mit dem Gefühl der Vorfreude. Wer kennt sie nicht, diese schnelle, pulsierende Euphorie aus der Kindheit, kurz vor dem Geburtstag oder vor Weihnachten, wenn wir wissen, dass wir bald beschenkt werden? Oder im Erwachsenenalter die Freude auf eine nahende Urlaubsreise, eine Beförderung oder die baldige Begegnung mit dem Liebespartner? Dieses Gefühl der Vorfreude ist von einer bestimmten Qualität, der Puls schlägt schnell, und wir werden von Glückshormonen regelrecht überflutet. Sind wir dann allerdings beschenkt, oder treten die Ereignisse ein, dann hält die Freude noch etwas an, um dann bald wieder den alltäglichen Gefühlen zu weichen. Mit einem offenen Herzlotos aber sind wir dauerhaft in dieser speziellen Hochstimmung.

Eine Frage ist: Wieso Vorfreude? Worauf freuen wir uns? Manche sagen, wir freuen uns einfach nur über den gegenwärtigen Augenblick. Es ist die Begeisterung über das Sein im Hier und Jetzt, dem nichts hinzuzufügen ist, weil es bereits alles enthält. Andere meinen, dass wir uns aus dem gegenwärtigen Augenblick heraus auf lauter schöne und interessante Dinge freuen, wie wir sie mit wachen Sinnen andauernd erleben. Es ist dann die Freude über das Leben in all seiner Vielfalt.

Einige religiöse Menschen betonen darüber hinaus, es sei die Freude aus dem gegenwärtigen Augenblick heraus auf ein nächstes Leben. Wie in den Weltreligionen immer wieder erklärt wird, ist das Diesseits nur eine Illusion und die Wahrheit liegt dahinter. Wie Jesus einmal sprach: »Kehret um, denn das Himmelreich ist nahe.« Und wie Mohammed sagte: »Wir träumen, und wenn wir sterben, wachen wir auf.« Es ist darum die Vorfreude auf ein nächstes Leben, während wir die Schönheiten des Diesseits noch betrachten wie Sehenswürdigkeiten auf dem Weg zum Flughafen kurz vor der Heimreise aus einem Urlaubsland.

Aber das alles sind nur Erklärungen. Am besten finden Sie für sich selbst heraus, worauf Sie sich aus dem offenen Herzen heraus freuen.

Heiterkeit

Ein Ausdruck des geöffneten Herzens ist meiner Erfahrung nach auch eine bestimmte Heiterkeit, die oft mit einem offenen, freien und sehr freundlichen Lachen einhergeht. Nicht umsonst gibt es in gleich mehreren Sprachen einen Begriff dafür: herzliches oder herzhaftes Lachen. Immer wieder staunen meine Seminarteilnehmer: »Das war für mich eine besondere Erfahrung, nach Jahrzehnten der permanenten Anspannung plötzlich wieder frei lachen zu können.«

Lachen setzt schlagartig Glückshormone frei. Nicht umsonst arbeiten manche Therapeuten als Clowns in Krankenhäusern. Dabei geht es nicht nur darum, den Patienten die Schwermut vom Herzen zu nehmen oder die Langeweile des Krankenhausaufenthalts zu vertreiben, sondern auch konkret darum, durch das Lachen den Heilungsprozess in Gang zu setzen. Nicht selten können Patienten aufgrund dieser Maßnahmen früher entlassen werden.

Es gibt, wie Sie wissen, verschiedene Arten des Lachens, die sich auch zu regelrechten Mustern entwickeln können. Grundsätzlich gibt es kein gutes oder schlechtes Lachen – allerdings nehme ich eine bestimmte Art von Lachen bei Menschen wahr, deren Herz geöffnet ist. Es ist ein warmes, einnehmendes Lachen, dass auch den anderen ein gutes Gefühl gibt. Manche Herzmenschen schmunzeln auch nur. Es muss nicht immer das laute Lachen sein, oft ist es eher der stille, freudige Eindruck, den die Gesichter dieser Menschen machen.

Menschen mit geöffnetem Herzen lachen nicht nur auf eine warme, freundliche Art, sondern es macht ihnen auch nichts aus, wenn über sie gelacht wird. Im Gegenteil: Sie freuen sich sogar manchmal mit den Menschen mit, die über sie lachen, weil sie ihnen einen Anlass zur Freude gegeben haben. Das mag auch der Grund dafür sein, warum so viele Weisheitslehrer der Menschheit als Gaukler oder Narren wirkten. Bekannt sind zum Beispiel legendäre Sufis wie Haci Bektash Veli, Mullah Nasruddin oder Zen-Meister wie Bankei oder Torei, aber auch christliche Mystiker wie der heilige Franziskus, der vielen wegen seiner oft unkonventionellen Methoden als »heiliger Narr« galt.

Die Humorlosigkeit gegenüber sich selbst gilt übrigens als ein ziemlich massiver Hinderungsgrund für das spirituelle Erwachen, sodass früher einige Sufis, aber auch Zen-Lehrer ihre Schüler sogar in Harlekinkostümen auftreten ließen. Überliefert ist die Geschichte vom Sufi-Lehrer Dhun Nun, den einst ein besonders ernster und strenger Sinnsucher besuchte. Er klagte, dass er sich seit Jahren um Erleuchtung bemühe, ohne etwas zu erreichen. Dhun Nun forderte den Mann auf, sich zur Befreiung des Herzens im Harlekinkostüm auf den Markt zu stellen. Der Mann protestierte: »Aber dann werden doch alle über mich lachen!« Da sprach Dhun Nun: »Dann lach doch einfach mit.«

Ein Praktizierender mit einem offenen Herzen überlegt: »Ich irritiere durch meine herzliche Art ständig meine Mitmenschen. Dabei werde ich auch gern verspottet und zum Teil auch offen ausgelacht. Mich bringt das aber nicht wirklich aus der Ruhe. Aus meinem Herzen heraus habe ich den anderen ohnehin schon verziehen, mein Tag ist also nicht besser oder schlechter, nur weil ich von anderen verlacht werde. Im Grunde genommen ist es mir sogar egal. Jeder Mensch hat nun mal seine bestimmten Eigenheiten und Schwächen, die anderen Anlass zum Spott und zur Belustigung geben. Und warum soll ich etwas Besseres sein, nur weil ich vom Herzen her geöffnet bin?«

Manche spirituellen Sinnsucher haben allerdings anfangs Probleme, wirklich frei zu lachen. Sie fühlen sich davon sogar überfordert. Ein Grund scheint mir auch der zu sein, dass in manchen Bildungsschichten eher wenig gelacht wird. Es wird dort gern als oberflächlich und teilweise sogar als ausfallend angesehen, eine starke kulturelle Prägung, die oft erst langsam weichen muss, wenn Menschen anfangen, sich für Spiritualität zu interessieren.

Mein Tipp: Lachen Sie erst dann aus vollem Herzen, wenn Ihnen wirklich danach ist. Sie können auch still lächeln, aus ganzem Herzen und ehrlich. Oft hat bereits das Lächeln eines Herzmenschen einen segensreichen Effekt.

Innerer Frieden

Durch die Herzmeditation erlangen wir unmittelbaren inneren Frieden, eine freudige Stille, in der zahlreiche innere Konflikte plötzlich enden. Die Stille des Herzens ist dabei nicht Stille in dem Sinne, dass wir nichts mehr hören, sondern es ist das Verweilen im Gegenwärtigen. Wir vernehmen den Herzschlag oder den Urton der Schöpfung. Es ist eine sehr reife, weise Liebe gegenüber dem Augenblick, gegenüber dem göttlichen Sein und auch gegenüber allen Mitmenschen.

Ich kenne spirituell Suchende, die durch die Herzensmeditation unmittelbar zum inneren Frieden fanden. Eine Teilnehmerin eines meiner Seminare berichtete: »Ich war viele Jahre bei zahlreichen Lehrern und habe dort auch viel Geld bezahlt, um endlich zu erwachen. Durch die Erfahrung meiner Herzensenergie habe ich jedoch erkannt, dass es nichts zu erreichen gibt. Es gilt nur wahrzunehmen, um das Wunder des Lebens zu entdecken.«

Ein anderer Teilnehmer erzählte: »Früher war ich ein sehr ungeduldiger Mensch. Durch die Herzensarbeit bin ich aber endlich ruhig geworden. Die Erfahrung der Geduld ist dabei fantastisch. Ich kann über längere Zeit dasitzen und die Schönheit der Natur genießen, ohne dass mir dabei langweilig wird. Auch im Umgang mit anderen Menschen bin ich viel umgänglicher geworden. Ich kann Leuten stundenlang zuhören und auf deren Themen eingehen, genauso wie ich im Geschäft schwierigen Kunden längere Zeit zuhören kann, ohne meine Freundlichkeit zu verlieren.«

Eine dritte Teilnehmerin sagte: »Ich fühlte mich früher ständig gestresst, doch die Erfahrung der universellen Liebe wirkt für mich so befreiend, dass ich nun auch in schwierigen Situationen die Ruhe nicht verliere. Das äußert sich nicht nur im Umgang mit komplizierten Mitmenschen, sondern auch im Umgang mit meinen Kindern, die sehr aktiv und manchmal richtig aufgedreht sind. Doch für ihre große Lebhaftigkeit können sie ja nichts. Was ich aber kann, ist auf ihre Lebendigkeit einzugehen, ohne deswegen schlechte Laune zu bekommen.«

Die sinnliche Komponente des Herzlotos

Das lateinische Wort für Erleuchtung lautet unio mystica oder auch »mystische Hochzeit«. Die sich zuvor als getrennt erlebenden Seelen erkennen ihre himmlische Einheit. Es ist wie eine Hochzeit mit dem Sein. Die Vereinigung erfolgt dabei nicht mit einem einzelnen anderen Menschen, sondern mit der Ganzheit des Seins, wobei auch das eine starke erotische Komponente hat. Es kann tatsächlich so sein, dass Sie sich mit einem weit geöffneten Herzen ständig so fühlen, als würden Sie mit einem vertrauten Partner Liebe machen – auch in alltäglichen Situationen.

Der Grund für diese lustvolle Wirkung der Lotosaktivierung kann sogar biologisch erklärt werden: Dem Herzlotos werden auf der grobstofflichen Ebene sowohl das biologische Herz als auch die Thymusdrüse zugeordnet. In beiden Organen kann das Liebeshormon Oxytocin andocken, von dem wir nicht nur überflutet werden, wenn wir frisch verliebt sind, sondern das auch produziert wird, wenn wir kuschelige Tiere sehen oder uns allgemein wohlfühlen. Es ist da, wenn wir uns unter guten und vertrauten Freunden befinden, wenn wir warm baden oder eine angenehme Massage erhalten.

Oxytocin wird auch in starkem Maße freigesetzt, wenn wir einen sexuellen Höhepunkt haben oder uns darauf zubewegen. Indem wir auf unseren Herzlotos meditieren, geraten wir in einen sehr vertrauensvollen und freudigen Wohlfühlzustand, der nicht nur dem von Frischverliebten – oder auch frisch Massierten – gleicht, sondern auch dem, was wir kurz vor oder beim Orgasmus erleben.

So erlebt es eine Frau: »Es ist wie die Vereinigung mit dem Universum. Indem ich mich auf meine Brustmitte konzentriere, gerate ich in so einen sinnlichen Zustand, dass mich irgendwie alles und jeder erotisch erregt: Das kann ein Windzug oder auch der Anblick eines Naturschauspiels sein, aber auch, wenn ich Menschen betrachte, wenn mich jemand anlächelt, sogar wenn mit mir gestritten wird oder man mir zu nahe kommt. Ich bin durch die Herzmeditation quasi dauerhaft ›scharf‹.«

Es ist wirklich paradox: Zahlreiche Mystiker versuchten, sich mit dem Göttlichen zu vereinigen, indem sie die körperlichen Freuden konsequent abtöteten – von den Flagellanten im Mittelalter bis hin zu Fakiren in Indien. Durch die Herzlotosmeditation aber erlangen wir nicht nur spirituelle Erfüllung, sondern erleben auch sinnliche Freuden in schier unglaublichem

Ausmaß. Es ist eine lustvolle Sinnlichkeit, die nicht mehr von äußerlichen Dingen abhängig ist, sondern die einfach aus dem Wahrnehmen der Schönheit des Seins resultiert.

Die positive Wirkung auf den Körper

Durch das frei leuchtende Licht in unserer Brustmitte findet auch Heilung statt. Es ist ein Feuer der Vitalität, das unseren Körper durchflutet, segnet und aufrichtet, es versorgt uns mit Energie. Im Ayurveda, der bekannten altindischen Heilkunst, aber auch in der Sufi-Medizin wird Folgendes gelehrt: Krankheiten entstehen durch Blockaden im Körper, die die freie Energiezirkulation unterbinden. Diese Blockaden können verschiedene Ursachen haben: Traumata und negative Erfahrungen, die sich in chronischen körperlichen Spannungen äußern, einseitige Ernährung oder Vergiftungen aller Art. Durch diese Blockaden staut sich die vitale Lebensenergie im Körper, sodass andere Bereiche des Organismus von diesem Fluss abgeschnitten werden und verkümmern. Durch das frei fließende Herzenslicht aber spüren wir: Eine gesunde Vitalität durchströmt uns, wodurch sich auch diese Blockaden auflösen.

Über die Zunahme an Vitalität berichten viele Seminarteilnehmer. So zum Beispiel eine Frau: »Durch die Erfahrung der universellen Liebesenergie ist mein Wohlbefinden allgemein gestiegen. Das Herzenslicht wirkt für mich absolut gesundmachend. Ich erlebe es als ein inneres Feuer aus Licht und Freude, das meinen ganzen Körper durchdringt, jede einzelne Zelle bis zu den Haarspitzen. Ich spüre dabei regelrecht, wie mein Körper von diesem positiven Licht durchflutet wird. Auch meine Mitmenschen sprechen mich darauf an. Ich werde ständig gefragt, warum ich so strahle und leuchte.«

Eine alte Frage in der Medizin lautet: Gibt es so etwas wie ein zentrales Organ, das alle anderen Organe steuert? Oder agieren die Organe völlig unabhängig voneinander, wobei ein bloßer Zufall dafür gesorgt hat, das wir Menschen in der Form funktionieren, in der wir leben? In der Schulmedizin wurde lange Zeit das Gehirn als Zentrum aller Organe angesehen, ein in der Schöpfung wohl einmaliges Organ mit 100 Milliarden Nervenzellen. Die Annahme, dass unser Hirn der eigentliche König der Organe ist, führt allerdings dazu, dass wir tendenziell zu sehr »im Kopf« sind. Mittlerweile weiß man zum Beispiel, dass im menschlichen Darm mehr Nervenzellen sind als im Gehirn. Manche gehen deshalb sogar schon so weit, den Darm als »unteres Hirn« oder als »Wurzel des Organismus« zu bezeichnen. Ist also der Darm das Zentrum?

Wie der Sufi Al Ghazzali schreibt, ist der eigentliche König der Organe das feinstoffliche Herz. Es ist also nicht das Denken, um das herum sich die Organe organisieren, sondern es ist das feinstoffliche Herz, das als König im Körper regiert. Geht es dem Herzen gut, geht es auch allen anderen Organen gut. Es herrscht dann eine innere Harmonie, die sich auf den ganzen Organismus überträgt. Wird jedoch ein einzelnes Organ in seiner Funktion zu sehr betont oder beansprucht, sei es die Leber, die Milz, die Galle, der Magen oder das Hirn, kommt es zu Unordnung im ganzen Organismus, durch die auch das Herzlicht verkümmert.

Das Herzlotosprogramm bringt Ihnen daher vitale Frische: Ihr ganzer Organismus wird belebt. Manche setzen die

Herzensenergie auch direkt heilerisch ein. Da das Herzenslicht in Ihnen große Energie freisetzt, können Sie diese auch an andere weitergeben. Die Herzensenergie trägt dadurch nicht nur zu Ihrer Gesundung bei, sondern auch zur Gesundung anderer. Eine Frau erzählte mir, wie sie ihr inneres Feuer an andere Menschen weiterfließen lässt, um diese zu segnen und zu heilen: »Ich bin Heilpraktikerin. Bei meinen Behandlungen lasse ich die Herzensenergie direkt aus meiner Brust über meine Hände in die Patienten fließen. Ich spüre dabei regelrecht, wie die Energie mich leitet, wie sie aus mir heraus automatisch zu den Blockaden der Klienten fließt. Mich laugen die Behandlungen auch nicht aus: Danach fühle ich mich oftmals vitaler und frischer als zuvor.«

Es wäre allerdings vermessen zu sagen, dass die Meditation auf das Herz alle Krankheiten auflöst. Die Sufi-Medizin lehrt, dass bei akuten Beschwerden auch Fasten und pflanzliche Medizin Nutzen bringen. So sollen im Magen die Anlagen zu mehreren schweren Krankheiten liegen, die alle gelöst werden können, indem wir regelmäßig fasten. Eine andere Weisheit aus der Sufi-Medizin ist, dass Gott mit jeder Erkrankung auch eine Heilpflanze erschuf, wobei die nötigen Heilpflanzen in der Regel gleich in unserer unmittelbaren Umgebung wachsen – eine Weisheit, auf die auch die abendländische Phytotherapie aufbaut. Aktuell erleben wir nur leider eines der größten Artensterben in der jüngeren Geschichte des Planeten Erde. Fast täglich verschwinden mehrere Pflanzen unwiederbringlich, womit auch ein großer Schatz an Heilpflanzen verloren geht.

Die Schulmedizin versteht das heilende Prinzip der Pflanzen anders, indem sie durch chemische Verfahren einzelne Wirkstoffe extrahiert, um sie dann den Kranken zu verabreichen. Gerade in der alternativen Szene gibt es viele Vorbehalte dagegen, auch weil aufgrund der hohen Dosierungen oft viele Nebenwirkungen erzeugt werden.

Ich lehre, dass für die Heilung vor allem die Intension wichtig ist. Wenn wir beim Heilen – egal ob mit Pflanzen oder mit schulmedizinischen Mitteln – unsere Aufmerksamkeit auf die Heilung richten, dann erhöhen sich die Chancen, dass es gelingt. Wenn wir unsere Aufmerksamkeit hingegen auf die Nebenwirkungen richten, dann werden diese auch wahrscheinlicher. So gibt es beispielsweise Anzeichen dafür, dass Medizin besser wirkt, wenn wir sie achtsam und bewusst einnehmen und uns dabei auf unsere Herzensmitte konzentrieren.

In der Sufi-Medizin wird gelehrt, dass die Sonne generell einen heilenden Nutzen bringt und dass Krankheiten schneller ausheilen, wenn die Sonne scheint. Medizin wirkt demnach bei Sonnenschein auch besser. Wenn wir uns vergegenwärtigen, dass der Herzlotos die innere Sonne ist, wird das verständlich.

Heilung und Akzeptanz

Im Bereich der Heilung führt der offene Herzlotos uns auch zum Verstehen: Wenn wir die Welt ganzheitlich betrachten, dann gehören Krankheiten einfach zum Leben dazu, und warum sollten wir davon ausgenommen sein? Aktuell erleben wir im Esoterik-Bereich eine Menge von Leuten, die ernsthaft behaupten, dass Krankheiten ein Zeichen für ein unbewusstes oder gar unspirituelles Leben seien. Der erwachte Mensch – so wird behauptet – sei demnach auch völlig gesund. Wir erleben auch, wie das Kranksein mit einem Zustand der Lieblosigkeit gleichgesetzt wird, mit mangelnder Empathie oder Ähnlichem.

Zwar tritt es tatsächlich immer wieder ein, dass Menschen durch die Befreiung des Herzlotos gesunden. Allerdings sind Sie nicht weniger im Herzen, wenn Sie krank sind. Mal ehrlich: Wenn Sie an einer Erkrankung leiden, sind Sie dann weniger spirituell? Selbst große Menschheitslehrer wie Mohammed oder Buddha litten während ihres Wirkens an Erkrankungen und starben im Alter eines natürlichen Todes. Warum also sollten normale spirituell orientierte Menschen heute absolut gesund sein müssen?

Zwar erleben Sie durch den geöffneten Herzlotos, wie innere Blockaden aufgelöst werden, durch die zahlreiche Erkrankungen entstehen können – das heißt aber nicht, dass Sie dann ein »perfekter« und »völlig gesunder« Übermensch werden. Viel eher erlangen Sie durch die Herzlotosöffnung ein tiefes Verstehen von der Welt, zu der auch die inneren organischen Prozesse gehören. Krankheiten sind demnach kein Makel, der durch mangelnde Spiritualität ausgelöst wird, sondern ein Prozess, der zur menschlichen Erfahrung einfach dazugehört.

Was Sie durch die Öffnung Ihres Herzlotos immer behalten, ist die natürliche Freude – selbst wenn Sie Fieber und Schmerzen haben oder auf andere Weise körperlich leiden. Normalerweise führt eine Erkrankung auch zur Verschlechterung der Laune – von depressiver Verstimmung über Aggression bis hin zu Lethargie und Verzweiflung. Im Bewusstsein Ihres Herzlotos aber sind Sie in einer natürlichen Freude, die auch kaum durch Erkrankungen beeinträchtigt wird. Auch wenn Sie krank sind, bewahren Sie sich also die natürliche Freude und Gewissheit des Herzens.

Die Herzlotosmeditation hat nicht zuletzt eine stark schmerzstillende Wirkung. Die Ursachen für körperliche Schmerzen sind zahlreich: von frischen Verletzungen bis hin zu langjährigen Degenerationen. Indem wir nun auf das positive Licht inmitten unserer Brust meditieren, wird unser Körper von Hormonen überflutet, die uns freudig stimmen und sogar starke Schmerzen lindern oder aufheben können.

Die heilsame Wirkung der Herzlotosmeditation kann auch gut bei der Behandlung von Suchterkrankungen eingesetzt werden. Wie mir eine Drogentherapeutin berichtete, bietet sie auch Langzeitabhängigen beim Entzug die Herzmeditation in einem therapeutischen Rahmen an. Die Süchtigen haben oft jahrelang versucht, ihrer als rau und hart empfundenen Alltagswelt durch Alkohol und Drogen zu entkommen. Mit Giften wie Alkohol, Heroin oder Kokain wollten sie in eine als harmonisch empfundene Welt flüchten. Die Therapeutin fragte in den therapeutischen Gesprächen gern, woher die Patienten wussten, was eine harmonische Welt für sie sei. Sie hatten es manchmal in der Kindheit erlebt: ein tiefes Gefühl von Wärme und Geborgenheit. Das Entscheidende war es nun, so ein positives, warmes Grundgefühl auch im Erwachsenenalter wieder zu etablieren. Und bald wurde die Herzlotosmeditation als neue positive Gewohnheit angeboten, um die alten ungesunden Gewohnheiten der Alkohol- und Drogensucht abzulösen.

Der verjüngende Effekt des Herzensquells

Herzmenschen sind überdurchschnittlich attraktiv. Wenn Sie die Herzübungen ausführen, werden Sie schnell feststellen: Auch Ihre Attraktivität gegenüber anderen Menschen wird steigen. Das hat mehrere Gründe: Zum einen wird in Ihnen ein vitales Licht entzündet, das sich auf den ganzen Körper regenerierend auswirkt. Das Licht des Herzens wird so auch durch Ihr Äußeres für andere sichtbar.

Eine wichtige Auswirkung des Herzenslichts ist es, dass sich Ihre Zellen regenerieren. Das spüren Sie schon sehr schnell, sobald Sie mit der Herzarbeit beginnen. Alle Zellen werden von Licht erfüllt. Dies hat nicht nur einen positiven Nutzen für die Zellqualität, sondern dadurch auch für Ihren ganzen Organismus. So gibt es Hinweise darauf, dass durch die Aktivität des Herzlotos im Körper beispielsweise die Abwehrkräfte erhöht werden und dadurch freie Radikale eingefangen werden, was nicht zuletzt auch jung hält. Selbst die Haare nehmen an Schönheit und Glanz zu durch die Meditation auf den Herzlotos.

Herzmenschen strahlen eine grundlegende Schönheit aus, die die Mitmenschen auch erkennen. Sie schaffen sich quasi einen lichtdurchfluteten Körper. Sie erleben eine »Lichttaufe«, das heißt durch die Übungen stellen Sie sich wie unter eine Dusche von Licht – ein wunderbares Licht, eine Art goldener Glanz, der sich im ganzen Körper verteilt.

Doch nicht nur das: Es gibt auch Anhaltspunkte dafür, dass sich die Farbe der Haut verändert – es kann wirklich sein, dass Sie nach der bewussten Meditation auf das innere Licht und die innere Wärme Ihres Herzensquells gefragt werden, ob Sie gerade aus dem Urlaub kommen. Die Meditation auf die innere Sonne hat nicht nur einen Wohlfühlnutzen, sondern auch einen sehr praktischen. Besonders im Himalaja, aber auch in Kaschmir oder in den Wüsten gab und gibt es immer wieder Fälle, in denen Sufis, Yogis oder buddhistische Mönche in Höhlen in klirrender Kälte meditierten und dort dann eingeschneit wurden, sodass sie für längere Zeit in der Kälte überleben mussten. Ein guter Trick war dabei, auf den Herzlotos zu meditieren und die dadurch entstehende Wärme bewusst im Körper zu verteilen.

Der verjüngende Effekt kommt auch daher, dass das Herzenslicht Sie innerlich befriedet und Sie grundlegend wohlwollend gegenüber Ihren Mitmenschen werden. Ihre Zeitgenossen merken dies schnell, was auch ein Grund dafür ist, warum Sie plötzlich viele so anziehend finden.

Wenn wir einmal davon ausgehen, dass von Natur aus jeder Mensch auf seine völlig individuelle Art schön ist, dann ist es nicht unser Äußeres, was uns zuweilen hässlich wirken lässt, sondern unsere innere Einstellung. Sind wir kleinlich, knauserig, nachtragend oder rechthaberisch, dann wirkt sich dies auch auf unser Äußeres aus. Sind wir hingegen dankbar, offenherzig, geduldig und großzügig, dann strahlen wir auch das aus. Der Herzlotos ist darum auch so etwas wie der Funke, der die natürliche Schönheit eines jeden Einzelnen zum Strahlen bringt. Egal, wie wir rein physisch aussehen: Mit unschönen, aggressiven Gedanken wirken wir für unsere Mitmenschen im direkten Umfeld unschön – mit wohlwollenden, befriedeten und liebevollen Emotionen hingegen wirken wir schön.

Durch das bewusste Wahrnehmen Ihrer inneren Sonne wirken Sie zudem sehr leicht, zugleich aber auch souverän und weise. Auch dies lässt Sie in den Augen Ihrer Mitmenschen attraktiv sein. Sie strahlen etwas aus, was andere bewusst oder auch unbewusst selbst erfahren möchten. Auch dies ist ein Grund, warum andere dann Ihre Nähe suchen.

Jugendlich wirkt auch die grundlegende geistige Offenheit der Herzmenschen, mit der sie auf bereits erworbenem Wissen und ihren Erfahrungen aufbauen können. Das ist das Geniale:

Sie sind weise und kindlich offen zugleich. Der Unterschied zwischen ihnen und einem Kind besteht darin, dass – leider – die meisten Kinder irgendwann auch anfangen, zu bewerten und zu verurteilen, und dadurch in ihrem Wissenshorizont erstarren. Herzmenschen jedoch können sich mit einem offenen Herzlotos weiterhin ein Leben lang diese Offenheit und Neugierde bewahren.

Das ist auch einer der Gründe, warum so viele Praktizierende des Herzlotosweges auch im hohen Alter noch so jugendlich wirken. Ich kenne Herzmenschen von weit über achtzig Jahren, die sich eine jugendliche Frische bewahrt haben, die auch auf andere Menschen übergeht. Daneben wirken Sechzigjährige, die die letzten Jahrzehnte in den immer gleichen Gedankenmustern verbracht haben, geradezu uralt. Das ist wirklich wundervoll: Herzmenschen über achtzig, die sich ihre Offenheit, Spontaneität und Neugierde bewahrt haben, wirken wie Jugendliche, und zwanzig, dreißig Jahre jüngere Menschen wirken daneben wie Greise. Es ist also nicht das biologische Alter, das uns jung und frisch hält, sondern es ist die Offenheit des Geistes und des Herzens.

Wie darum eine Seminarteilnehmerin berichtete: »Ich hatte mich früher damit abgefunden, ein Mauerblümchen zu sein. Für mich war das überhaupt kein Problem, dass andere attraktiver waren als ich. Durch das Herzensprogramm aber hat sich in meinem Leben eine entscheidende Wendung ergeben. Ich erlebe seitdem ständig, dass sich Menschen nach mir umdrehen – sowohl Männer als auch Frauen –, und ich werde auch darauf angesprochen, dass ich ungewöhnlich interessant und begehrenswert wirke. Ich werde auch manchmal gefragt, ob ich dazu etwas Bestimmtes mache, woraufhin ich manchmal ein bisschen so tue, als ob ich flunkern würde, wobei es doch der Wahrheit entspricht, wenn ich sage: Ich mache nichts

Besonderes, ich höre auf mein Herz und bin einfach nur so, wie ich bin.«

Allerdings muss ich Ihnen noch etwas mitgeben: Wenn Sie das Herzlotosprogramm nur machen, um jugendlich frisch zu wirken oder für das andere Geschlecht begehrenswert zu sein, dann macht es keinen Sinn. Das erwachte Herz führt uns zur universellen Harmonie, einer Leichtigkeit, die auch mit Demut, Liebe und dem Nicht-Anhaften an Materiellem verbunden ist. Zahlreiche Ihrer alten Persönlichkeitsmuster werden dabei aufgelöst. Wenn Sie das Herzlotosprogramm nur machen, um für andere attraktiv zu wirken, wird sich das reinigende Feuer der inneren Sonne wahrscheinlich nicht entfalten. Um Ihr Herz zu öffnen, müssen Sie nämlich alles geben. Die dadurch gewonnene Attraktivität ist nur ein zusätzliches Geschenk.

Zum Umgang mit schwierigen, aggressiven oder spöttischen Mitmenschen

Gleich noch eine Warnung: Werden Sie nicht übermütig. In der Anfangszeit kann es sein, dass Sie regelrecht von Glückshormonen überflutet werden. Sie sind auf einmal voll positiver Energie und Lebendigkeit. Es kann sein, dass Sie eine Art innere Unruhe erfasst, was aber nichts Schlimmes ist, Sie sind einfach voller Tatendrang. Manche beschreiben es als eine Art Beschwipstheit, ohne all die Nachteile, die der Wein sonst mit sich bringt. Sie sind also weiterhin klar im Kopf, Herr über Ihre Sinne und Sie werden auch nicht ausfallend oder aggressiv.

In der Anfangszeit kann es jedoch vorkommen, dass Sie vom Gefühl her allen Menschen um den Hals fallen wollen und allen davon berichten wollen, wie befreiend es ist, alles nicht so eng zu sehen, und wie wundervoll es ist, seinen Herzlotos zu öffnen. Überlegen Sie dann ab und zu: Wollen Ihre Zeitgenossen wirklich stürmisch von Ihnen umarmt werden? Und wollen Ihre Mitmenschen von Ihnen wirklich bekehrt und eines Besseren belehrt werden – denn letztendlich ist es eine Belehrung, wenn Sie anderen ungefragt von einer besseren Lebensperspektive aufgrund des erleuchteten Herzens berichten.

Hier die Erfahrung dreier Praktizierender aus ihrer Anfangszeit: »Ich wollte in den ersten Tagen alles und jeden umarmen und allen sagen, wie schön das Leben ist. Schon im Büro endete das Ganze, als meine Kollegin mich fragte, warum ich so komisch sei. Andere glaubten, ich sei verrückt geworden oder würde Drogen nehmen. Das hat mich natürlich ziemlich irritiert.« »Den eigentlichen Stich hat mir gleich zu Beginn meine Mutter versetzt, die mich fragte, warum ich so komisch sei? Das hat mir so einen Hieb versetzt, dass es längere Zeit dauerte, es wieder zu heilen. Ich bin quasi mit gerade frisch geöffnetem Herzlotos herumgerannt und fühlte mich aufgrund der Verletzung wie ein verwundetes Tier.« »Meine Schwester und ihr Mann fragten mich, ob ich in einer Sekte sei, weil ich auf einmal immer gut drauf war und strahlte. Ich habe dann vom Herzlotosprogramm erzählt, sie haben mich aber nur verspottet. Ich wollte da schon fast wieder aufgeben und mit der Praxis aufhören. Doch dann ist mir klargeworden, dass ich dann nur weiter so frustriert sein werde wie sie – darum habe ich trotz all der Irritationen und Spötteleien weitergemacht.«

Solche Beispiele lassen sich beliebig viele erzählen. Achten Sie also vor allem anfangs darauf: Durch die Aktivierung des Herzzentrums wird Ihre Persönlichkeit grundlegend transformiert. Das kostbare Geschenk der Herzlotosöffnung allerdings sollten Sie so lange wie möglich für sich bewahren.

Aktuell gilt leider in dieser Gesellschaft noch immer das verschlossene Herz als Normalzustand. Wenn sich Ihre Brustmitte öffnet, erkennen Sie jedoch, dass der befreite, offene Zustand unser Normalzustand, unsere eigentliche Natur ist. Ihre Mitmenschen aber könnten Sie als »komisch« empfinden, als »unnormal«.

Um mit vielleicht unliebsamen Zeitgenossen umzugehen, empfehle ich darum zwei mächtige Techniken: Aktivieren Sie zum einen im Herzlotos das heilende Feuer der Vergebung, durch das alle Verletzungen und Angriffe auf Sie aufgelöst werden. Diese Technik wird später im Buch noch genauer beschrieben.

Die andere grundlegende Haltung, die ich Ihnen empfehle, um bei geöffnetem Herzlotos auch mit schwierigen Mitmenschen umzugehen, ist: Seien Sie bewusst höflich, freundlich und zuvorkommend. Nach der Herzöffnung gibt es grundsätzlich viele Möglichkeiten, um die positive Energie auszuleben. Durch gute Taten und gutes Benehmen geben Sie Ihren Mitmenschen Glücksmomente, die dann wieder auf Sie zurückkommen.

Wenn Sie darum schon im Vorfeld ahnen, dass Sie mit Ihrer neu erlangten Herzlichkeit und Ihrer überschäumenden Lebensfreude auch auf Widerstand stoßen können: Hören Sie einfach auf Ihre innere Stimme und halten Sie genügend Abstand zu entsprechenden Mitmenschen. Sprechen Sie von Ihrer Herzlotosöffnung nur, wenn es sich wirklich anbietet.

Wie schon beschrieben sind Sie aufgrund Ihres geöffneten Herzens wie dauerverliebt. Das aber müssen Sie nicht jedem zeigen. Achten Sie auf die kleinen, aber feinen Standards der gesellschaftlichen Etikette, um Ihre Mitmenschen nicht zu irritieren und auch, um Verletzungen, Spott oder Hohn nicht zu provozieren.

Zugleich ist es Typsache, wie das Statement dieser Frau beweist: »Ich bin einfach zu sehr Punk geblieben, um mich jetzt nach der Herzöffnung zur piekfeinen Dame zu entwickeln. Dass ich durch die Öffnung des Herzlotos besonders herzlich bin, höre ich im Alltag immer wieder – trotzdem halte ich deswegen nicht meine Klappe, sondern rede weiterhin frei von der Leber weg. Es versetzt mir auch schon seit Jahren keinen Stich mehr, wenn mich Leute wegen meiner offenen, extrovertierten Art angehen – es trägt eher zur Belustigung bei.«

In anderen Fällen kann es sein, dass sich Menschen erst durch die Öffnung des Herzlotos zu feinen und höflichen Menschen entwickelten. Wie ein Mann berichtete: »Ich habe mir früher nie viel aus gesellschaftlichen Konventionen und feinem Benehmen gemacht. Ich entstamme einer Generation, in der gesellschaftliche Normen als überholt galten, sodass ich mich freier fühlte, wenn ich mich ziemlich grob benahm. Durch die Herzöffnung allerdings hat sich das bei mir grundlegend geändert. Ich habe festgestellt, dass ich meine Mitmenschen durch meine neu erlangte Höflichkeit auf immaterielle Art beschenke und ihnen eine Freude mache, wenn ich ihnen zuvorkommend begegne. Dadurch kann ich zum einen meine Herzerleuchtung ausleben, ohne meinen Mitmenschen auf die Füße zu treten, zum anderen trage ich auf diese Art dazu bei, dass die Welt schöner und harmonischer wird.«

Es gibt einfach keinen standardisierten Weg. Für jeden fallen die Reaktionen der anderen und der eigene Umgang damit anders aus. Hier ein weiteres Beispiel: »Ich wusste, dass ich Irritationen schaffe, wenn ich allen über meine Herzerleuchtung erzähle, und trotzdem tat ich es. Seitdem heiße ich im Freundeskreis nur ›Der Guru‹. Diesen Spitznamen wollte ich zuerst loswerden, dann aber habe ich ihn akzeptiert. Mittlerweile kann ich auf diesem Spitznamen aufbauen und meinen

Mitmenschen davon berichten, wie ich die Welt sehe. Manche hören mir interessiert zu, andere verspotten mich weiterhin ziemlich heftig – oft auch beleidigend und ziemlich ausfallend. Trotzdem verletzt es mich nicht. Warum sollte es auch? Es ist, wie es ist, und nichts bleibt, wie es ist, denn alles unterliegt dem Wandel.«

Ich möchte Ihnen keine Angst machen und Sie auch keinesfalls davon abhalten, diesen Herzensweg zu gehen. Zu groß und herrlich sind die Geschenke, die er uns gibt. Dennoch sollten Sie im Hinterkopf behalten: Wenn Ihr Herzlotos geöffnet ist, laufen Sie Gefahr, dass Ihre offene und herzliche Art für manche andere so ungewohnt ist, dass es sie provoziert. Da Sie als Herzmensch etwas sehr Schönes ausstrahlen und auch im Alltag klar und weise sind, kann es sein, dass manche Zeitgenossen Ihnen dann vorwerfen, Sie wären eitel, Sie würden sich »wohl toll vorkommen« oder Ähnliches. Seien Sie sich dessen bewusst! Im Lauf der Weltgeschichte wurden Herzmenschen immer wieder auch attackiert. Sie wurden geliebt, und man folgte ihnen. Aber sie wurden auch verfolgt, eingesperrt, verbrannt und gekreuzigt.

Wie damit umgehen? Mein Tipp lautet: Lassen Sie sich die Öffnung Ihres Herzlotos so wenig wie möglich anmerken. Manche Menschen mit geöffnetem Herzlotos wirken als spirituelle Lehrer und Lehrerinnen, und das ist auch wunderbar so. Andere wirken im sozialen Bereich oder im Bereich der Heilung. Wieder andere gehen weiter ihren ganz normalen Berufen nach, ob als Lehrerin, Krankenpfleger oder Journalistin. Wichtig ist: Seien Sie sich immer dessen bewusst, dass Sie nicht »besser« oder »schlechter« sind als andere, weil Ihre

Herzenergie sich frei entfalten kann. Ihre offene und spontane Art kann die Mitmenschen provozieren – bleiben Sie deshalb stets achtsam. Und achten Sie nicht zuletzt auch auf die wachsende Zahl der Mitmenschen, die einen ähnlichen Weg gehen wie Sie, und auf all jene, die sich an Ihrer Herzlichkeit erfreuen.

Körperliche Symptome der Anfangszeit

Das Herzlotos-Übungsprogramm wirkt sehr intensiv. Daher ruft es auch körperliche Veränderungen hervor, mit denen Sie umso besser umgehen können, wenn Sie darum wissen. So kann es anfangs manchmal ein Gefühl der Beklemmung geben. Manche berichten, dass plötzlich der Puls sehr schnell geht. Durch die Konzentration auf das Herzzentrum wird grundsätzlich auch das physische Herz stärker motiviert. Ein erhöhter Pulsschlag ist darum nichts Schlimmes, auch wenn es sich anfangs für manche unangenehm anfühlen kann.

Der Zustand der Beklemmung ist für viele Menschen ja letztlich der eigentliche Grundzustand der Psyche. Viele erleben einen Dauerzustand der Enge und des Unbehagens, wobei der Verstand andauernd hin und her wandert, um das nicht wahrzunehmen. Wenn Sie sich auf Ihren Herzlotos fokussieren, werden die Gedanken still, und Sie spüren plötzlich ohne alle Ablenkungen Ihr eigentliches, mehr oder weniger unangenehmes Grundgefühl. Sie stehen also anfangs »nackt« vor sich selbst. Erst wenn der Geist klar und ruhig wird, sehen Sie, wie unangenehm bedrückt Ihre Psyche über all die Jahre hinweg vielleicht war. Das ist aber nur anfangs so: Indem Sie sich über Ihre innere Sonne betrachten, kehren bald Ruhe, innerer Frieden und Ausgeglichenheit ein.

Sie können es so sehen, dass Ihr Herz am Anfang der Meditation auf sich selbst aufmerksam macht: Wenn wir einmal die Metapher der Sufis nutzen, wonach das Herz wie ein Gefangener im irdischen Exil ist, dann ist es so, als würde der Gefangene unruhig hin und her springen und an den Gitterstäben rütteln, sobald Sie sich ihm bewusst zuwenden. Ihr Herz schreit dabei laut: »Ich bin hier, hol mich hier raus!« Daher auch der unruhige Pulsschlag am Anfang.

Mit dieser anfänglichen unangenehmen Unruhe können Sie auf folgende Weise umgehen: Verschränken Sie die Hände vor der Brust direkt vor Ihrem Herzen. Senken Sie den Kopf. Spüren Sie, wie Ihre Hände den Herzlotos berühren und wie dadurch die Region dort befriedet wird.

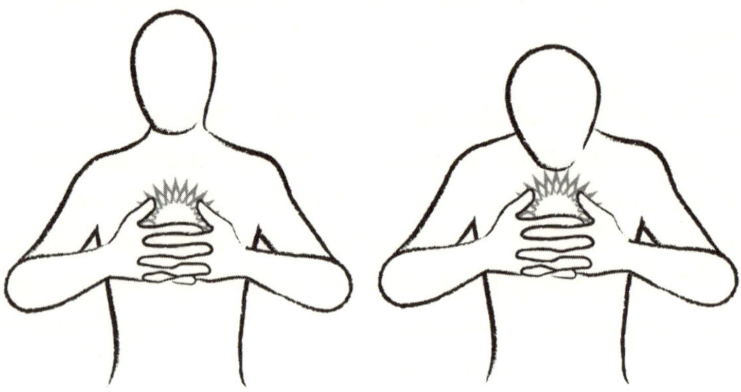

Manche Praktizierende bekommen anfangs starkes Kopfweh. Dies kann auch daher kommen, weil durch die Aktivierung der Brustmitte viel Energie in ihrem Körper freigesetzt wird, die sich dann an bereits bestehenden Verspannungen im Kopfbereich staut. Auch in dem Fall rate ich dazu, den Kopf einfach hängen zu lassen und die Hände vor der Brust zu verschränken.

Zusätzlich können Sie den Kopf auch sanft massieren. Nach einiger Zeit verschwinden die Kopfschmerzen.

Auch kann es in der Anfangszeit vorkommen, dass Sie plötzlich weniger schlafen oder auch überhaupt nicht mehr schlafen können. Einige Übende berichteten, dass sie anfangs mehrere Nächte lang wach im Bett lagen. In solchen Fällen rate ich zu einer Art ergänzendem Entspannungsprogramm: mit Autogenem Training, Progressiver Muskelrelaxion oder dem Savasana aus dem Yoga, bei dem Sie auf dem Rücken liegen und gezielt alle Spannungen lösen. Nach einiger Zeit wird sich Ihr Schlafmuster allerdings auch ohne solche Übungen wieder normalisieren. Und vielleicht werden dann eine Zeit lang Ihre Träume sehr intensiv. Ein Mann erzählte dazu: »Wie alle Menschen habe auch ich schon immer nachts geträumt. Jetzt aber erlebe ich so unglaublich klare, komplexe und intensive Träume, dass meine früheren Träume dagegen nur ein schwacher Abklatsch waren.« Manche berichten auch davon, dass sie nun luzid träumen, dass sie sich also in den Träumen Ihrer selbst bewusst sind und wissen, dass Sie träumen: »Ich liege oft morgens in den letzten Stunden vor dem Aufstehen wach im Bett. Mein Körper schläft noch, mein Geist aber ist in so einem bewussten Zwischending zwischen Wachsein und Schlaf. Ich erlebe dann jedes Mal, wie mich so eine Art Engelwesen nach oben hebt und mich mit wunderbaren Informationen füttert.«

Auflösung der bekannten Lebenswelt

Die Öffnung des Herzens löst viele unserer bisherigen Gewissheiten auf. Es geschieht eine geistige Öffnung, wodurch sich plötzlich viele neue Perspektiven ergeben. Manche erleben dies anfangs allerdings auch als unangenehm. Sie erkennen nämlich, dass ihre bisherige »Realität« nur ein kleiner Ausschnitt des Möglichen ist – eine Art soziales und kulturelles Konstrukt, von dem sie jahrelang dachten, es sei alles, was existiert. In ihnen wird unter Umständen durch die Herzmeditation zugleich so viel Energie freigesetzt, dass sie die soziale Konstruktion der Wirklichkeit derartig klar erkennen, dass es eine Art Schock auslöst.

Etwas Ähnliches erleben letztlich auch Pubertierende, die die Welt der Kindheit verlassen und sich nun dem Erwachsenwerden stellen müssen. Sie verlassen dabei ein vertrautes Schneckengehäuse, um außerhalb davon eine viel größere Realität wahrzunehmen – was anfangs viele als verstörend und deprimierend empfinden. Oder nehmen Sie Menschen, die für längere Zeit im Ausland leben. Anders als Touristen, die in einem neuen Land vor allem das Exotische genießen, um dann in ihre eigene, vertraute Lebenswelt zurückzukehren, müssen Menschen, die für längere Zeit in einer fremden Kultur leben, erkennen, dass ihre bisher bekannte Lebenswelt von den Gewohnheiten der anderen Kultur komplett infrage gestellt wird. Ethnologen sprechen vom »Kulturschock«, wenn Menschen im Ausland erkennen, dass die Einheimischen dort nicht nur eine fremde Sprache sprechen, sondern das Leben und das soziale Miteinander komplett anders wahrnehmen.

Auch als neu erwachter Herzmensch erkennen Sie, dass die Realität um Sie herum in weiten Teilen sozial und kulturell programmiert ist, dass also die Menschen in Ihrem Kulturkreis in bestimmten Situationen immer gleich reagieren. Es sind kulturell vorgegebene Gitterstäbe, die ihnen das Gefühl von überschaubarer Sicherheit verleihen. Viele berichten, dass sie sich zu Beginn der Herzmeditation aufgrund der Perspektivenerweiterung erst einmal mit der Frage befassen mussten: »Was ist real? Oder ist etwa nichts mehr real?«

Ich kann Sie beruhigen: Hinter der von uns konstruierten Realität gibt es so etwas wie eine allumfassende Realität. Es ist das Sein an sich – Sufis sprechen von Haqq (»göttliche Realität«), von wo aus verschiedene Interpretationen der Lebenswelten möglich sind. Nur der Übergang von der Auflösung Ihrer alten Lebenswelt und dem plötzlichen Ertragen vieler Realitäten kann eine Zeit lang verstörend und unheimlich sein. Es ist vergleichbar mit dem Gefühl der Agoraphobie – der Panik vor weiten Plätzen –, die Ende des 19. Jahrhunderts plötzlich zahlreiche Menschen erfasste, die in traditionellen Ortschaften zuvor noch enge, überschaubare Gassen gewohnt waren und nun in den Großstädten weite Flächen betreten mussten, voll von unterschiedlichen Menschen und Sinneseindrücken.

Auch als Herzmensch müssen Sie in immer neuen Situationen navigieren und sich zurechtfinden. Ich habe in diesem Zusammenhang die Begriffe »Pectonauten« und »Amoronauten« erfunden, nach den lateinischen Wörtern für Herz (pectus) und Liebe (amore) und dem aus dem Altgriechischen kommenden Nautik, mit dem die Seefahrerkünste beschrieben werden. So wie die Seemänner sich in immer neuen, stürmischen Gewässern zurechtfinden müssen, so müssen Sie als Herzmensch nun ebenfalls in immer neuen Realitäten klarkommen.

Allerdings klingt das Ganze erst einmal bedrohlicher, als es meist ist: Ein Schmetterling ist anfangs als Puppe in einem gemütlichen, aber auch engen Kokon gefangen und schlüpft dann als Falter, um wahrscheinlich zuerst auch von der Außenwelt verstört zu sein – bis er dann merkt, wie herrlich es ist, frei zu fliegen. Genauso wird auch dieses Betreten einer weitaus umfassenderen Wirklichkeit für Sie bald normal und herrlich sein. Sie werden sich dann fragen, wie Sie sich all die

Jahre zuvor nur in der vergangenen, extrem überschaubaren Perspektive wohlfühlen konnten. Sie sind dann tatsächlich ein Amoronaut, jemand, der mit großer Leichtigkeit, Energie und Freude das weite Leben in all seiner Fülle und Vielfalt wahrnehmen kann.

Der Umstand, dass sich Herzmenschen aus sozial und kulturell vorgegebenen Sichtweisen und Reaktionsmustern herauslösen, ist allerdings auch einer der Hauptgründe, warum sie in der Vergangenheit immer wieder verfolgt wurden. Wenn Sie als Herzmensch plötzlich mit einer weiteren Perspektive im Leben stehen, stellen Sie auch direkt oder indirekt die Vorstellungen, Erwartungen und Konzepte der anderen Menschen infrage. Seien Sie sich dessen bewusst. Vielleicht kennen Sie es ja auch noch von sich selbst: Nichts verärgert, beunruhigt und verstört »verkopfte« Menschen mehr, als wenn die eigene Illusion der »Normalität« infrage gestellt wird. Dann mag man Sie als seltsam abstempeln. Allerdings ist dies halb so schlimm, denn als Herzmensch haben Sie eine innere Sicherheit, die Sie sowohl in stürmischen als auch in ruhigen Gewässern begleiten wird.

Die Praxis der Herzlotosmeditation

Lassen Sie uns gleich mit der wesentlichen Praxis beginnen. Ich stelle Ihnen in diesem Kapitel die grundlegenden Übungen des Herzlotosweges vor. Ich beginne mit einigen Vorübungen, durch die Sie den Herzlotos erspüren lernen.

Die Lokalisierung des Herzlotos

Die Grundübung, um die Herzensenergie freizusetzen, ist die Meditation auf den Herzlotos in der Mitte der Brust. Das ist ein feinstoffliches Zentrum, dem auf der grobstofflichen Ebene die Thymusdrüse entspricht. Manche irritiert das, denn im Allgemeinen wird doch als »Herz« das zapfenförmige Organ auf der linken Seite der Brust bezeichnet. Die Erweckung der Herzensenergie erfolgt aber durch die Meditation auf das »feinstoffliche Herz« in der Mitte. Wie der Sufi Al Ghazzali schreibt, ist dieses Organ nicht fleischlich, nicht Materie, sondern aus »engelhafter«, »paradiesischer« Substanz.

Sie können es sich so vorstellen: In Ihnen und um Sie herum ist überall die universelle Liebesenergie. Der Herzlotos ist dabei wie eine Art »Knopf«, um diese Energie zu aktivieren, zu nutzen und auch freizusetzen. Sie können noch so sehr über Herzlichkeit philosophieren – wenn Sie Ihren »Herzensknopf« nicht einschalten, bleiben es wahrscheinlich nur Theorien ohne wirklichen praktischen Nutzen.

Sie können es sich auch so vorstellen: Das heilende Feuer des Herzens schlummert die ganze Zeit in Ihnen. Um es aber zu aktivieren, brauchen Sie einen bestimmten Zünder. Dieser Zünder ist das segensreiche Zentrum in Höhe des Thymus. Normalerweise wächst die Thymusdrüse bei Neugeborenen bis zur Pubertät, um dann zu nutzlosem Gewebe zu werden und sich zurückzubilden. Durch Achtsamkeitsübungen, durch Meditation und einen bewussten Lebenswandel kann der Thymus in der Mitte der Brust aber auch bei erwachsenen Menschen wieder aktiviert werden.

Die Grundmeditation auf das engelhafte Organ des Herzlotos empfehle ich grundsätzlich allen Interessierten. Sie können es so einrichten, dass Sie sich täglich immer zu einer bestimmten Zeit im Tagesablauf zurückziehen, um dann bewusst damit in Kontakt zu gehen. Gelingt die Meditation, dann werden Sie sich auch im Alltag außerhalb der Meditation jederzeit rasch mit Ihrem Herzlotos verbinden können – egal ob bei der Arbeit, bei Hausarbeiten, im Umgang mit anderen Menschen oder beim Sport: Ständig spüren Sie den Herzlotos und auch die positive Energie, die damit verbunden ist.

Falls es Ihnen nicht gleich gelingt, länger auf Ihren Herzlotos zu meditieren, können sie die folgenden Vorübungen machen. Außerdem gibt es viele weitere Übungen in diesem Buch. Auch damit erlangen Sie erstaunlich Effekte – und kehren vielleicht später zur Grundübung zurück.

Vorbereitung 1: Kontaktaufnahme mit dem spirituellen Herzen

Sitzen Sie dazu entspannt auf einem Stuhl oder dem Sofa. Gern können Sie sich anlehnen. Eine gerade Haltung des Rückens ist hier erst einmal nicht notwendig, nach einiger Zeit kann es jedoch sein, dass Sie Ihren Oberkörper automatisch aufrichten und Ihr Kreuz durchstrecken.

Legen Sie die Hände verschränkt auf die Brustmitte. Üblicherweise liegt eine Hand über der anderen. Spüren Sie die Verbindung zwischen Ihren Händen und Ihrer Brustmitte. Sie können die Augen schließen. Manche schauen innerlich gerade nach vorn und spüren dabei in sich hinein.

Es kann sein, dass Sie nach einiger Zeit anfangen, wie ein Verliebter zu atmen: zärtlich, intensiv. Das ist ganz natürlich. Unser Herzlotos ist das Organ, mit dem wir die universelle Liebe ins Leben bringen. Wenn Sie anfangen, so zu atmen, ist das gesund, denn durch diesen Atem wird Ihr Körper belebt und ein subtiler Heilungsprozess in Gang gesetzt.

Sie können den Kopf auch bequem hängen lassen. Das ist die Haltung der völligen Passivität. Es gibt nichts mehr zu erreichen, sondern nur noch Hingabe. Es ist die Position der völligen Demut und Ergebenheit. Wie eine Verbeugung. Und je tiefer Sie den Kopf in Richtung der Brustmitte hängen lassen, desto näher kommen Sie an Ihr Herz.

Da die Menschen im Westen seit frühester Jugend zu einer aufrechten Haltung erzogen wurden, kann dieses passive Hängenlassen für Sie anfangs unangenehm sein: Zum einen kann sich das Blut im Kopf stauen, zum anderen können durch die gebeugte Position der Nacken und die Schultern schmerzen. Wenn Ihnen das anfangs passiert, dann richten Sie den Kopf einfach wieder auf und schauen mit geschlossenen Augen nach vorn. Nach einiger Zeit wird Ihnen dieses Hängenlassen keine Probleme mehr bereiten. Wichtig ist: Achten Sie auf sich!

Vorbereitung 2: Klopfen des Thymus

Eine weitere einfache Übung, um sich des Herzlotos bewusst zu werden, besteht darin, dass Sie die Mitte der Brust achtsam mit den Fingerspitzen beklopfen. Sie können dazu entspannt sitzen oder stehen. Legen Sie Ihre Hände für einige Zeit verschränkt auf die Brustmitte im Bereich des Thymus und spüren Sie in sich hinein. Dann fangen Sie an, ganz leicht mit den Fingerspitzen auf den Thymus zu trommeln. Machen Sie es achtsam. Ihr Brustkorb ist kein Schlagzeug, sondern der Sitz gleich mehrerer wichtiger Organe. Da dem Herzlotos auch ein sehr feines Licht innewohnt, würden Sie anfangs durch ein allzu festes Schlagen die Öffnung sogar unterbinden. Hier erreichen Sie nichts durch Gewalt, sondern nur durch Zärtlichkeit.

Machen Sie dieses Klopfen auch nur so lang, wie es Ihnen guttut. Wenn Sie das Gefühl haben, auch noch so kleine Stöße auf Ihren Brustkorb sind schon zu viel, dann überspringen Sie einfach das Klopfen des Thymus und gehen Sie weiter zur direkten Meditation auf die Brustmitte.

Manche heilerischen Schulen lehren das Klopfen des Thymus auch, um die körpereigenen Widerstandskräfte anzuregen, da der Thymus als Organ der Abwehrkräfte gilt. Aber wie gesagt, klopfen Sie nur so stark, wie es Ihnen guttut.

Vorbereitung 3: Achtsames Reiben der Brustmitte

Um mit dem Herzlotos in Kontakt zu kommen, aber auch um kurzfristig die heilende Herzensenergie freizusetzen, können Sie auch die Brustmitte leicht reiben. Sie legen dazu die flache Hand auf und bewegen sie kreisförmig auf der Brustmitte, als Rechtshänder gegen den Uhrzeigerkreis, als Linkshänder im Uhrzeigerkreis. Wichtig dabei ist auch, dass Sie sich wohlfühlen.

Machen Sie die Kreisbewegung nicht zu lange. Üblich sind nur wenige Sekunden! Der Grund ist, dass die Energie Ihres Herzlotos dadurch unmittelbar entfacht wird. Wenn Sie zu lange reiben, kann es sein, dass die Energie zu stark wird. Wenn Sie Ihre Brustmitte aber sehr bewusst reiben, dann hört Ihr Körper normalerweise nach einiger Zeit von allein damit auf. Problematisch wird es nur, wenn Sie »vom Kopf her« eine bestimmte Anzahl an Kreisbewegungen oder eine festgelegte Zeit lang reiben wollen.

Forcieren Sie besser nichts. Reiben Sie kreisförmig, aber nur kurz, Ihre Brustmitte, dann hören Sie auf und spüren einfach nach, wie sich die freudige, herzliche Energie in Ihrem Körper ausbreitet. Auch das Reiben des Herzlotos ist nur eine Vorbereitung, um das innere Licht zu entzünden. Nach einiger Zeit brauchen Sie auch diese Übung nicht mehr und können gleich die Basisübung praktizieren.

Die Basisübung: Die Meditation auf die Brustmitte

Dies ist die grundlegende Übung zur Öffnung des Herzlotos. In diesem Buch finden sich zahlreiche Anregungen zur Aktivierung der Herzensenergie, die Sie frei für sich anwenden können. Die Meditation auf die Brustmitte sollten Sie sich aber zur regelmäßigen Routine machen. Ich empfehle dazu für Anfänger fünf bis zehn Minuten täglich. Später können Sie die Zeit nach eigenem Bedarf verlängern. Wenn Sie eine halbe Stunde schaffen, ist es gut. Wenn Sie täglich nur fünf Minuten dafür haben, dann ist es auch gut. Da Ihnen die Meditation auf die Brustmitte sicherlich schon nach kurzer Zeit Freude machen wird, können Sie für sich selbst herausfinden, wie viel Zeit Sie damit verbringen wollen. Wichtig ist die regelmäßige Routine. Eine tägliche fünfminütige Meditation ist besser, als wenn Sie alle zwei Wochen sitzen und dann eine halbe Stunde lang meditieren.

Um sich an eine Routine zu gewöhnen, sollten Sie täglich zur selben Zeit mit Ihrem Herzjuwel Kontakt aufnehmen. Das muss nicht täglich genau die gleiche Uhrzeit sein, sondern es bedeutet, dass Sie die Herzensmeditation in Ihrem Tagesplan fest integrieren sollten. Zum Beispiel können Sie jeden Tag morgens beim Sonnenaufgang sitzen oder abends nach der Arbeit, zum Beispiel vor dem Essen. Finden Sie für sich heraus, wann der beste Zeitpunkt ist. Sie können die Meditation auch mit anderen fixen Abläufen kombinieren. Eine Frau berichtete, dass sie täglich Yoga praktiziert und danach als Teil ihres Programms auf ihren Herzlotos meditiert. Eine andere Frau praktiziert regelmäßig Qi Gong, und im Anschluss daran sitzt sie still und meditiert auf ihr Herzjuwel. Wieder andere praktizieren regelmäßig Zazen und statt des Fokus auf die

»innere Leere« oder den Atem genießen sie die freudige Wärme der Herzmitte.

Die eigentliche Meditation ist sehr einfach. Sie sitzen bequem und fokussieren sich mit Ihrem inneren Blick auf die innere Sonne im Herzzentrum. Anfangs kann es eine Zeit dauern, bis Sie die genaue Position des Herzlotos für sich herausfinden. Bleiben Sie dran, indem Sie sich zunächst auf die Vertiefung zwischen Ihren Brüsten konzentrieren. Nach ein paar Tagen spüren Sie dann den genauen Ort.

Die Größe des Herzlotos wird dabei unterschiedlich empfunden. Manche sagen, er sei anfangs so groß wie eine Münze. Andere sagen, er hätte die Größe einer Faust. Wieder andere nehmen ihn nur als Stecknadelkopf wahr. Mein Tipp: Fühlen Sie einfach für sich, wie groß das innere Licht in Ihnen leuchtet.

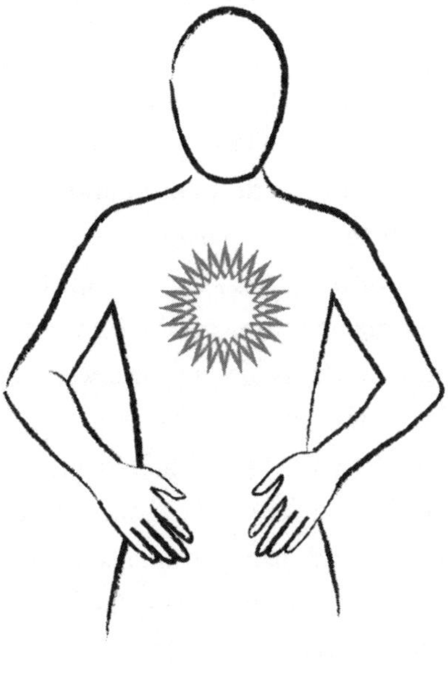

Meist können Sie schon nach wenigen Tagen Praxis eine tief gehende Freude erleben. Diese Freude wird Sie bei steter Routine ein Leben lang begleiten. Wie manche berichten, werden sie sogar unruhig, wenn sie nicht täglich mit ihrem inneren Juwel in Kontakt treten. Einige sprechen in Bezug auf die Herzensmeditation sogar von einer »Sucht« – das ist allerdings begrifflich nicht ganz korrekt: Süchte macht aus, dass Menschen unter einem inneren Zwang stehen, etwas regelmäßig tun zu müssen, wovon sie wissen, dass es ihnen nicht guttut. Süchte können daher auch einhergehen mit sozialem Abstieg und körperlichem Verfall. Bei der Herzmeditation aber geht es Ihnen rundum gut: Sie können sie voll genießen, und Ihre Gesundheit, Ihr Wohlbefinden und Ihre Sozialkontakte werden sich sogar verbessern. Und genau deshalb werden Sie die Praxis bald nicht mehr missen wollen.

Was geschieht bei der Herzensmeditation?

Durch die Herzensmeditation erlangen Sie eine klare Aufmerksamkeit. Sie sind voll konzentriert und dabei tief entspannt. Die Meditation hat drei aufeinander aufbauende Tiefen: Zuerst konzentrieren Sie sich auf Ihren Herzlotos. Anfangs driftet dabei Ihre Aufmerksamkeit ständig ab, mal denken Sie dies, mal jenes. Kaum beginnt die Meditation, kann es Ihnen zum Beispiel einfallen, dass Sie dies und jenes gelesen oder gehört haben oder noch dies oder das tun müssen. Dieses Abdriften der Gedanken ist nichts Schlimmes, sondern etwas Normales. Unser Verstand wurde einfach über Jahre hinweg so trainiert, dass wir im Inneren ständig Gespräche führen, durch die wir unsere Konzepte von der Welt, über uns und über unsere Mitmenschen neu bestätigen.

Wenn Sie während der Herzmeditation bemerken, dass Ihre Aufmerksamkeit abgleitet, so grämen Sie sich nicht. Lassen Sie den aktuellen Gedanken einfach los und kehren Sie mit Ihrer Aufmerksamkeit wieder zurück zur Brustmitte. Sie können dazu das Bild von Gold benutzen, das der Goldschmied von der Schlacke befreit. Ihre Gedanken sind dabei die Schlacke – Ihr Herz ist das Gold. So wie das Edelmetall immer wieder gereinigt wird, um irgendwann hell zu erstrahlen, so befreien Sie auch Ihre Aufmerksamkeit von allen störenden Gedanken, um bald im reinen Bewusstsein des Herzens sich und die Schöpfung zu betrachten.

Wenn sich die Konzentration auf den Herzlotos verdichtet, beginnt die eigentliche Meditation: Sie sind mit der ganzen Aufmerksamkeit beim Herzen. Sie sind dabei voll präsent und spüren einfach die positive Energie, die von Ihrer Brustmitte ausgeht. Sie sind mit Ihrer ganzen Präsenz bei Ihrer inneren Sonne, sodass Sie quasi selbst zum Herzlotos werden. Nichts mehr lenkt Ihre Aufmerksamkeit ab. Sie spüren eine innere Wärme, die Ihren ganzen Körper durchflutet. Dies ist ein Zustand großer Klarheit und permanenter Freude, der Sie bald überall und immer begleiten wird.

Üblicherweise haben wir drei Bewusstseinszustände: den des Wachseins im Alltag, den des Traumes im Schlaf und den der gedankenlosen Leere im Tiefschlaf. In dieser Tiefe der Herzmeditation aber haben wir alle drei Zustände zugleich: Wir sind wach wie im Alltag, wir sind in der Traumaufmerksamkeit wie im Schlaf und gedankenlos wie im Tiefschlaf.

Anfangs gelingt die eigentliche Meditation nur für kurze Augenblicke, sodass Sie sich immer wieder zur Konzentration auf Ihren Herzlotos zurückrufen müssen. Doch auch wenn die Gedanken abdriften mögen, die Fokussierung auf die innere

Sonne versetzt Sie dennoch in eine natürliche Freude, von der Sie auch im Alltag profitieren können.

Nach und nach entwickelt das achtsame Sitzen eine Art Eigendynamik. Es kommt dann vor, dass Sie zwar abgelenkt werden, aber zugleich immer noch mit Ihrer Aufmerksamkeit beim Herzlotos sind. Auch wenn Sie kurzzeitig an etwas anderes denken – Sie spüren den Herzlotos weiterhin.

Gelingt es Ihnen, die Meditation für längere Zeit tatsächlich aufrechtzuerhalten, passiert etwas Wunderbares: Sie sehen sowohl den Herzlotos als auch zugleich sich selbst. Sie sehen, wie Sie da sitzen und auf Ihren Herzlotos meditieren. Sie sind in diesem Moment beides: Ihr Körper und Ihr Herzlotos.

Nach einiger Zeit dann kann es passieren, dass Sie sich selbst aus der Perspektive des Herzlotos betrachten. Sie sehen sich dabei nicht so, wie Sie sein möchten, sondern so, wie Sie sind. Sie sehen sich ganz klar von außen, wobei Sie sich jeder Zelle Ihres Körpers bewusst sind. Das Wunderbare dabei ist: Ihr Bewusstsein ist in diesem Moment nicht mehr auf den Körper begrenzt. Es ist nun viel größer als Ihre körperlichen Grenzen. Ihr Körper ist nun ein kleiner, aber interessanter Teil innerhalb Ihrer viel größeren Aufmerksamkeit.

Wenn Sie diesen Zustand länger aufrechterhalten, tritt das Samadhi ein – die dritte Tiefe der Meditation, das unmittelbare Aufgehen im Hier und Jetzt. Ein Zustand, in dem Ihr Bewusstsein sich voll entfaltet. Sie sind nun präsent und wach – nicht nur während der Meditation. Es ist etwas Dauerhaftes – Sie sind erwacht. So wie ein Erwachsener nicht mehr in den Zustand des Kindes zurückkehrt, so kehren Sie danach nicht mehr in den Zustand des üblichen »Alltagsbewusstseins« zurück.

Manche beschreiben das Samadhi wie eine Metamorphose, bei der eine Puppe sich öffnet, sodass der Schmetterling entschlüpft. Andere sprechen von einem Tropfen, der im Meer aufgeht. Oder man sagt: Uns wird endlich etwas bewusst, was nie weg war.

Allerdings kann es sein, dass nach einigen Jahren dieses »Wachsein« wieder verblasst. Ich empfehle darum, auch nach dem Samadhi weiter auf den Herzlotos zu meditieren, um so immer wieder aufs Neue von der Frische des Augenblicks durchflutet zu werden. Die Meditation gelingt Ihnen dann schon nach sehr kurzer Zeit, und Sie haben so die Möglichkeit, sich eine Auszeit vom Alltag zu gönnen, in der Sie sich selbst und die Schönheit des Seins voll und ganz spüren. Die Meditation ist spätestens dann keine tägliche Pflicht mehr, sondern ein wunderbares Geschenk, das Sie in vollen Zügen genießen.

Das besondere Juwel

Dies ist eine Variante der Basisübung. Sie können sich während der Meditation auf die Brustmitte nämlich auch vorstellen, Sie tragen in sich einen funkelnden Edelstein. Es ist wie ein Schmuckstück. Viele geben Unsummen für Schmuck und Geschmeide aus: Diamanten, Rubine, Saphire, Perlen, Goldstücke. Wenn Sie auf Ihren Lotos meditieren, brauchen Sie all das nicht mehr. Das innere Licht ist ein Juwel, das Ihnen keiner mehr nehmen kann und das Sie durchaus auch mit einigem Stolz tragen können.

Es ist so etwas wie das »ultimative Schmuckstück«, gegen das alle Äußerlichkeiten verblassen. In der Vergangenheit traten Mystiker fein gekleideten Herrschern oft erstaunlich souverän entgegen – obwohl sie nicht selten in einfache, ärmliche Gewänder gekleidet waren. Und dennoch waren die Herrscher vom Glanz der Mystiker ergriffen. Warum? Weil die

Mystiker etwas hatten, das nicht vergänglich war. Schmuck und Geschmeide sind irdisch und darum vergänglich. Die Weisheit des Herzens aber ist unvergänglich. Es ist kein Glanz, der auf Macht und Reichtum aufbaut, sondern es ist der natürliche Glanz, der unmittelbar aus unserem Inneren kommt. Es ist wie eine Krone in der Brust, die den natürlichen Adel betont. So wie der König erhaben inmitten seines Reichs umhergeht, so geht der Mystiker souverän und erhaben durch die ganze Welt. Das mag zwar widersprüchlich klingen gegenüber der Aussage, dass der geöffnete Herzlotos demütig macht und in uns dienende Qualitäten freisetzt, aber nach einiger Zeit werden Sie merken, dass dies kein Widerspruch ist.

Eine Geschichte verdeutlicht das: Einst kam ein Mystiker in einfachen weißen Gewändern an den Hof eines Königs, an dem alle prächtige Gewänder trugen und mit Schmuck behangen waren. Dennoch ging von dem Heiligen ein Glanz aus, dem sich keiner entziehen konnte. Da betrat der König den Raum und bewarf seine Untergebenen mit Edelsteinen, sodass sich alle vor dem König verbeugten, teils aus Furcht, teils auch aus Gier, weil sie gebeugt die Edelsteine schnell einsammeln konnten. Nur der Heilige stand weiter aufrecht. Der König wollte wissen, warum sich nicht auch er verbeugt. Da sprach der Mystiker: »Weil ich einen Schatz habe, gegen den euer Glanz verblasst. Dieser Schatz liegt in meiner Brust. Und weil ihr zwei Herren habt, vor denen ihr euch verbeugt, die ich aber bereits unterworfen habe. Diese beiden Herren sind Habsucht und Gier.«

Das Herz als innere Sonne, die uns wärmt

»Ein Sonnenstrahl reicht hin, um viel Dunkles zu erhellen«, sagt Franz von Assisi. Hier kommt in diesem Sinne eine weitere Übung, um die segensreiche Kraft der universellen Liebe zu erleben: Sitzen Sie wieder in Ihrer bequemen Position und meditieren Sie auf den Herzlotos. Diesmal stellen Sie sich vor, Ihr Herzlotos ist eine innere Sonne, die Sie unmittelbar in der Brust tragen. Sie können sich vorstellen, dass der Herzlotos ein wunderbares Licht hat, vergleichbar mit dem Licht des Feuerballs am Himmel. Spüren Sie, wie dieses Licht Sie wärmt. Genauso wie Sie beim Sonnenbaden draußen die Augen schließen und sehr schnell in einen angenehmen, wohligen und sehr entspannten Zustand geraten, so fühlen Sie sich auch jetzt schnell sehr wohl. Es ist wie ein Kurzurlaub, den Sie ohne großen Aufwand und immer wieder zwischendurch antreten können – nicht nur bei der täglichen Herzlotosmeditation, sondern auch bei der Arbeit am Schreibtisch oder bei Flügen, Bus- oder Bahnfahrten.

Ein altes Sprichwort besagt: »Die Sonne ist das Gold der Armen.« Es gilt für uns alle. Um glücklich zu sein brauchen wir keine Edelmetalle. Ein freundlicher Sonnentag reicht oft aus, und unsere Stimmung steigt. Mit der Konzentration auf die innere Sonne nutzen Sie darüber hinaus aus sich heraus einen Quell der guten Laune – auch bei schlechtem Wetter oder nachts.

Sie sitzen einfach entspannt da und konzentrieren sich auf das innere Licht. Sie werden tatsächlich merken, wie Sie schon nach kurzer Zeit von Wärme und Glückshormonen durchflutet werden. Spüren Sie die Wärme an Ihren Augen, Ihrer Stirn, Ihren Armen und Beinen bis hin zu allen inneren Organen.

Spüren Sie die Wärme! Bleiben Sie aber mit der Konzentration stets bei dem »Glutofen der Freude« – der inneren Sonne inmitten der Brust.

Die Knospe der Liebe

Menschen – und vor allem verliebte Menschen – lieben seit jeher Blumen. Es ist eines der Wunder der Natur, dass überall Wildblumen wachsen, die wunderschön anzusehen sind. Wir Menschen pflücken und kultivieren sie, wir binden sie in liebevoller Form und arrangieren sie, um uns damit gegenseitig zu beschenken. So gibt es in Japan die Kunst des Ikebana, des Blumenarrangierens, aber auch im Westen gibt es zahlreiche Schulen des Blumenbindens.

Blumen sind so etwas wie das Lächeln der Natur. Eine ständige Erinnerung daran, wie schön die einzelnen Jahreszeiten sind. Allein mit Wildblumen könnte man immer wieder unzählige Kirchen, Moscheen oder Tempel dekorieren, ohne dass es langweilig werden würde. Eines ihrer Geheimnisse liegt darin, dass sie ihre eigentliche Schönheit kurz vor dem Vergehen präsentieren und uns so an die Intensität und Vergänglichkeit des Augenblicks erinnern.

Als besondere Blume gilt noch einmal die Rose, die streng genommen gar keine Blume ist, sondern ein mehrjähriges Gehölz. In vielen Religionen ist sie ein Symbol für Heiligkeit – vergleichbar vielleicht mit dem Lotos. So gilt die Rose als Symbol der Rosenkreuzer, und auch Martin Luther wählte sie als Schmuck für das Kreuz der Reformation. Sufi-Schülern werden aufgrund der meditativen Wirkung regelmäßig Phiolen mit Rosenessenz mitgegeben. Und als der Prophet Mohammed einmal gefragt wurde, was das Geheimnis der Rose sei, sprach er, dass Gott zu Beginn der Schöpfung die Seelen der Propheten erschaffen hat. Als noch ein bisschen von dieser Seelensubstanz übrig war, schuf Er daraus die Rosen, damit die Menschen, die sie betrachten, automatisch einen klaren Geist bekommen und in meditative Zustände geraten mögen. Seit alters her tragen Menschen zur Zierde Blumen und speziell Rosen am Körper, wieder andere beschenken sich gegenseitig damit, um sich Freude zu bereiten.

Wenn Sie sich Ihre Brustmitte als Blume oder Rose vorstellen, haben Sie beides zugleich: Zum einen tragen Sie die innere Blume als eigene Zierde, zum anderen haben Sie damit etwas, das Sie stets an andere weiterschenken können – durch Ihre grundlegend positive und herzliche Art.

Eine schöne Meditation aus dem Tantra-Yoga geht folgendermaßen: Sie stellen sich vor, im Bereich der Brustmitte eine Knospe zu tragen. Indem Sie sich auf diese Knospe konzentrieren, fängt diese an zu erblühen. Sie spüren dann, wie sich die Blätter der imaginären, lichtvollen Blüte entfalten und Ihren ganzen Körper segnen. Das Öffnen der Blätter erfolgt dabei nicht willentlich. Sie betrachten erst einmal nur diese innere hochenergetische Knospe. Dann, wenn die Zeit gekommen ist, spüren Sie, wie die imaginären Blätter sich entfalten und Ihren ganzen Körper mit Licht füllen. Dieses Licht ist so intensiv, dass Sie es sogar spüren können. Es kann dabei sein, dass Ihr Körper zusammenzuckt und vibriert – und auf einmal haben Sie einen völlig klaren Geist. Machen Sie bei der Übung nichts, außer die Knospe zu beobachten. Forcieren Sie nichts! Beobachten Sie nur passiv, wie sich die Blüte öffnet und Ihren ganzen Körper segnet und vitalisiert.

Das Kreuz in der Brustmitte

Wenn Sie Christ oder Christin sind, können Sie sich auch vorstellen, in der Brustmitte ein Kreuz zu tragen. Sie visualisieren dabei unentwegt ein lichtes Kreuz an der Stelle des Herzlotos. Wie Jesus spricht, muss jeder, der ihm folgt, sich verleugnen und sein Kreuz tragen (Matthäus 16,24). Christliche Mystiker weisen darauf hin, dass dieses Sich-Verleugnen eine Abkehr von unseren negativen Gewohnheiten, Erwartungen und Selbsttäuschungen darstellt. Das Tragen des persönlichen Kreuzes heißt, die Herausforderungen in der Welt anzunehmen. Es kann durch ein stetes Engagement für eine bessere und gerechte Welt erfolgen – es kann aber zugleich auch verbunden werden mit einer permanenten Meditation auf das innere Kreuz in Höhe des Brustlotos.

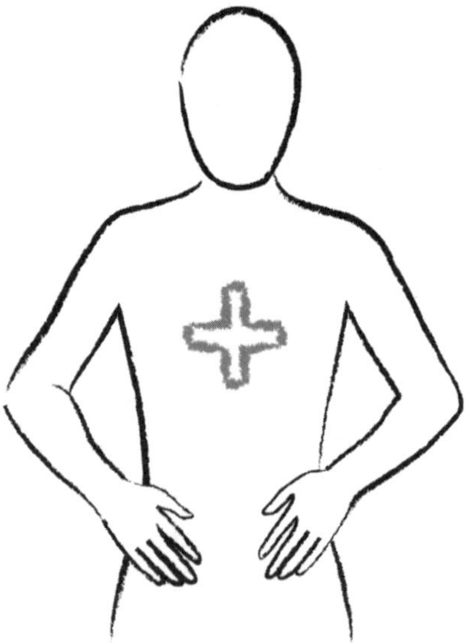

Sie tragen so zu dem Zustand bei, den christliche Mystiker die »Nachfolge Christi« nennen, ein Zustand, in dem die Ideale von Christus in Ihnen konkret geboren werden. In der Bibel heißt es, »dass Christus durch den Glauben in euren Herzen wohne. Und ihr seid in der Liebe eingewurzelt und gegründet.« (Eph 3,7) Und so sagen es christliche Mystiker: Christus kann tausendmal gestorben sein, wenn er nicht in dir wiedergeboren wird, ist er umsonst gestorben. Die Bibel spricht sogar von der Kreuzigung Christi in den Gläubigen (Gal 2,19) und von den Geburtswehen Christi in den Gläubigen (Gal 4,19).

Bei vielen Christen ist es ohnehin Brauch, um den Hals ein Kreuz zu tragen, das idealerweise auf dem Herzlotos aufliegt. Ganze Generationen von Goldschmieden haben Prachtstücke von Kreuzen geschaffen – aus Gold mit feinen Edelsteinen. Andere Handwerker schnitzten einfache Exemplare aus Holz, um den Menschen einen Segen zu geben, aber auch an die Ideale von Jesus zu erinnern.

Allerdings pendeln solche Schmuckstücke in der Lebenswirklichkeit ständig am Oberkörper hin und her, ohne wirklich die Brustmitte zu berühren. Wenn Sie das Kreuz im Bereich des Herzlotos hingegen visualisieren und zum Leben erwecken, haben Sie ein Schmuckstück, das ständig am rechten Platz liegt und Ihnen darüber hinaus Gewissheit, inneren Frieden, Demut, Kraft und Würde verleiht.

Selbstverständlich können Sie die Meditation auf die Brustmitte auch mit anderen religiösen Symbolen verbinden. Als Jude oder Jüdin können Sie beispielweise einen Davidsstern im Bereich des Thymus visualisieren. Einer esoterischen Überlieferung nach soll im Judentum der Davidsstern mit seinen zwei gekreuzten Dreiecken tatsächlich das Herz der Gläubigen symbolisieren. Übrigens werden auch im indischen Tantrismus dem Herzlotos (anahata-chakra) als Symbol zwei überkreuzte

Dreiecke zugeordnet. Im Sufi-Islam hingegen gibt es die Übung, im Brustbereich den arabischen Schriftzug für »Allah« zu visualisieren. Und im Yoga kennt man auch die Übung, im Brustbereich ein Om entstehen zu lassen.

Allerdings rate ich dazu, bei einem religiösen Symbol zu bleiben. Der Herzlotos ist eine Erfahrung, die Sie konkret spüren können. Wenn Sie aber zu sehr von einem religiösen Symbol zum anderen springen, droht die Gefahr, es nur vom Kopf her zu machen. Das kann zwar die Fähigkeit zur Visualisierung stärken, die eigentliche mystische Erfahrung der universellen Liebe käme aber zu kurz.

Herzensmeditation beim Gehen

Wenn Ihnen die sitzende Meditation auf den Herzlotos gelingt, können Sie in spielerischer Weise dazu übergehen, die Herzmeditation auch in der Bewegung anzuwenden. Sie können anfangs dazu in bequemer Position nur im Zimmer stehen und sich dabei auf die innere Sonne konzentrieren. Aus dem Qi Gong ist die Baumstellung überliefert, bei der Ihre Beine etwa schulterbreit auseinanderstehen und Sie bewusst in den Knien nachgeben, bis Sie eine Position erreicht haben, in der Sie bequem stehen. Wichtig ist, dass Ihre Aufmerksamkeit vom inneren Zentrum nicht abwandert.

Nach einiger Zeit dann fangen Sie an, im Zimmer umherzugehen. Behalten Sie dabei die ganze Zeit die Aufmerksamkeit beim Herzenslicht. Gehen Sie anfangs nur langsam und sehr vorsichtig hin und her. Die Gefahr ist nämlich, dass Sie spontan die Augen schließen und dabei etwas umreißen oder sich stoßen. Versuchen Sie dennoch, stets die Aufmerksamkeit beim Herzlotos zu halten. Wenn Sie merken, dass Ihre

Aufmerksamkeit abdriftet, können Sie stehen bleiben und sich wieder auf Ihre Brustmitte konzentrieren. Gehen Sie dann weiter im Raum umher.

Nach einiger Zeit fangen Sie an, auch im Alltag automatisch immer wieder auf den Herzlotos zu meditieren. Egal ob Sie unter Menschen sind oder allein, ob Sie arbeiten oder in der Freizeit sind, ob Sie Sport machen, wandern oder im Kino oder Theater sind: Immer öfter sind Sie mit Ihrer Aufmerksamkeit beim Herzlotos. Ihre innere Sonne ist nun ein fester Teil Ihres Lebens. Es ist wie ein Anker, der Sie mit dem Sein verwurzelt, oder wie eine Lampe, die den Alltag beleuchtet. Sie sind dann ein Khwajagan, »jemand, dessen Aufmerksamkeit ständig beim Herzen ist«.

Das Überfließen des Lichts

»Liebe ist das Einzige, was nicht weniger wird, wenn wir es verschwenden.« So sagt es zum Beispiel Ricarda Huch. Und es ist eine Erfahrung, die Herzmenschen immer wieder machen. In diesem Kapitel soll es daher um weitere Bilder gehen, die Sie in die Meditation einfließen lassen können.

Wenn Sie eine gewisse Routine in der Herzlotosmeditation haben, werden Sie wahrscheinlich etwas feststellen: Ihr funkelnder Edelstein ist nicht nur ein innerer Quell der Wärme, der Klarheit und der Freude, sondern auch so etwas wie ein Kelch. Ein Auffangbecken für etwas, das um uns herum ist. Der sufischen Überlieferung nach ist das gesamte Weltall von der universellen Liebesenergie durchdrungen. Es ist diese liebende Energie, die das Universum immer neu erschafft und die Natur zum Blühen bringt. Tiere sind mit dieser Energie noch verbunden, haben aber kein entsprechendes Organ, um sie auch bewusst umzusetzen.

Das Organ, um diese schöpferische Liebesenergie in der Welt zu manifestieren, ist der sufischen Überlieferung nach das Herz, das Zentrum in der Mitte der Brust. Wir Menschen sind dabei über unser Herz die Vermittler zwischen dem Einen und dem Vielen. Oder anders formuliert: zwischen Gott und der Schöpfung. Daher stammen auch unsere vielfältigen schöpferischen Qualitäten, die wir sowohl zerstörerisch als auch segensspendend einsetzen können.

Nach der Bibel sind wir Menschen das »Abbild Gottes« (Gen 1,26), und laut Koran (2,30) sind wir Menschen die »Stellvertreter Gottes« auf Erden. Manche interpretieren das so, dass wir auf der Erde wie Tyrannen herumtrampeln und die Natur ausbeuten können. Dies ist eine sehr brutale Sichtweise, die leider dazu geführt hat, dass im Namen der »Religion« auf der Erde viel Leid erzeugt wurde.

Wieder andere interpretieren die Bibel- und Koran-Passagen zum »Abbild Gottes« und zum »Stellvertretertum Gottes« allerdings auch so, dass wir Menschen geschaffen wurden, um auf der Erde eine bestimmte kosmische Aufgabe zu erfüllen. So wie ein Gutsherr einen Verwalter einsetzt, damit dieser eine Aufgabe erfüllt, so haben auch wir Menschen eine Aufgabe bekommen: Wir wollen eine bestimmte göttliche Energie auf der Erde verteilen, wodurch wir dazu beitragen, dass die Welt harmonischer wird.

Bei den Sufis gilt der Herzlotos darum als das Gefäß für die göttliche Liebe. Es ist der Ort, an dem wir die göttliche Liebeskraft empfangen, um sie dann an unsere Mitmenschen weiterzugeben. Die göttliche Liebe ist dabei ein bewusstes Kraftfeld, das darauf wartet, um von uns empfangen und weitergeleitet zu werden. Ihr Herzlotos ist wie eine »Steckdose« für diese Energie. Die Liebe muss demnach nicht erst hergestellt werden. Sie ist bereits überall vorhanden. Im Prinzip wartet sie in jedem Winkel der Erde und des gesamten Kosmos. Allerdings bedarf es eines offenen Herzens, um sie zu erfahren, aufzufangen und zu verteilen.

Nehmen wir ein anderes Bild: Es ist wie bei Radiowellen. Auch sie schwirren permanent in der Luft umher. Wenn wir einen geeigneten Empfänger besitzen, dann können wir sie manifestieren. Die Radiowellen in der Luft werden nicht weniger, wenn wir unser Radio anmachen. Sie erreichen im Prinzip alle, die ein entsprechendes Gerät besitzen. Es ist nicht so, dass Sie mit Ihrem Radiogerät allein alle Wellen aufsaugen und andere müssen dann leer ausgehen, sondern es ist so, dass gleichermaßen alle die Programme aus dem Äther manifestieren können. Schalten Sie aber das Radio nicht an, dann können im Äther noch so virtuose Sinfonien oder poppige Hits erklingen – es nützt nichts: Ohne das entsprechende Gerät gehen die Wellen spurlos an Ihnen vorbei.

Genauso ist es auch mit der göttlichen Liebe. Sie umringt uns permanent. Es gibt keinen Ort, wo sie nicht vorhanden wäre. Ob wir sie aber in der Schöpfung umsetzen oder nicht, hängt ganz allein davon ab, wie weit wir unser Herz geöffnet haben. Ist es verschlossen, können wir die Liebe nicht empfangen und weitergeben. Ist unser Herz jedoch offen, so können wir die göttliche Liebe nicht nur aufnehmen, sondern auch bewusst in der Schöpfung verteilen.

Wie Rumi einmal schrieb: »Die Sonne erhellt den ganzen Raum. Wie viel du davon aufnimmst, hängt allein davon ab, wie weit du die Fenster öffnest.« Oder: »Auf dem Markt gibt es unzählige Waren. Wie viel du davon mitnimmst, hängt davon ab, wie groß dein Beutel ist.«

Der Fluss des Lebens fließt stetig. Um die Energie daraus zu nutzen, braucht es eine Turbine. Der Herzlotos ist Ihre Turbine, Ihr Windrad, um die allgegenwärtige kosmische Energie tatsächlich zu nutzen.

Eine der ältesten Herzlotosmeditationen – sowohl im mystischen Christentum als auch im Sufismus – sieht darum das Herz als Kelch, als Gral für die göttliche Liebe an. Demnach tragen wir Menschen in unserer Brust ein wunderbares Gefäß, um die göttliche Liebe und Segenskraft permanent zu empfangen. So wie ein Samenkorn Wasser und Sonne braucht, um zu einer wunderbaren Blüte zu werden, so braucht auch das menschliche Bewusstsein die göttliche Liebe, um zu erwachen, wobei das Einfalltor für diese göttliche Segenskraft der Kelch des Herzens ist.

Der heilige Gral als Mysterium des Abendlandes

In der christlichen Mystik spielt die Kelchthematik eine wichtige Rolle. So sind von Jesus beim letzten Abendmahl die Worte überliefert, dass das Brot sein Leib sei und der Wein sein Blut. In der christlichen Liturgie wird bis heute an diese Segensgabe von Jesus erinnert. So wird durch die Kommunion permanent das Liebesbewusstsein an die Gläubigen übermittelt.

Es sind ja nicht der Wein und das Brot selbst, die den Gläubigen übertragen werden sollen. Sie symbolisieren die göttliche Liebe, die aus dem Herzen Jesu zu den Menschen strömt. Der Überlieferung nach wurde Jesus bei der Kreuzigung nach seinem Tod ein Lanzenstich ins Herz zugefügt. Doch obwohl Jesus am Berg Golgatha scheinbar gestorben war, strömte doch weiterhin frisches Blut aus der Wunde, was manche Christen symbolisch so deuten, dass die göttliche Liebe auch nach dem irdischen Ableben von Christus weiterhin zu den Menschen fließt.

Es ist die Ausgießung des Geistes in die Herzen der Gläubigen, wie sie zu Pfingsten geschieht. In der Bibel heißt es dazu: »Hoffnung aber lässt nicht zu Schanden werden. Denn die Liebe Gottes ist ausgegossen in unser Herz durch den heiligen

Geist, welcher uns gegeben ist« (Röm 5,5). Die Übertragung der Liebe Gottes ist darum für christliche Mystiker kein Ereignis, dass nur einmal in der Geschichte der Menschheit stattgefunden hat, sondern es ist etwas, dass immer wieder passieren kann.

Auch die Legende vom Heiligen Gral bekommt unter dem Aspekt des Herzlotos einen tieferen Sinn. Im Artus-Sagenkreis wird zum Beispiel davon berichtet, dass sich die Ritter der Tafelrunde unter der Anleitung des weisen Zauberers Merlin auf die Suche nach dem Gral machten – nach jenem Gefäß, in dem Josef von Arimathäa bei der Kreuzigung das Blut des Messias aufgefangen haben soll. Nach der Artus-Legende soll Josef dann später nach Europa gereist sein und den Gral bei sich gehabt haben, der allerdings verloren ging. Der Legende nach soll der Gral nicht nur Hunger gestillt haben, sondern auch mystische Visionen hervorgerufen und den Menschen sogar immer wieder aufs Neue Jugendlichkeit beschert haben. Allerdings gerieten zahlreiche der Artus-Ritter auf Irrpfade. Es mussten Prüfungen bestanden werden, bis schließlich Parzifal den Gral fand und zum neuen Gralshüter ernannt wurde. Schon früh wurde »Parzifal« auch als »Parsi Fal« übersetzt – der »reine Narr« – was so gedeutet wurde, dass es einer gewissen Offenheit und jugendlicher Frische bedarf, um den Gral zu entdecken.

Allerdings gab es immer auch symbolische Interpretationen der Gralslegende: So soll es kein realer Kelch gewesen sein, den die Ritter erst nach zahlreichen äußeren Kämpfen finden konnten, sondern ein innerer Kelch, den sie nach zahlreichen Prüfungen und Siegen über sich selbst in sich freisetzen konnten.

Die Geschichte vom Heiligen Gral hat mittlerweile einen festen Platz in der modernen Esoterik, wobei verschiedene Gruppen ihren Anhängern ernsthaft bestimmte Kelche als den »echten Gral« präsentieren. Der Wahrheitscharakter solcher »Beweise« sei dahingestellt – was aber bleibt, ist die symbolische Deutung des Heiligen Grals als inneres Gefäß, durch das wir die göttliche Segenskraft empfangen und weiterleiten, wodurch nicht nur wir uns veredeln, sondern mit dazu beitragen, dass die Welt gerechter wird. So trägt der Herzlotos als gesegneter Kelch dazu bei, dass Sie nicht nur selbst permanent aus einem inneren Jungbrunnen trinken, sondern dass Sie auch die Fülle des Lebens bewusst aufnehmen können und in sich die edelsten Charaktereigenschaften stärken: Ritterlichkeit, Barmherzigkeit, Gerechtigkeit, Gastfreundschaft, Nächstenliebe, Gewissheit, Weisheit und die Fähigkeit, zu vergeben. Sie werden durch die Gralsmeditation quasi zum »Herzensritter« oder zur »Herzensritterin« – ganz ohne Schwert und Rüstung.

Die Herzenseinweihung der Sufis

Auch bei den Sufis ist die Kelchthematik wesentlich. Wenn Sie sich einem Sufi-Orden anschließen, sitzen Sie in der Regel zur Einweihung einem Meister oder einer Meisterin gegenüber, die aus ihrem Herzen dann eine positive Energie in Ihr Herz fließen lassen.

Eine wichtige Ursprungslegende der Sufis ist dabei die folgende: Während seiner Zeit in Mekka wurden der Prophet Mohammed und seine Anhänger immer wieder von Gegnern verfolgt – manche wurden sogar erschlagen, gepfählt, geblendet oder gekreuzigt, sodass die Muslime schließlich ab dem

Jahr 622 nach Medina übersiedelten, wo sie ihren Glauben frei leben konnten. Schließlich flohen auch der Prophet und sein Gefährte Abu Bhakr nach Medina, doch beide wurden von Gegnern verfolgt, sodass sie sich in einer Höhle in einem Berg verstecken mussten. Schon bald erkundeten die Gegner das Gelände. Doch die beiden wurden nicht entdeckt, da am Höhleneingang ganz schnell ein Baum zu blühen begann, eine Spinne ein Netz gewoben und am Baum ein Vogel ein Nest gebaut hatte. Wäre Mohammed damals entdeckt worden, hätten ihn seine Gegner wahrscheinlich getötet. In dieser dramatischen Situation wollte er Abu Bhakr daher all sein Wissen vermitteln. Allerdings war die Zeit knapp. Darum sprach Mohammed: »Ich werde dir mein Wissen ohne Worte übergeben.«

Mohammed setzte sich Abu Bhakr gegenüber und sprach: »Ein Funken von Gottes Licht ist in mein Herz geströmt – ich gebe dir jetzt dieses Licht in dein Herz weiter, damit du es wiederum in die Herzen der anderen Menschen weitergibst, damit diese es dann weiter in die Herzen der Menschen fließen lassen.«

Aus diesem Grund sitzen seit mittlerweile vierzehn Jahrhunderten Sufis – egal ob Männer oder Frauen – bei ihrer Einweihung älteren Sufi-Meistern und -Meisterinnen gegenüber und empfangen in einer stillen Zeremonie von Herz zu Herz dieses segnende Licht, damit es in ihnen wächst und sie erleuchtet und damit sie es dann wiederum zu einem späteren Zeitpunkt an andere Menschen weitergeben.

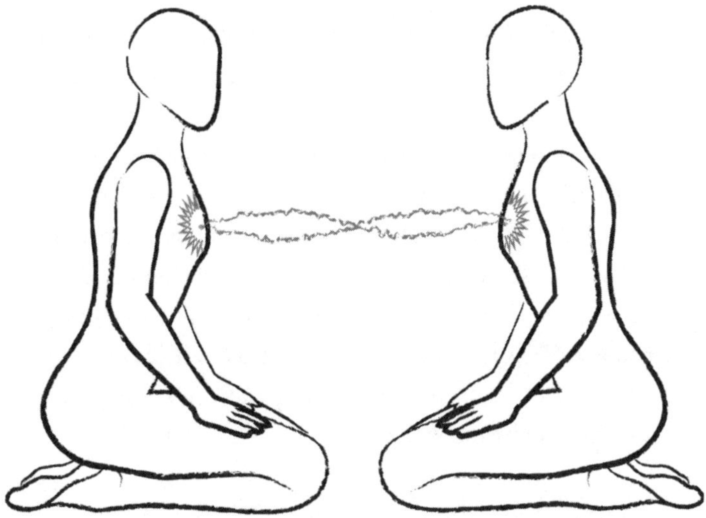

Die Brunnensymbolik am Grab von Rumi in Konya versinnbildlicht dieses Initiationsritual: Aus einem Loch in der Wand fließt Wasser. Darunter sind in mehreren Reihen pyramidenförmige Kelche angeordnet. Zuerst fließt das Wasser in die erste Reihe. Wenn die Kelche voll sind, fließt das Wasser in die nächste Reihe von Kelchen. Wenn diese wiederum voll sind, fließt das Wasser in die darunterliegende Reihe. So werden alle Kelche gefüllt, ohne dass das Wasser weniger wird.

Genauso ist es mit der göttlichen Liebe: Sie füllt die Herzen der Mystiker, bis diese voll sind und erleuchtet werden. Dann fließt die Liebe aus diesen weiter in die Herzen der anderen Menschen. Obwohl die ganze Zeit Liebe strömt, wird sie dennoch nicht weniger.

In der islamischen Mystik wird darum oftmals auch die Symbolik des Mundschenks oder des Weinschenks (persisch Saghi) für Mystiker benutzt. Da im offiziellen Islam der Wein verboten ist, in den Paradiesen aber in einem Fluss ein besonderer Wein fließt, galt »Wein« in der persischen, aber auch in der arabischen Poesie oftmals als Metapher für die göttliche Liebe, die die Gläubigen trunken macht, ohne dass sie ihnen schadet. Im Gegenteil: Sie segnet, heilt und erleuchtet die Menschen. Poetische Beispiele dafür sind die Liebesode des Omar Farid oder die Weinode des Hafiz. So sahen sich die Mystiker nicht nur als Kelche für die göttliche Liebe, sondern auch bewusst als Mundschenke und Weinschenke, die diese göttliche Liebe den Menschen kredenzten. Wie es in der Ode des Hafiz zu Beginn heißt: »Saghi, schenk ein den Wein und lass den Becher kreisen. Am Anfang war die Liebe leicht, die dann zum Geheimnis ward.«

Der Kelch des Herzens

Diese Übung ist ebenfalls sehr alt und wird sowohl im Christentum als auch im Sufi-Islam gelehrt. Sie können dabei gerade sitzen, Sie können die Übung aber auch im Alltag in allen möglichen Situationen ausführen: bei der Arbeit, beim Spazierengehen, auch im Umgang mit anderen Menschen. Wenn Sie regelmäßig in die Kirche gehen, können Sie die Übung bei der Messe praktizieren.

Stellen Sie sich dabei vor, Ihr Herzlotos ist ein Kelch, in den die göttliche Energie hineinfließt. Spüren Sie, wie das Licht stärker wird, wie ein Glutofen befeuert wird, der Ihren ganzen Körper segnet. Seien Sie sich bewusst, dass es ein großes Geschenk ist, den Glutofen bewusst zu tragen. Spüren Sie dann, wie die göttliche Energie aus Ihrem Kelch überfließt und sich in Ihrem Körper verteilt. Spüren Sie, wie Ihr Bewusstsein erleuchtet wird. Dann bemerken Sie, wie das Licht sich nicht nur in Ihrem Körper verteilt, sondern wie es sich in der Umgebung um Sie herum verströmt.

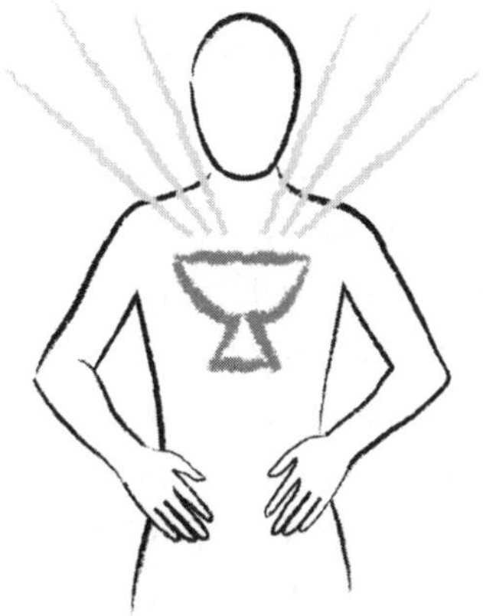

Über diesen wunderbaren Herzensgral können Sie die göttliche Liebe bewusst an andere Menschen weiterleiten, um so auch deren Herzen zu öffnen. Der Funke in Ihnen springt dann auf andere über. Die liebevolle Energie des Universums wird so zu einem energetischen Geschenk, mit dem Sie Ihre Mitmenschen segnen. Es ist wie ein Blumenstrauß, von dem Sie immer wieder neu Blumen weggeben, ohne dass er weniger wird. Ab einem gewissen Grad erkennen Sie sogar, dass Sie selbst das Geschenk für Ihre Mitmenschen sind. Sie selbst sind der Blumenstrauß, der die Welt harmonischer gestaltet und die Menschen erfreut. Allein durch Ihre herzliche und positive Art bereiten Sie allen, die Ihnen begegnen, eine Freude. Sie sind nun selbst eine Art Licht, das die Welt beleuchtet.

Stellen Sie sich in Ihrer Übung vor, wie aus Ihrem Herzenskelch dieses göttliche Licht herausströmt in die Herzensgrale der anderen Menschen, um auch diese zu segnen. Das Licht sucht sich automatisch die richtigen Plätze, zu denen es strömt. Wenn Sie allerdings heilerisch arbeiten, dann können Sie willentlich darum bitten, dass das Licht zu bestimmten Stellen strömt, zum Beispiel zu erkrankten Körperteilen der Patienten.

Das himmlische Licht strömt ohnehin permanent in die Herzen der Menschen, aber oftmals ist der Herzlotos so verschlossen, dass es einen bereits geöffneten Kelch braucht, aus dem heraus es sich in die Herzgegend der andern verteilen kann. Sie sind als Herzmensch quasi das »Kohlebecken«, aus dem heraus der göttliche Funken auf die anderen überspringt.

Ab einem gewissen Grad empfinden Sie sich selbst ganz als Kelch, aus dem dieses segensreiche Licht zu den anderen fließt. Indem Sie sich anderen zuwenden oder sie betrachten, strömt schon dieses Licht zu ihnen hin. Sie selbst machen dabei nichts willentlich – Sie halten nichts zurück und Sie forcieren nichts. Diese himmlische Segenskraft fließt von allein zu den Menschen, mit denen Sie zusammenkommen.

So wie ein Gärtner die Gießkanne über die Blumen hält, so sind Sie nun auch eine Gießkanne für jemand Höheren. Der Gießkanne kann es dabei egal sein, wen das lebensspendende Wasser trifft. Sie wird sich nicht sagen: »Diese Blume mag ich, diese nicht.« Sie gibt das Wasser einfach weiter, so wie der Gärtner es bestimmt. So werden Sie als lebender Kelch zum Werkzeug des göttlichen Seins, durch das Er seine Kraft der Schöpfung zukommen lässt.

Den Spiegel polieren

»Man sieht nur mit dem Herzen gut«, lässt Antoine de Saint-Exupéry den Fuchs zum kleinen Prinzen sagen. Das Herz ist tatsächlich auch ein spezielles Sinnesorgan, durch das wir die Welt wahrnehmen.

Ihnen ist sicherlich bekannt, dass wir über fünf biologisch definierte Sinne verfügen: Mit den Augen sehen wir, mit den Ohren hören wir, mit der Nase riechen wir, mit der Zunge schmecken wir und mit Haut und Haaren spüren wir. Aber wussten Sie, dass wir mit unserem Herzlotos ebenfalls die Welt wahrnehmen?

Woher kommt es, dass manche Menschen die Umgebung und ihre Mitmenschen ständig nur als grau und trübe wahrnehmen, während andere das Leben voller Freude und Begeisterung erleben? Sie können noch so gute Augen und Ohren haben, Sie können noch so gut schmecken, geruchsaffin oder feinfühlig sein: Wenn Ihr Herzspiegel verschlossen ist, werden Sie immer nur einen kleinen Teil des Lebens um sich herum wahrnehmen, und dieser Teil erscheint Ihnen als deprimierend, als feindselig oder frustrierend.

Für Sufis ist das Herz wie ein Fenster oder ein Spiegel. Ist der Herzensspiegel trübe und grau, erscheint auch das Leben trübe und grau. Erstrahlt das Herz in reinem Licht, erscheint auch der Alltag klar und voller Freude.

Dies ist darum eine weitere entscheidende Erfahrung, die Sie durch den geöffneten Herzlotos erleben: So wie ein dunkles Zimmer plötzlich von Licht gefüllt wird, wenn sich die Fensterläden öffnen, so wird auch Ihr Inneres mit Licht gefüllt, wenn sich Ihr Herzlotos öffnet. Während Sie zuvor durch das verschlossene Herz die Welt nur selektiv wahrnahmen, so entdecken Sie nun eine Fülle von Details, die Ihnen davor gar nicht bewusst war.

Manche Skeptiker sagen: Wenn wir durch unser geklärtes Herz die Welt in neuem, positivem Licht wahrnehmen, dann blicken wir nur durch eine rosarot gefärbte Brille. Das ist allerdings aus meiner Sicht nur eine Ausrede, um sich der Schönheit des Seins zu verschließen. Denn es geht bei der Herzöffnung nicht darum, die Dinge anders zu sehen, als sie sind, sondern es geht darum, die Dinge eben genauso zu sehen, wie sie sind. Wir färben also die Realität nicht rosa, sondern klären lediglich das Wahrgenommene von den ganzen Unreinheiten, Verurteilungen und negativen Unterstellungen, die uns durch die Jahre hindurch antrainiert wurden.

Wir können es darum auch so beschreiben: Jahrelang trugen wir eine graue dunkle Brille, durch die wir das Leben und die Mitmenschen negativ wahrnahmen. Es waren Scheuklappen, durch die wir nur einen bestimmten Ausschnitt des Lebens bemerken. Indem wir uns nun aber auf den Herzlotos konzentrieren, nehmen wir die dunkle Brille oder die Scheuklappen endlich ab und lernen, die Dinge ohne Interpretationen und Vorbehalte zu erleben.

Wie es in einem arabischen Sprichwort heißt, hängt der Wert eines Brotes von dem ab, der es betrachtet. Wer das Brot mit vollem oder verdorbenem Magen betrachtet, für den ist es vielleicht wertlos. Für Menschen aber, die Hunger haben, ist es sehr wertvoll. Das Brot ist dabei das Gleiche. Es ist nur unsere Sichtweise darauf, die sich ändert. Genauso ist es mit unserem Herzlotos: Sind wir voll von Konzepten und Urteilen, so erscheinen uns unsere Mitmenschen vielleicht als wertlos oder verachtenswert. Sind wir aber innerlich frei, so erscheinen sie uns auch als strahlende, wunderbare Wesen.

Mit einem offenen Herzen betrachten wir die Welt nicht mehr durch die Brille von Konzepten und Vorurteilen, sondern so, wie sie ist: mit einem nüchternen, aber sehr warmen und klaren Blick, mit dem wir das Wesentliche erkennen. Vor allem die Sichtweise auf andere Menschen und der Umgang mit ihnen gestalten sich völlig neu. Wie eine Seminarteilnehmerin berichtete: »Das war für mich das Interessanteste an der Herzöffnung: die anderen plötzlich auf eine völlig neue Art zu entdecken. Unsere Kultur ist ja primär konfliktorientiert: Andauernd misstrauen wir einander oder sehen uns im negativen Licht. Das ging mir auch viele Jahre so, obwohl ich mich bereits intensiv mit Spiritualität beschäftigt hatte. Durch die Herzöffnung fiel das alles regelrecht von mir ab. Früher hätte ich mich darüber aufgeregt, wenn Leute zu laut, zu angeberisch, zu grob, zu eitel oder auch nur mit materiellen Gütern überhäuft waren. Eigentlich war ich im Inneren mit meinen Mitmenschen ständig im Konflikt, ohne dass ich mir dessen überhaupt bewusst war. Durch die Herzöffnung fand ich zu einer komplett neuen Sichtweise auf mein Umfeld. All die Eigenschaften, die ich bei meinen Mitmenschen früher kritisiert hätte, finde ich plötzlich normal und sogar interessant. Heute habe ich so eine grundlegende Akzeptanz, die mit einer staunenden Bewunderung verbunden ist. Man könnte sagen, ich bin irgendwie dauerverliebt. Es sind dabei nicht die anderen, die sich geändert haben, sondern meine Sichtweise hat sich geändert.«

Oder eine andere Frau, deren Herzlotos sich öffnete: »Ich hatte ein Leben lang Probleme mit anderen Menschen. Ich war zwar spirituell orientiert, doch irgendwie wollte ich meine Mitmenschen ständig ändern. Teilweise war ich auch dünkelhaft, da ich glaubte, etwas über spirituelle Ideale zu wissen – doch in Wahrheit war es nur meine eigene Ignoranz. Als sich dann mein Herz öffnete, setzte in den folgenden Tagen ein Prozess ein, der bis heute andauert: Ich sehe in den anderen ein bestimmtes Leuchten, das ich auch in mir wahrnehme. Jeder Mensch ist dabei mit all seinen Fehlern und Schwächen unglaublich interessant. Viele der Eigenschaften, die ich früher als Fehler wahrgenommen hätte, sind heute für mich keine Fehler mehr, sondern lediglich schillernde Facetten der jeweiligen Personen. Dadurch bin ich in einer wachen stetigen Akzeptanz gegenüber all den Menschen um mich herum. Das gilt zwar nicht bei Gewalttätigkeiten oder Straftaten, aber auch in diesen Menschen nehme ich dieses Licht wahr. Durch die Herzöffnung bin ich in einem tiefen, inneren Frieden angelangt, der zugleich mit einer sehr angenehmen Leichtigkeit verbunden ist.«

Die Legende von den Kunstwerken und dem Spiegel

Im Orient gibt es die folgende Legende: Am Hof eines Kalifen weilten einmal ein großer, gefeierter Künstler und ein Sufi. Eines Tages wollte der Kalif wissen, wer von beiden die schöneren Kunstwerke erschaffen kann. Ein Jahr lang bekamen beide Zeit, bis sie ihre Werke präsentieren sollten. Der große

Künstler fing sofort an und zauberte ein Kunstwerk nach dem anderen: Bilder, Möbel, Bücher, Skulpturen, Blumenarrangements, Musikinstrumente und noch mehr. Der Sufi aber polierte die ganze Zeit nur einen großen Spiegel.

Dann kam der Tag der Entscheidung. Der Künstler brachte seine Werke in den Palast und dem Kalifen verschlug es fast den Atem angesichts von so viel Schönheit. Daneben wirkte die reale Welt fast schon grau und trübe. So wollte der Kalif schon dem Künstler den Preis überreichen. Doch dann präsentierte der Sufi seinen polierten Spiegel – und die Kunstwerke erschienen nun in einem klaren und hellen Licht, sobald man hineinsah. Doch nicht nur das: Auch die Welt ringumher erschien nun viel klarer, reiner, facettenreicher und dadurch auch schöner. So gab der Kalif dem Sufi den Preis.

Was heißt das für uns? Wir müssen nicht unbedingt schöne Dinge erschaffen, um die Welt als vollkommen zu erleben – es reicht völlig aus, wenn wir den Spiegel unseres Herzens polieren, um dann die natürliche Schönheit des Lebens zu erkennen.

Auch eine Zen-Erzählung verdeutlicht dies: Ein bekannter Zen-Meister wurde gefragt, was die Essenz seiner Lehre sei. Er antwortete: »Ein klarer See, ungetrübt, auf dem sich das Gebirge spiegelt.«

Dies entspricht im Zen dem Prinzip des Mo Chao: Die Welt um uns herum besitzt bereits eine besondere Magie und Schönheit. Indem wir die Welt mit klarem Blick betrachten, erschließt sich uns diese besondere Ästhetik.

Auch eine Geschichte aus dem Leben des Propheten Mohammed verdeutlicht dies: Während der Offenbarung des Koran geschahen nämlich immer wieder Wunder. Es gab kleinere Erdbeben, die Pferde wieherten (zu besonderen Anlässen), am Himmel gab es wunderbare Wolken- und

Lichtfigurationen, vertrocknete Bäume fingen wieder an zu blühen und trugen Früchte … Doch das größte Wunder war, dass immer wieder Menschen schlagartig spirituell erwachten. Die Gegner des Propheten forderten allerdings, dass Mohammed ihnen ein richtig umwerfendes Wunder präsentieren solle, um endlich zu beweisen, dass es Gott wirklich gibt. Daraufhin soll sich der Mond gespalten haben, ein Naturphänomen, das bis nach Indien und China sichtbar war, sodass aus Kerala König Tschereman Perumal mit seinem Gefolge nach Medina reiste und zum Islam konvertierte, und in China wurde in der Folge unter Kaiser Tang Gaozong in Guangzhou die Lichtmoschee erbaut.

Doch noch immer ließen sich die Gegner des Propheten in Mekka nicht überzeugen. Daraufhin wurde die 88. Sure des Koran offenbart, in der es heißt: »Schauen sie denn nicht die Wolken, wie sie erschaffen sind und zum Himmel, wie er erhöht wurde und zu den Bergen, wie sie errichtet wurden, und zur Erde, wie sie ausgebreitet wurde?« (88,17-20) Die Interpretation der Verse besagt: Um das göttliche Sein zu erkennen, brauchen wir keine übersinnlichen Phänomene. Es reicht, wenn wir unsere Sinne öffnen für die Schönheit der Natur. Mystiker haben darum zu allen Zeiten in der Natur meditiert: an Bergen, in Wüsten, unter Bäumen, an Gewässern, unter den Wolken, auf Wiesen und unter dem nächtlichen Sternenzelt.

Überliefert ist dazu beispielsweise die Erweckung des iranischen Mystikers Ruzbihan Schiras, der Folgendes berichtet: »Ich meditierte Nacht für Nacht auf das Sternenbild des kleinen Wagens, das fix am Firmament steht und um sich herum das ganze Himmelszelt dreht. Dann wurde mir bewusst, dass das Sternbild des kleinen Wagens dem arabischen Wort für Er (hu) gleicht, das heißt dem göttlichen Wesen, wobei hu auch dem Herzton entspricht. Dann öffneten sich die sieben Sterne des Sternenbildes gleichzeitig und ich schaute (erkannte) Gott.«

Die Schöpfung: ein wunderbarer Zaubergarten

Mit einem polierten Herzensspiegel sehen Sie also nicht nur Ihre Mitmenschen in völlig klarem Licht, sondern Ihre Sichtweise wird so geschärft, dass Sie plötzlich auch in der Natur zahlreiche Wunder und ästhetisch Kunstvolles wahrnehmen. Ihr Blick wird viel klarer und facettenreicher.

Es ist tatsächlich so, dass die meisten Menschen eine Art Scheuklappen tragen, durch die der Blick sehr beengt ist, sodass sie ein Leben lang immer nur die gleichen Dinge wahrnehmen können. Ihre Sichtweise gibt genau vor, was von Bedeutung ist, um im Kopf die immer gleichen Konzepte, Urteile und Vorurteile zu füttern. Wie steht es damit bei Ihnen? Was haben Sie heute schon, vielleicht bei einem Spaziergang, außerhalb Ihres Hauses wahrgenommen? War es im Großen und Ganzen das Gleiche, was Sie schon gestern wahrgenommen haben? Oder war es etwas wirklich Außergewöhnliches, obwohl es »nur« der ganz normale Alltag war?

Jeden Tag sehen Sie bewusst oder unbewusst in Ihrer Umgebung die gleichen Bäume, die gleichen Sträucher, die gleichen Wiesen, die gleichen Häuser, die gleichen Straßen und die gleichen Menschen. Doch ist es wirklich immer gleich? Ist Ihnen zum Beispiel im Frühsommer aufgefallen, dass in den Bäumen Vögel ihr Nest gebaut haben und wie seitdem die Küken dort Woche für Woche größer wurden? Ist Ihnen aufgefallen, wie auf den Wiesen Monat für Monat völlig neue Blumen und Wildkräuter gewachsen sind? Ist ihnen aufgefallen, wie viele Insekten fleißig in der Wiese wirken? Wie im Herbst das Laub gelb und braun wird und welche unglaublichen Lichtspiele sich daraus ergeben? Wie das Licht der Jahreszeiten mit den anscheinend immer gleichen Häuserfassaden in Ihrer Umgebung spielt? Und fällt Ihnen auf, wie sich die immer gleichen Menschen in Ihrer Umgebung doch stetig verändern?

So erleben Sie durch einen geöffneten Herzlotos nicht nur die Dinge im Alltag klarer, sondern entdecken plötzlich immer neue Perspektiven und Facetten, durch die Sie selbst permanent neu in Freude versetzt werden. Ich kann nur sagen: Schenken Sie sich diese Erfahrung!

Die Sufi-Lehre erweitert sogar noch den Katalog der Geschenke eines offenen Herzens: Wenn wir hier in diesem Leben in den Naturwundern und anderen ästhetischen Phänomenen Gott preisen und dabei vom freudvollen, inneren Licht durchflutet werden, dann hat dies auch Auswirkungen auf unser Sein nach dem Tod. Im Koran und in den Hadithen werden die Paradiese als wunderbare Städte und Gärten mit sprudelnden Quellen, grünem Geäst und voller schillernder Vögel beschrieben, die Bauten zieren strahlende Kuppeln, Erker und Türme. Wenn wir also heute schon mit geöffnetem Herzen demutsvoll freudig auf die Wunder der Natur schauen und dabei das Göttliche preisen, dann werden wir dies wahrscheinlich auch nach dem Tod und in einem nächsten Leben tun dürfen. Wie es ein Sufi formulierte: »Stell dir die Schöpfung wie eine riesige Galerie voller wunderbarer Kunstwerke vor, und dir ist es bestimmt, anhand dieser Kunstwerke Gott zu preisen.«

Eine Seminarteilnehmerin fasste ihre Erfahrungen so zusammen: »Ich fand schon immer Sonnenauf- und -untergänge schön, allerdings hatte ich früher immer den Kopf voll mit irgendwelchen Wichtigkeiten, sodass ich diese Naturschauspiele immer nur ein paar Sekunden bewusst würdigte. Mit der Aktivierung meines Herzbewusstseins ist dies anders geworden. Heute kann ich über längere Zeiträume hinweg dasitzen und die Schönheit der Natur bewundern. Die Sonnenuntergänge sind ja auch immer anders. Dieses Licht erfüllt mich mit einer Segensenergie, die ich dann in meinen Alltag mit hineinnehmen kann. Dazu kommen all die anderen Schönheiten der Natur: der Flug der Vögel, der Schmetterlinge, im Frühjahr und Sommer der Flug der Pollen, die wie Schneeflocken aussehen, im Winter der herabfallende Schnee. Ich meditiere sehr gern an Flüssen und Wasserfällen. Obwohl ich dort manchmal (gefühlt) stundenlang dort sitze, fehlt mir nicht die Zeit im Alltag. Im Gegenteil: Die Zeit kommt mir zugute, da ich durch die Meditation auf die Naturschönheit mit einer bestimmten Kraft gesegnet bin. Ich bin dann im Herzen ganz klar und kann mich in Alltag und Berufsleben auf die wesentlichen Dinge konzentrieren.«

Das Herz als Sinnesorgan wahrnehmen

Im Folgenden gebe ich Ihnen einige Übungen an die Hand, mit der Sie Ihr Herz als wahrnehmendes Organ erkennen können. Wenn Sie gleich die erste Übung hier ausführen, dann aktivieren Sie eine Art inneren Kompass, der Sie automatisch zu den anderen, hier in diesem Kapitel vorgestellten Übungen führt – genau zu denen, die Ihnen gerade guttun könnten.

Stellen Sie sich vor, Sie tragen in der Brustmitte ein Sinnesorgan: ein Auge, ein Fenster oder auch einen Spiegel. Sie atmen ein und aus und stellen sich vor, Ihr Atem ist wie ein Wischtuch, das dieses Fenster oder diesen Spiegel poliert. Sie können dabei ruhig das Bild einer fleißigen Hausfrau benutzen, die stets aufs Neue Spiegel oder Fenster mit einem Lappen putzt. Die Oberfläche, die dabei poliert wird, ist Ihr Herzlotos, und der Lappen ist Ihr Atem, verbunden mit der befreienden Absicht, die Welt um Sie herum völlig klar wahrzunehmen.

Der Herzensspiegel muss anfangs stets aufs Neue poliert werden. Das Herzensfenster muss immer wieder von Staub und Schmutz freigehalten werden. Sobald Sie im Alltag spüren, dass Sie im Umgang mit Mitmenschen zornig oder ungehalten werden, fangen Sie innerlich am besten sofort an, zum Herzlotos zu atmen und in Gedanken den Herzensspiegel zu reinigen. Es reicht nicht aus, dass Sie theoretisch wissen, dass Sie durch den Herzenslotos die Welt wahrnehmen. Sie müssen sich stets aktiv daran erinnern!

Ein Beispiel: Sie begegnen im Alltag jemandem und spüren innerlich, dass Sie aus den verschiedensten Gründen gegen diesen Menschen Aversionen hegen. Halten Sie dann inne und seien Sie sich Ihrer Abneigung gegenüber dieser Person bewusst. Dann benutzen Sie wieder das Bild, dass Ihr Atem ein Putztuch ist. Nun atmen Sie wieder möglichst ruhig ein und aus und stellen sich vor, wie mit jedem Atemzug das Tuch Ihr Herzensfenster reinigt. So wie ein Tuch den Schmutz von einer Glasfläche beseitigt, sodass das Licht wieder frei strahlen kann, so wischen Sie einfach alle Aggressionen, Ihre Ungeduld, alle Verurteilungen und Vorurteile gegenüber diesem Menschen weg. Sie sehen dann wieder klar und rein, wie dieser Mensch wirklich ist.

Während Sie zuvor diese Person nur aus dem verzerrten Blickwinkel der Fehler und Schwächen betrachten konnten, so bekommen Sie nun durch die Klärung des Herzensspiegels ein viel umfassenderes Bild von ihr. Es geht dann nicht mehr darum, diesen Menschen abzulehnen oder zu ändern, sondern es geht darum, ihn vom Herzen her zu verstehen und zu akzeptieren.

Es ist tatsächlich so: Wenn Sie einen anderen mit offenem Herzen so sehen, wie er wirklich ist, führt das in der Regel zu einer freundlichen, friedlichen und entspannten, aber auch energiegeladenen Akzeptanz.

Bis der Spiegel Ihres Herzlotos dauerhaft geöffnet ist, vergeht allerdings in der Regel einige Zeit. Es kann vorkommen, dass Sie Ihre Mitmenschen für kurze Momente in diesem wunderbaren Herzenslicht sehen, doch dann fallen Sie vielleicht wieder zurück in alte Muster und schauen wieder durch die Brille der jahrelang anerzogenen Vorurteile, Ablehnungen und Feindseligkeiten.

Darum mein Tipp: Seien Sie ein Jäger, der bewusst nach den Verunreinigungen des Herzensspiegels sucht. So wie ein Jäger von Freude erfüllt wird, wenn er Wild erlegt, so können auch Sie bewusst auf die Jagd nach den Verzerrungen und Verunreinigungen Ihres Herzensspiegels gehen und sich bei allem freuen, was Sie entdecken. Oder Sie stellen sich vor, Sie sind eine besonders gewissenhafte Hausfrau, der es Spaß macht, in einer ohnehin schon sauberen Wohnung stets neue Unreinheiten aufzuspüren, um sie dann wegzuwischen. Sie ertappen sich dann immer wieder im Alltag, sobald Ihr Herzensspiegel getrübt wird: durch Ablehnungen, Vorurteile und anerzogene Streitmechanismen. Und dann wenden Sie die Übung an: Sie atmen ruhig ein und aus und putzen dabei innerlich Ihren Herzensspiegel.

Das Jagen nach Verunreinigungen geht meiner Erfahrung nach bei den meisten anfangs ganz gut und beschert ihnen auch stets neue Glückserlebnisse. Doch dann kommt bei vielen ein Punkt, wo sich jahrelang anerzogene Streitmechanismen plötzlich sträuben: »Ich kann allen Menschen alles verzeihen, nur nicht diesem einen Menschen diese eine Tat!« Wenn Sie an diesem Punkt angelangt sind, dann geht es erst wirklich los. Oder wollen Sie wie ein Jogger sein, der munter im Hof eine Runde dreht, dann aber gleich aufgibt, wenn es längere Strecken zu bewältigen gilt? Oder wie ein Bergsteiger, der munter kleine Hügel besteigt, aber dann gleich aufgibt, wenn es auf die wirklich hohen Gipfel mit traumhaften Aussichten geht? Viele kehren um, wenn sie mit einer Situation konfrontiert werden, die zunächst unlösbar wirkt. Bei genauerem Hinsehen sind oft auch diese Situationen gar nicht so unlösbar, wie sie scheinen. Setzen Sie sich darum in Ruhe hin und stellen Sie sich noch einmal diesen Menschen oder die betreffende Situation vor.

Versetzen Sie sich in die Vorstellungen der eifrigen Hausfrau hinein: So wie sie manchmal bei Schmutzflecken oder Ablagerungen länger und fester schrubben muss, so müssen Sie einfach auch in dieser Situation oder bei diesem Menschen die Meditation des Spiegelpolierens länger und intensiver anwenden. Atmen Sie ein und aus, und stellen Sie sich vor, wie Sie mit Ihren Gedanken an diesen Menschen oder an diese Situation Ihren Herzensspiegel säubern. Es kann sein, dass Ihr Atem dabei schneller wird. Seien Sie sich dessen bewusst. Ein beschleunigter Atem ist kein Problem, und indem Sie sich dessen bewusst sind, wird Ihr Atem meistens von allein wieder langsamer. Säubern Sie mit Ihrem Atem den Herzspiegel, bis Sie merken, dass auch Ihr Verhältnis zu der betreffenden Person oder Situation geklärt ist. Schließlich kommen Sie zu dem Punkt, an dem Sie vom Herzen her plötzlich den anderen nicht nur akzeptieren, sondern auch in all seiner Schönheit verstehen und bewundern.

Und wenn Sie einmal dabei sind: Suchen Sie nach weiteren Personen, die Sie ablehnen, und arbeiten Sie auch mit diesen. Mit der Zeit treten Sie dann in den Zustand der universellen Liebe ein, den manche auch als Erwachen oder als Erleuchtung erfahren: ein Gefühl des aktiven und energiegeladenen Zuhauseseins in der Schöpfung.

Die Lampe des Herzens

Ein anderes unterstützendes Bild ist das von einer Lampe in der Mitte der Brust. Wenn Ihnen im Alltag Menschen begegnen, dann beleuchten Sie sie einfach mit Ihrer Herzenslampe. Oft erscheinen uns andere nur im Dunklen unangenehm. Wenn Sie sie aber mit dem Licht Ihrer Herzenslampe anstrahlen, dann verschwinden sämtliche Schatten und Zweifel.

Sie können dabei auch Ihr gesundes Selbstbewusstsein stärken. Im Gegensatz zu Ihren Mitmenschen, die sich vielleicht dieser Herzenslampe nicht bewusst sind, sehen Sie nun viel klarer, sodass Sie andere schätzen können – trotz oder auch gerade wegen ihrer Schwächen. Sie lenken also das Licht Ihrer inneren Sonne bewusst zu den Menschen und Situationen um Sie herum, wodurch die ganze Schöpfung um Sie her erhellt und geklärt wird. Die Menschen, die Sie betrachten, erscheinen dann im Lichte Ihrer inneren Sonne – und das entfacht auch in ihnen oftmals schon die eigene Herzenslampe.

Den Raum mit einem neuen Blick betrachten

Es geht uns in diesem Kapitel um das bewusste Wahrnehmen des Herzlotos als Sinnesorgan. Mit seiner Hilfe können Sie Ihre Perspektive auf die Welt ändern. Für eine erste einfache, aber sehr effektive Übung dazu setzen Sie sich bequem hin – in Ihrem Zimmer, später auch im Büro, im Flughafengebäude oder Bahnhof, in der Wartehalle eines Amtes oder in einem Hotelzimmer. Jeder Innenraum ist möglich.

Betrachten Sie den Raum um sich herum erst einmal mit dem gewohnten Blick: Dies ist Ihre momentane Lebenswelt, ein Raum, den Sie sehr oft oder seltener betreten und vielleicht sogar mitgestaltet haben. Er vermittelt Ihnen eine überschaubare, möglicherweise gewohnte Routine. Betrachten Sie den Raum so genau wie möglich, achten Sie auf eine Vielzahl von Details in Ihrem Sichtfeld.

Fokussieren Sie nun wieder Ihr Herz. Seien Sie sich dabei bewusst, dass Ihr Herz ein eigenes Sinnesorgan ist, das jahrelang dazu »trainiert« wurde, die Welt auf eine bestimmte Art wahrzunehmen.

Nach einiger Zeit dann versuchen Sie, den Raum mit einem anderen Blick anzusehen. An der Erschaffung des Raums waren viele Menschen beteiligt. Versuchen Sie darum, den Raum mit den Augen eines Schreiners anzuschauen. Wie wurden die Regale angebracht, wie wurden die Schränke, die Stühle oder das Bett zusammengesetzt? Dann versuchen Sie, den Raum aus der Sicht eines Elektroinstallateurs zu betrachten. Wie verlaufen im Zimmer die Anschlüsse, und wie werden diese im Raum genutzt? Was würde der Wasserinstallateur bemerken? Was ein Innenarchitekt? Und wie betrachtet ihn eine Reinigungskraft? Ist es sauber und aufgeräumt? Wo stapeln sich Dinge?

Lassen Sie sich Zeit für jeden Einzelnen dieser Perspektivenwechsel. Stellen Sie sich die fremde Sichtweise nicht zu kurz vor, tauchen Sie wirklich ein. Zwei bis fünf Minuten sind ideal.

Sie können die Wohnung oder das Haus auch aus städtebaulicher Sicht betrachten. Wie leben die anderen Menschen hier im Viertel? Was für Menschen leben dort – welche Biografien, Geschichten, Gedanken und Erwartungen haben sie? Und welchen Einfluss hat das Stadtviertel oder der Ort auf ihr Leben?

Durch diese Perspektivenwechsel lernen Sie, ständig neue Blickwinkel auf ein und dieselbe Sache einzunehmen: auf den Raum, in dem Sie sich gerade befinden.

Die Sichtweise auf Plätze und Landschaften ändern

Auch Ihren Blick auf Außenräume – auf Parkanlagen oder ganze Landschaften – können Sie ändern. Setzen Sie sich dazu bequem an einem öffentlichen Ort auf eine Bank oder etwas Ähnliches. Nehmen Sie zu Beginn bewusst Kontakt mit Ihrem Herzen auf. Betrachten Sie dann die Landschaft wieder mit »Ihrem« Blick, seien Sie sich also bewusst, dass Sie die Landschaft aus Ihrer ganz persönlichen, über Jahre hin entstandenen Perspektive anschauen.

Nun richten Sie den Blick speziell auf die Bäume und Sträucher: Was ist das Besondere an der Vegetation hier? Dann betrachten Sie nur die Wiesen mit all ihren Blumen. Dann die Vögel. Danach vielleicht andere Tiere. Denken Sie an all die nicht sichtbaren Kleintiere. Betrachten Sie die Landschaft im Hinblick auf Berge und Erhebungen. Dann mit Blick auf herumliegende Steine oder Felsen. Mit Blick auf Gewässer, wie verlaufen sie?

Schauen Sie sich den Himmel aus Sicht eines Meteorologen an. Wie verlaufen die Wolken? Wie wird sich das Wetter ändern – und damit auch der Anblick der Landschaft? Oder betrachten Sie die Wolken aus Sicht eines Poeten. Wie schauen sie aus, welche Bilder assoziieren Sie dabei? Schauen Sie sich die Gegend mit Blick auf die Infrastruktur an. Wie sind Straßen und Wege angelegt? Was würden Landschaftspfleger betrachten? Sind Mülleimer aufgestellt, die genutzt werden, oder liegt Müll herum? Vielleicht gibt es Graffities, was gibt es für »Schlupfwinkel« für Sprüher?

Lassen Sie sich wiederum Zeit und nehmen Sie bewusst wahr, wie unterschiedlich ein und derselbe Ort wahrgenommen werden kann.

Die Sichtweise auf andere Menschen ändern

Wenn Sie mit der Änderung der Sichtweise auf ein Zimmer und die Landschaft etwas Übung haben, können Sie den Perspektivenwechsel sehr gut in Bezug auf andere Menschen vornehmen. Grundsätzlich gilt hier jedoch, dass Sie den betreffenden Menschen nicht direkt betrachten oder gar anstarren sollten. Stellen Sie sich die Person anfangs nur geistig vor. Wenn Sie denjenigen direkt betrachten, wird er es spüren: Sie »berühren« quasi die Person, wenn Sie sie aus verschiedenen Perspektiven direkt betrachten. Sie aber will – wie die meisten von uns – an ihren vertrauten Rollen und Selbstkonzepten festhalten. Sie sind ihr meist nicht einmal bewusst, sie sind nicht hinterfragt. Und deshalb fühlt sie sich unbehaglich oder reagiert sogar aggressiv, wenn sie über Ihren Blick mit anderen möglichen Sichtweisen konfrontiert wird. Später, wenn das Fenster Ihres Herzlotos offen ist, brauchen Sie diese Befürchtung nicht mehr zu haben, da Ihr Blick dann grundlegend offen und positiv ist. Wenn Sie aber erst an der Herzöffnung arbeiten, sollten Sie auf jeden Fall den direkten Blick bei der Übung des Perspektivenwechsels vermeiden oder nur sehr diskret und heimlich hinschauen.

Sie wählen also eine oder mehrere Personen aus Ihrem Umfeld aus, auf die Sie aktuell persönlich nicht gut zu sprechen sind. Dabei ist es egal, ob die Person Ihnen real etwas angetan hat oder ob Sie nur Ihren persönlichen Erwartungen nicht entspricht. Es sollte anfangs kein allzu naher Verwandter sein, den Sie schon seit »Ewigkeiten« kennen: Üben Sie also nicht mit Eltern, Großeltern oder Geschwistern. Später können Sie die Sichtweisenwechsel auch auf nahe Verwandte ausdehnen.

Sie stellen sich also vor Ihrem inneren Auge diese Person vor und beleuchten dabei die Person wieder mit dem Herzen. Wie ist Ihre Sichtweise auf sie? Sehen Sie sie als egomanisch, aggressiv, übergriffig, faul, falsch, grausam, eitel, arrogant oder listig?

Konzentrieren Sie sich auf die Eigenschaften, die sie bei der Person ablehnen. Dann auch darauf, wie sich die betreffenden »negativen« Eigenschaften auf Sie auswirken. Was geschieht zum Beispiel mit Ihrem eigenen Selbstbild, wenn die Person aggressiv, taktlos oder auch listig und falsch agiert? Wie wird Ihr Selbstbild durch die Eigenschaften der Person infrage gestellt? Sie merken sicher schnell: In Ihnen gibt es ein Wunschbild von sich und der Realität, und dieses Wunschbild wird durch die betreffende Person massiv gestört.

Dann stellen Sie sich – vom Herzen her – von der Person verschiedene Dinge vor: Ist es ein Mann oder eine Frau – und was hat er oder sie außer dem biologischen Geschlecht mit den anderen Männern oder Frauen gemeinsam, die Sie kennen?

Was hat die Person für eine Ausbildung? Was für eine regionale Herkunft? Was für eine soziale Herkunft? Was für eine Berufsausbildung? Was für eine Berufserfahrung? Was für einen familiären Hintergrund? Was für Schicksalsschläge hat sie erlebt? Was hat der Mensch für eine Vorgeschichte? Wie könnte er als Kind gewesen sein? Überlegen Sie sich, was die Person für Interessen hat. Finden Sie auch heraus, was sie für gute Seiten hat. Sie entwickeln nach und nach ein sehr breit gefächertes Bild von dieser Person. Ihr anfänglicher Blick auf sie erweitert sich.

Der Grund, warum ich Sie bat, sich zu Beginn jemanden vorzustellen, auf den Sie persönlich nicht gut zu sprechen sind, ist der folgende: Insgeheim oder offen weiß diese Person bereits, dass Sie ihr nicht allzu wohlgesonnen sind. Sie wird es aber auf einer tiefen, unterschwelligen Ebene spüren, dass Sie sich mit ihr auseinandersetzen. Die Aversion kann dadurch anfangs zunehmen, wird aber mit der Zeit aufgelöst. Vor allem dadurch, dass Sie Ihren Blick auf denjenigen ändern und nach und nach auch Ihr Herz für ihn öffnen.

Wenn Sie gleich zu Beginn eine Person nehmen, zu der Sie bis jetzt ein gutes Verhältnis haben, dann wird auch sie spüren, dass Sie plötzlich mehrere Perspektiven zulassen, wodurch ihr Selbstkonzept zu wackeln beginnen könnte. Dadurch kann sich ein bis dato gutes Verhältnis anfangs verschlechtern, denn kaum etwas versetzt einen Menschen so sehr in Unruhe wie ein frisch hinterfragtes Selbstkonzept. Das Verhältnis zu einer Person, zu der Sie ein gespanntes Verhältnis haben, kann sich hingegen durch diesen Wechsel der Wahrnehmung rasch verbessern. Mit etwas Erfahrung in dieser Praxis aber profitieren all Ihre Beziehungen davon, dass Sie die anderen aus einem breiteren Blickwinkel zu betrachten lernen.

Der Herzton Om, Hu, Amen

Der Herzlotos ist nicht nur ein Auge, durch das wir über die Schönheit der Mitmenschen und der Natur meditieren können, sondern auch so etwas wie ein inneres Ohr, durch das wir einen bestimmten Klang wahrnehmen können. Der universellen Liebesenergie und damit auch dem geöffneten Herzlotos entspricht nämlich eine wunderbare Vibration: der Urton der Schöpfung, der das ganze Weltall durchdringt. Diese Vibration versetzt uns in einen Zustand friedvoller, achtsamer Geborgenheit. Wir hören in uns diesen Herzton, wenn sich das Herz öffnet. Wir können aber auch das Herz öffnen, indem wir bewusst auf diesen inneren Ton lauschen. Hindus und Buddhisten nehmen ihn als »Om« wahr, Sufis als »Hu« oder »Allahu« und Zen-Buddhisten als »Mu«.

Dieser Klang ist eine weitere wunderbare Entdeckung auf unserer Reise: Diese Vibration durchdringt nahezu alle Bereiche der Schöpfung. Sie war und ist immer da. Der Herzton klingt im Äußeren in der Natur genauso wie im Inneren in unserem Körper, in jeder einzelnen Zelle. Es ist der tiefe, beruhigende Laut, der im Donnern eines Wasserfalls genauso zu hören ist wie in der Brandung des Meeres, im Fließen des Flusses oder in dem tiefen Ton inmitten des Glockengeläuts. Eine wunderbare Vibration, die permanent zu hören, aber auch zu spüren ist.

Manche Menschen sind zuerst ungläubig, wenn sie erfahren, dass es einen tiefen Herzton in der Schöpfung gibt. Man kann es nicht erzwingen, ihn zu hören: Aber es erfolgt automatisch, wenn das Herzenslicht freigelegt ist.

Es ist beim Urton auch so, dass Ihr Herz nicht nur das Ohr ist, um diese tiefe kosmische Oktave zu hören. Es kann auch eine Art Musikinstrument sein, das diesen Urton erzeugt, sodass er sich durch Ihr geöffnetes Herz in der Welt vermehrt.

Schauen wir noch ein wenig in die spirituellen Traditionen. Im Yoga wird der Urton auch als pranava bezeichnet – der »Klang des Absoluten« oder auch »Klang des Kosmos«. Es ist wie der Atem Gottes, mit dem Er Seine Schöpfung durchdringt, ein transzendenter Klang, aus dem alles Manifeste hervorgegangen ist und der uns Menschen wieder mit dem göttlichen Ursprung verbindet.

Auch im »Amen« am Ende der christlichen Gebete schwingt dieser Urton mit. Die landläufige Übersetzung von »Amen« heißt: »So ist es.« Eine abschließende Bestätigung der Gebete. Eine Herleitung des Wortes »Amen« kommt aber auch vom hebräischen Wort Emuna – »sich in Gott verwurzeln«. So werden die Gläubigen am Ende des Gebets immer wieder in die Schwingung des Absoluten versetzt.

Für Sufis gehört es zum festen Ritual, die Silbe »Hu« beziehungsweise »Allahu« zu chanten. Der Überlieferung nach sprach der Prophet Mohammed: »Im Koran stehen 99 besonders schöne Namen Gottes. Den Gläubigen, die Gott mit diesen Namen preisen, schenkt Er die Wirkkraft dieser Namen.« Einer Sufi-Überlieferung nach gibt es aber noch einen geheimen hundertsten Namen Gottes im Koran, der nur den

Mystikern bekannt ist. Fast alle Sufi-Schulen lehren, dass dieser geheime Name Gottes Hu (Er) sei. Wie es im Koran heißt: »Hu Allah hu lazi la illaha illa Hu« (»Er ist Gott, denn es gibt keine anderen Gottheiten außer Ihm«) (59, 22-24).

Das Eintauchen in diesen Herzton wird darum auch als Erwachen im göttlichen Geliebten erlebt. Es ist, als würde der Tropfen sich bewusst werden, dass er nie vom Ozean getrennt war. Rumi beschreibt die mystische Erfahrung folgendermaßen: »Ein Schwert, ein Hammer, eine Zange mögen rein äußerlich verschieden sein. Werden sie nur lange genug ins Feuer gehalten, so werden sie irgendwann dem Feuer gleich, auch wenn sie noch äußerlich verschieden sind.«

Dies ist die Erfahrung der reinen Liebe: Obwohl wir rein äußerlich vom Ganzen getrennt sein mögen, sind wir doch permanent mit ihm verbunden. Der universelle Herzton durchdringt nahezu alle Bereiche des Universums, und wir sind die wunderbaren Bälle auf den Wogen eines manchmal stürmischen, manchmal friedlichen Ozeans.

Bei Zen-Mönchen wird die Silbe als »Mu« gechantet. Das Wort bedeutet dabei so viel wie »Nichts«, als Präfix an ein Wort gehängt »keine«, um das ihm folgende Wort zu negieren. Beim Chanten wird auf die Leere meditiert, um so den Geist zu befreien. Der Legende nach wurde einst ein Zen-Meister von einem Schüler gefragt: »Kann ein Hund die Buddhanatur erreichen?« Der Meister sprach darauf: »Mu.« (Also »Nichts« beziehungsweise »Nein«.) Der Schüler dachte darüber nach, dann fragte er: »Also kann nur ein Mensch die Buddhanatur erreichen?« Wieder sprach der Zen-Meister: »Mu.« Der Schüler vergegenwärtigte sich dann die Silbe Mu, bis er erwachte. Er erkannte, dass man die Buddhanatur nicht durch theoretische Spekulationen erreichen kann, sondern indem man durch den Klang des Herzens unmittelbar in den allgegenwärtigen

Moment eintaucht. Die Leere, von der die Zen-Buddhisten sprechen, wird auf alle wahrnehmbaren Dinge übertragen, einschließlich des eigenen Körpers, der sich so der Schwingung der Leere angleicht.

Mittlerweile versucht sogar die Wissenschaft, den Urton zu ergründen. Das aktuelle naturwissenschaftliche Bild von der Entstehung des Universums geht davon aus, dass es vor 13,8 Milliarden Jahren einen Urknall aus einer Singularität gab, durch den dann erst Zeit und Materie freigesetzt wurden – eine Erklärung, die auch zahlreichen mystischen Erkenntnissen entspricht. In der Kabbala der orthodoxen Juden wird zum Beispiel gelehrt, dass alle Emanationen der Schöpfung aus Gottes Krone (kether) hervorgegangen seien, und in der sufisch-islamischen Tradition ist überliefert, dass die Schöpfung aus Gottes Schreibfeder herausgeflossen sei.

Natürlich bräuchte es für einen lauten Knall bereits Zeit und Raum – und dies gab es zu Beginn des Universums noch nicht. Wissenschaftler gehen deshalb von einem »Urbrummen« aus, dessen Frequenz deutlich abfiel bis zu dem Ton, den wir heute als Urton annehmen.

Eine Besonderheit ist übrigens, dass dieser Urton selbst in unserer aktuellen hochtechnisierten Welt ständig zu hören ist. Es ist auch das tiefe Summen der Belüftungsanlagen, teilweise sogar die schweren, gleichmäßigen Geräusche von Stromanlagen, Elektromotoren und von einigen Staubsaugern, die diesen beruhigenden Ton abgeben. Allerdings empfehle ich, den Urton weniger im Angesicht von technischen Geräten zu suchen, sondern doch lieber in der Natur – oder gleich bei sich selbst im Herzlotos.

Das Musizieren

Schon früh begannen Menschen, diesen tiefen, warmen Urton durch Musikinstrumente zu erzeugen. Dieser wunderbare Klang wird in Indien zum Beispiel vom Horn des Shankha-Schneckenhorns erzeugt, weshalb es in der hinduistischen Mythologie neben Keule (gada), Lotos (padma) und Scheibenrad (chakra) als eines der vier Attribute von Vishnu gilt. So verwenden noch heute hinduistische Priester, aber auch wandernde Yogis das Shankha-Horn, um damit diesen tiefen Herzton zu erzeugen.

Auch von anderen Blasinstrumenten kann diese Vibration hervorgebracht werden, zum Beispiel vom Shofar, dem Widderhorn aus der jüdischen Tradition, das der Überlieferung nach Abraham herstellte, um Gott zu preisen, nachdem er anstelle seines Sohnes einen Widder opfern durfte.

Mit dem Klang des Shofars sollen auch die Mauern von Jericho zum Einsturz gebracht worden sein. In der koranisch-sufischen Tradition, die auf der biblischen Tradition aufbaut und in der die oft kriegerischen Geschichten aus Bibel und Koran symbolisch gedeutet werden, wird der Einsturz der Mauern so gedeutet: Die Menschen in der Stadt Jericho hatten sich gegenüber Gott verschlossen und darum eingemauert. Die Gläubigen vor der Stadt aber priesen Gott, wodurch der wunderbare Urklang hergestellt wurde, der die Mauern in ihrer Grundstruktur erbeben ließ. Schließlich stürzten sie ein, sodass die Bewohner der Stadt wieder die Vibration Gottes vernahmen.

Im Westen gab es in der jüngeren Vergangenheit nur eine schwach ausgeprägte Tradition, diesen Ton auch musikalisch auszudrücken. Ich selbst bin zum Beispiel ein sehr großer Opernliebhaber und meditiere auch in der Oper regelmäßig auf den Herzton. Bei den gebräuchlichen westlichen Tonleitern wird aber meiner Einschätzung nach der Herzton nicht wirklich getroffen. Stücke von Komponisten wie Bach, Händel, Lully, Mozart, Beethoven, Schubert, Schumann oder Wagner versetzen die Menschen zwar immer wieder in mystische Zustände, doch nehme ich dort den Herzton eher als Hintergrundvibration wahr. Am ehesten wird der mystische Klang in der westlichen Musik noch in den Borduntönen erzeugt – jenen Haltetönen, die darauf aufbauende Melodien begleiten, sodass aus nur wenigen Tönen ganze Klangmuster entstehen. Zum Beispiel bei ganz tief klingenden Glocken oder bei Kirchenorgeln ein Register mit Orgelpfeifen von 32, 16 oder 8 Fuß. In den klassischen europäischen Opern und Sinfonien werden diese Töne eher spärlich verwendet – und wenn, dann eher, um mittelalterliche, keltische oder orientalische Motive zu untermalen.

Noch im Mittelalter war dies anders. Damals gehörten auch in Europa solche Hörerlebnisse zum Alltag, wobei aus nur wenigen Tönen ganze Klangwelten entstanden – aus einem Grundton heraus entwickelt. Immer wieder wurde dabei der Herzton wiedergegeben. Beispiele für Instrumente, mit denen das geschah, sind die Drehleier, der Psalter, die Pommer oder die Schalmei. Auch die Dudelsackpfeife kann diesen sphärischen Urklang erzeugen, wobei noch heute bei Stücken wie dem Schottenmarsch oder der Winteraustreibung Menschen spontan in transzendente Zustände geraten.

In Indien, Arabien, Australien, China und Japan waren Musikinstrumente völlig normal, die in den Menschen das Brummen des Absoluten erzeugten. Schon der klassische Großgong erzeugt bei richtiger Handhabung ganze Schwingungsmuster, die sich aus einem Grundton entwickeln, wobei in dieser Vibration auch immer wieder der universelle Herzton hörbar wird. Auch durch manche Kleingongs, die zur Meditation benutzt werden, wird der Urton getroffen. Mittlerweile gibt es sogar kleine Gongs, deren Klang sich ziemlich genau der Urfrequenz angleicht. Auch das Dungchen – das tibetische Alphorn – kommt dem Urton nahe, weshalb es seit Jahrhunderten regelmäßig bei buddhistischen Ritualen verwendet wird.

Neuerdings gibt es allerdings im Westen mehrere Trends, den Pandava zu erzeugen. Zum Beispiel entdeckt aktuell eine ganze Generation von Sinnsuchern im alpinen Bereich das Alphorn neu. Noch vor wenigen Jahren galt es als verstaubtes Relikt von Trachtenvereinen – mittlerweile aber erfreut es sich wieder ziemlicher Beliebtheit.

Auch mit dem Didgeridoo kann dieses harmonische Brummen erzeugt werden. Das australische Instrument wird von den Aborigines traditionell aus von Termiten ausgehölten Eukalyptushölzern gefertigt, um über den Klang Kontakt zu den Ahnen zu bekommen.

Neuerdings gibt es westliche Hersteller, die hochwertige und auch preisgünstige Didgeridoos anbieten. Die Blastechnik ist dabei eigentlich die gleiche wie bei allen Blasinstrumenten, nur dass keine Tasten betätigt werden, sondern immer nur ein gleichmäßiger, beruhigender Klang ertönt. Es sollte erwähnt werden, dass bei den Aborigines das Spielen des Didgeridoos traditionell nur Männern vorbehalten ist. So soll nach ihrer Auffassung das Spielen Frauen unfruchtbar machen.

Man braucht zum Didgeridoo-Spielen nicht unbedingt teure Importe aus Australien: Im Prinzip kann man Didgeridoo auch auf x-beliebigen Rohren spielen, auf Kabelrohren oder Abflussrohren aus Plastik – das Klangerlebnis ist ziemlich ähnlich.

Ein anderes wunderbares Instrument, um den Herzton zu erzeugen, ist die Schruti-Box, das indische Akkordeon, bei dem ebenfalls durch scheinbar wenige Töne ganze Klangwelten entstehen, die die Menschen fast automatisch in Meditation versetzen. Oder die Sitar, die Spieler und Zuhörer in sphärische Ebenen versetzt.

Nicht zuletzt durch gleichmäßiges Trommeln können wir in Kontakt treten mit dem universellen Liebeston, wobei Trommeln auch den Vorteil hat, dass es die Menschen erdet. Aktuell erlebt die Percussion im Westen unter spirituellen Sinnsuchern einen ziemlichen Boom aufgrund der meditativen Rhythmen. In Europa und in Amerika sieht man in öffentlichen Parks immer wieder Menschen friedlich zusammensitzen und trommeln, wobei jeder, der mit einem Schlagwerk vorbeikommt und mitmachen will, sich einfach dazusetzen und sich in den vorherrschenden Rhythmus einreihen kann. Manche der Percussionisten meditieren bewusst zum gleichmäßigen Trommeln, wobei sich dann die Stimmung auf die Zuhörer überträgt. Eine gute Methode, um mit dem Herzton in Kontakt zu kommen, besteht darum auch darin, sich angesichts solcher Trommelkreise einfach mit dem Bauch auf den Boden zu legen und dabei auf den inneren Herzklang zu lauschen. Dadurch wird man nicht nur innerlich still, sondern auch gut geerdet.

Obertongesang

Durch Obertongesang kommt man besonders schnell in Kontakt mit dem Herzton. Aktuell erlebt er einen ziemlichen Boom. Ansätze zum Obertongesang gab es im Westen allerdings schon in der frühen Kirchenmusik, beispielsweise in den Melismen der Gregorianischen Choräle, wobei einzelne Wortsilben auf mehrere Töne gesungen werden (zum Beispiel

Glo-o-o-o-o-oria). Der Effekt wurde durch die Akustik in den großen Kathedralen oft noch verstärkt.

Allerdings wurde der Obertongesang im Westen in der Vergangenheit nicht weitergepflegt. Eine bewusste Oberton-Tradition findet sich dafür wieder im Orient. Als sein Heimatland gilt die Mongolei. Der Obertongesang dort heißt Khöomij (Kehlgesang). Unter dem wolkenlosen Blau des Himmels und mit Ausblick auf die flachen Steppen werden schon die Kinder in dieser Technik unterwiesen. Denn wie ein mongolisches Sprichwort sagt, fliegt die Seele entlang des Obertons in den Himmel.

Bei den Sufis gibt es ebenfalls das Ritual, die Namen Gottes aus dem Koran als Oberton zu singen: »Hu«, »Allahu«, »Salam«, wodurch sich ebenfalls wunderbare, meditative Klangmomente ergeben. Auch wird berichtet, dass einige Sufis auf ihren Teppichen sitzend beim Obertonsingen bis nach Mekka geflogen seien, beispielsweise der in Anatolien populäre Hadschi Bektash Veli. So entstanden die im Orient beliebten Geschichten vom »Fliegenden Teppich«.

Auch in buddhistischen Ritualen spielt der Obertongesang eine Rolle, zum Beispiel in den Klöstern Tibets, wo es aus dem Untertongesang Karrgyra (Tieftongesang) heraus auch immer wieder zu Obertongesängen kommt. So ergeben sich beim gemeinsamen Zitieren der Sutras Klangmomente, die die Menschen in die transzendente Vibration eintauchen lassen.

In Australien bei den Aborigines wurde das Spielen der Didgeridoos oft von Obertongesängen begleitet. Genauso bei den traditionellen Pow-Wows, den Treffen der Indianerstämme Nordamerikas – dort kommt es zu Obertongesängen, zum Beispiel beim Sundance, bei dem die Teilnehmer oft stundenlang in der Sonne um einen Pfahl kreisen, um sich zu reinigen und um mit den Ahnen oder Spirits Kontakt aufzunehmen.

In Nordindien und Pakistan hingegen gibt es die Kultur des Quawwali – die Musiker klatschen dabei rhythmisch in die Hände und spielen Sitar und Shruti-Box, während Sänger in sehr eindringlichen stimmlichen Melismen ekstatisch Gott preisen. Auch hierbei ergeben sich immer wieder Obertöne. Ein indopakistanisches Sprichwort sagt, dass die Zuhörer, die beim Quawwali mitklatschen oder in Ekstase geraten, auch von ihren Sünden geläutert werden.

Aufgrund der Universalität des Obertongesangs kann man tatsächlich von einer spirituellen Konstante sprechen, die in uns Menschen schlummert. Die sowohl meditative als auch heilende Wirkung des Obertongesangs kann dabei nur immer wieder betont werden. Bei den Bakse, den zentralasiatischen Schamaninnen, zum Beispiel werden Kranke behandelt, indem bestimmte beruhigende Geräusche erzeugt werden (fließendes Wasser, nachgestelltes Pferdegetrappel, knisterndes Holz) während in obertonartiger Form die Allseele angerufen wird.

Wie aber sieht es mit der Praxis aus? Obertongesänge sind eigentlich ziemlich leicht zu erlernen, zum Beispiel gibt es die Technik, langsam den Buchstaben L zu singen und dabei zu O oder Ü überzugehen. Eine andere leicht zu praktizierende Obertontechnik besteht darin, einfach ein Ü zu singen und daraus ins I und ins U zu gehen. Nach einiger Zeit merken Sie automatisch, wie daraus Obertöne werden – es entsteht eine bestimmte transzendente Vibration, die Sie auch körperlich spüren. Es ist wirklich gar nicht schwer.

In unseren Sufi-Gruppen ist es zum Beispiel Brauch, dass die Anwesenden den Namen Gottes Hu, aber auch die koranischen

Namen Salam (Frieden) oder Ya Wali (der Freund) singen, wodurch bald ein harmonisches Obertonklangmuster entsteht, das alle Anwesenden regelrecht vibrieren lässt. In der Sufi-Tradition wird gelehrt, dass das Gottgedenken (dhikrullah) die Engel anzieht. An solchen Abenden erleben wir immer wieder Momente, in denen sich quasi über uns der Himmel öffnet.

Ein besonders schönes Ritual in Obertongesangsgruppen ist der Klangbrunnen. Eine Person legt sich dabei auf den Boden, mehrere Anwesende stehen um sie herum und singen gezielt Obertöne in ihre Richtung. Sie liegt so inmitten eines Feldes aus Obertönen, wodurch sehr intensive Ekstasen entstehen. So wird immer wieder berichtet, dass die Menschen dabei »im Reich der Engel« seien.

Wie eine junge Mutter berichtet, eignet sich das Obertonsingen aber auch ganz alltäglich: »Ich singe immer mal wieder Oberton, auch während der Hausarbeiten. Das macht meinen Kopf auf wunderbare Art frei und öffnet mein Herz. Es ist für mich wie eine Art fliegender Teppich, der mich während der alltäglichen Arbeiten in himmlische Gefilde trägt. Auch über meinem Baby mache ich immer wieder Obertongesang. Es liegt dann ganz ruhig da und es ist einfach wunderbar mitanzusehen, wie mein kleiner Buddha dabei strahlt.«

Summen als aktive Meditation

Um mit Ihrem Herzton in Kontakt zu kommen, empfehle ich auch regelmäßiges Summen. Während im Westen noch immer Kinder von Erwachsenen zurechtgewiesen werden, wenn sie spontan summen, wird dieses Tönen in anderen Regionen geschätzt. Im Yoga zum Beispiel gilt ein bestimmtes Summen als aktive Übung und ist unter dem Namen Brahmari (»Bienensummen«) offizieller Teil des Hatha-Yoga. Die Vorteile des Summens können gar nicht genug betont werden. Zum einen werden durch regelmäßiges Summen die Stimmbänder harmonisiert. Stimmknoten können schon im Anfangsstadium gelöst werden, und die Stimme wird allgemein voller und wohlklingender. Das Timbre wird wärmer und die Stimme seltener heiser. Und nicht nur das: Auch die einzelnen Töne können beim Singen durch regelmäßiges Summen besser getroffen werden. Aus diesem Grund wird die Brahmari-Übung in Indien auch Sängerinnen und Sängern empfohlen.

Das Summen löst sogar kleinere Blockaden im Lungengewebe, wodurch auf natürliche Art das Lungenvolumen vergrößert wird. So können nicht nur beim Gesang längere Bögen gehalten werden, auch im Alltag verbessert sich die aktive Leistung.

Nicht zuletzt lässt Brahmari den ganzen Körper vibrieren. Nach einiger Zeit spüren Sie, wie das Summen jede einzelne Zelle in Ihrem Körper schwingen lässt, wodurch Sie allgemein jünger und vitaler werden. Im Ayurveda, der altindischen Medizin, wird beschrieben, dass der Körper immer wieder voll kleiner Blockaden und Verklebungen ist, die langfristig zu größeren Krankheiten führen können. Indem Sie regelmäßig summen, werden sie aufgelöst, wodurch die vitale Lebensenergie wieder frei fließen kann. Zudem werden durch die Vibration des Summens auch die Zellen verjüngt.

Brahmari versetzt Sie zu alledem in heitere Gelassenheit. Probieren Sie es aus und summen Sie: Egal, wie Ihre Stimmung davor gewesen ist, Sie werden sich bald fröhlich und gelassen fühlen. Sie erreichen so in kurzen Augenblicken immer wieder Anand, das Gefühl der Glückseligkeit.

Das funktioniert auch deshalb, weil Summen den Kopf von störenden Gedanken befreit. Indem Sie Brahmari vollziehen, erzeugen Sie eine Resonanz im Kopfbereich. Die Hirnaktivität wird angeregt, und Sie sind bald nur noch auf das Wesentliche konzentriert.

Summen ist sogar ein gutes Mittel, um Schreibabys zu beruhigen. Junge Eltern kennen das Problem: Manchmal schreien Babys einfach ununterbrochen, wobei keines der herkömmlichen Mittel zu helfen scheint. Indem Sie aber summen, schaffen Sie ein positives Resonanzfeld, das auch die Babys ablenkt und wieder beruhigt.

Im Yoga wird Summen bei Schlaflosigkeit empfohlen. Wenn Sie vor dem Einschlafen entspannt sitzen und summen, wird Ihr mentales Feld beruhigt, und Sie können bestens in die Nachtruhe gehen.

Schließlich – und das ist für uns hier besonders interessant – kommen Sie durch das Summen in Resonanz mit dem universellen Herzton. Sie können sich so wieder mit Ihrer Quelle, dem reinen Sein, verbinden, was auch die eigentliche Bedeutung des Wortes »Yoga« ist: »anwurzeln«, »sich mit dem Schöpfer verbinden«.

Sie können das Summen auch im Alltag bei allen möglichen Gelegenheiten ausführen: beim Aufräumen, Putzen, Autofahren und so fort. Da Sie durch das Summen in sich Blockaden lösen und die Zellen vitalisieren, sollten Sie möglichst täglich immer mal wieder summen. So wie Sie sich täglich mehrmals waschen und Ihre Zähne putzen, sollten Sie auch täglich mehrere Male summen, um so mit Ihrem Herzlotos in Kontakt zu kommen.

Allerdings gilt auch hier: Summen Sie nur so lange, wie es Ihnen auch guttut. Hören Sie auf Ihre innere Stimme!

Während ein achtsames Summen Ihre Stimmbänder geschmeidig hält, kann ein übertriebenes Summen Ihre Stimme auch schädigen. Darum summen Sie lieber täglich mehrere Male über kurze Zeiträume anstelle ein einziges übertrieben langes Mal. Sie können dabei auch variieren, indem Sie mal hoch, mal tief summen, bis Sie Ihren ganz eigenen Summton gefunden haben. Wichtig ist dabei, dass Sie sich gut fühlen.

Der Herzton in den Kirchturmglocken

In Europa wird der tiefe Herzton oft als Hintergrundbrummen beim Glockengeläut erzeugt – hauptsächlich bei großen, tief klingenden Glocken. Allerdings führt die Rückläufigkeit der Kirchenbesuche dazu, dass immer mehr Kirchen schließen und in der Folge auch die Glocken verstummen. Ich finde das sehr schade, denn ich erlebe das Glockengeläut als wichtigen Teil der europäischen Kultur, der die Menschen – auch Nichtchristen – immer wieder in sphärische Zustände geraten lassen kann.

Schon die Herstellung von Kirchenglocken ist in der Regel eine sakrale Handlung: Zum Beispiel werden die Glocken in den Gießereien üblicherweise freitags um 15 Uhr gegossen – der Todesstunde von Jesus. Dabei wird diese Handlung selbst von Gebeten begleitet, wodurch sich noch einmal ein besonderer Segen auf die Glocken überträgt.

Meist werden die Glocken vor der heiligen Messe geläutet, zum Beispiel sonntagvormittags, aber auch samstags um 15 Uhr. Wenn Sie zum Beispiel wissen, dass jeden Samstag um 15 Uhr in der Kirche in Ihrer Nachbarschaft die Glocken geläutet werden, dann können Sie versuchen, daraus ein wöchentliches Ritual zu machen. Sie nehmen dann samstags kurz vor drei bequem Platz und lauschen dann zuerst auf die Stille oder die Alltagsgeräusche. Nach einiger Zeit dann beginnt das Geläut. In der Regel fangen erst kleinere Glocken leise zu klingen an, dann aber geht das Geläut kräftig los und wird wie ein Sturm immer lauter, bis es sich voll entfaltet hat. Innerhalb der Klänge hören Sie immer wieder den tiefen Herzton. Konzentrieren Sie sich ganz auf diesen Ton. Normalerweise dauert das Geläut wenige Minuten, dann klingt es ab. Schließlich sind wieder nur die leisen, helleren Töne zu hören, dann wird es ruhiger. Dennoch schwingt der Urton immer noch nach. Sitzen Sie darum weiter still da, und lauschen Sie auf den unhörbaren Ton, wie er sich in der Unendlichkeit verliert. Nach ein paar Minuten beenden Sie die Meditation und stehen auf, wobei Sie den Urton in Ihren Alltag mittragen.

Achten Sie aber auch bei der Meditation auf das Glockengeläut darauf, dass es Ihnen guttut. Wenn Sie das Glück haben, in relativer Nähe zu einer Kirche zu leben und darum bei geöffnetem Fenster das Geläut gut hören können, ist es okay. Wenn aber die Kirche weiter entfernt ist, sodass Sie sie auch bei geöffnetem Fenster kaum hören und vor allem der Straßenlärm zu Ihnen dringt, dann merken Sie vielleicht, dass Ihnen die Meditation nicht wirklich guttut. Lassen Sie es dann lieber, und versuchen Sie, den Herzton aus sich heraus wahrzunehmen.

Die bewusste Meditation auf Kirchengeläut kann schon bei einer einmaligen Gelegenheit zu einem unvergesslichen Erlebnis werden. Wenn Sie zum Beispiel am Samstagnachmittag spazieren gehen und spontan die Glocken hören, sollten Sie einmal bewusst stehen bleiben und lauschen. Sie werden unmittelbar aus Ihrem Alltag herausgerissen. Sie betreten quasi die Ebene der Engel. Stehen Sie am besten die volle Zeit des

Geläuts da, und lauschen Sie nur auf den wunderbaren Klang. Das Leben um Sie herum geht weiter, aber Sie gehen voll im Urklang auf. Wenn dann das Geläut endet, stehen Sie immer noch da und lauschen auf den Ton, der nachklingt. Um Sie herum sind die Menschen mit allem Möglichen beschäftigt, aber inmitten des Treibens ertönt diese Urvibration. Wenn Sie dann weitergehen, dann nehmen Sie den Urklang mit sich mit.

Die Meditation auf den Herzton funktioniert übrigens nicht nur bei Kirchengeläut, sondern in der islamischen Welt auch mit den Rufen des Muezzin, mit denen von den Minaretten zum Gebet gerufen wird. Sufis weisen darauf hin, dass in diesen Rufen der transzendente Herzton Hu ständig mitklingt, sodass es häufige dokumentierte Fälle gab, in denen Menschen allein vom Hören des Gebetsrufs spontan erwachten. In manchen islamischen Großstädten wie zum Beispiel in Kairo wetteifern die Muezzine darum, möglichst virtuos zu singen, um die Menschen in Gefühlswallung zu bringen, sodass allabendlich zur Gebetszeit die ganze Stadt in einem Kanon der Anrufung Gottes vibriert. Wenn Sie daher Urlaub in einem islamischen Land machen oder gleich dort leben, dann nutzen Sie am besten auch den Muezzinruf, um in den universellen Klang einzutauchen und dadurch Ihr Herz zu öffnen.

Mantra-Yoga und der Herzton

Ein anderer Weg, um in Kontakt mit dem Herzton zu kommen und dadurch zu erwachen, ist das Mantra-Yoga. Um den Herzton wahrzunehmen, ist es nicht unbedingt erforderlich, allerdings sind die Vorteile so groß, dass ich es hier erwähnen möchte. Das Wort mantra bedeutet im Sanskrit so viel wie »Spruch«, »Satz« oder auch »Gebet«. Im Mantra-Yoga wird nun permanent ein bestimmtes Wort oder auch ein Satz wiederholt, um Erlösung zu erlangen.

Als Mantren gelten vor allem Anrufungen von Gottheiten und Silben, die direkt aus dem Universum kommen. Es sind sehr mächtige Silben, Wörter oder ganze Sätze, die die Menschen unmittelbar spirituell öffnen. Sie haben von ihrem Klang und ihrem Inhalt her eine mächtige Wirkung. Da diese Silben durch die Jahrhunderte hindurch von unzähligen Meisterinnen und Meistern zitiert wurden, sind diese Gebete zusätzlich spirituell aufgeladen. Indem Sie ein Mantra sprechen, reihen Sie sich in eine lange Schlange von Erwachten ein.

Auch im Sufi-Islam ist die Mantra-Technik zentral, dort wird sie allerdings als Dhikr bezeichnet (Gottgedenken). Wie es zum Beispiel im Koran heißt: »Oh Gläubige, erinnert euch ununterbrochen Allah und preist Ihn am Morgen und am Abend« (33,41). »Erinnert euch an Mich und Ich werde Mich an euch erinnern« (2,152). »Er führt die zu Sich zurück, die glauben und deren Herz in der Gotterinnerung (im Dhikr) Ruhe findet« (13,28).

Im Sufismus sind typische Anrufungen »La Illaha Illa Lah« (»Es gibt keine Götzen außer Gott«) oder »Allahu« (»Gott existiert«). Wie es einmal ein Sufi-Lehrer formulierte: »Sufis sind Menschen, die permanent Dhikr praktizieren und dadurch ihr Herz öffnen.«

Von dem bekannten indopakistanischen Heiligen Nazimuddin Chishti, den auch Hindus und Buddhisten verehren, wird zum Beispiel berichtet, dass er die Erleuchtung erlangte, nachdem er mehrere tausend Male die vier Verse der 112. Sure aus dem Koran sprach. Nachdem er die Sätze zweitausendmal gesprochen hatte, sah er nichts mehr, nur noch die Engelswelten.

Nach dreitausend Malen sprach er: »Ich sehe nichts mehr außer Ihm (Hu).«

Normalerweise werden Mantren speziell vom Meister an den Schüler weitergegeben, die Mantren sind dann speziell auf die Bedürfnisse des Schülers zugeschnitten. Doch gibt es auch einige mächtige Mantren, die sich die Schüler selbst aussuchen können. Im Sufismus die bereits erwähnten Anrufungen: »La Illaha Illa Lah« und »Hu«. Ein klassisches buddhistisches Mantra ist zum Beispiel »Om Mani Padme Hum«, sinngemäß übersetzt: »Om, das Juwel im Lotos«. Im Hinduismus ist ein verbreitetes Allgemeinmantra das Gayatri-Mantra oder auch »Soham« (»Ich bin das«), womit der gefühlte Zustand der Dualität beendet wird. Wie eine Frau berichtete: »Ich praktizierte seit Jahren Yoga, aber mir fehlte irgendwie die spirituelle Erfüllung. Erst seit ich mich einer Mantra-Singgruppe angeschlossen habe, konnte ich mein Herz öffnen.«

Im Christentum gibt es ähnliche Ansätze, zum Beispiel durch das Herz-Jesu-Gebet oder das Rosenkranz-Gebet. Früher wurde das regelmäßige Rezitieren von vielen Gläubigen noch als auferzwungene Belastung angesehen, doch aktuell erleben wir, wie sich im Westen spirituelle Menschen wieder ihrer eigenen traditionell christlichen Wurzeln bewusst werden und wie in Kirchen wieder gemeinsam Rosenkranz-Gebete gesprochen werden. Waren solche Treffen früher vor allem Refugien für eher traditionell orientierte Menschen, so kommt nun auch eine neue Generation von Christen zu diesen Treffen, die oftmals bereits Erfahrungen mit fernöstlicher Spiritualität gemacht haben und die christliche Liturgie aus einer neuen Perspektive für sich wiederentdecken.

Welches Mantra auch genutzt wird: Die Menschen treten beim Rezitieren in eine meditative Gelassenheit ein, in der der Geist hellwach und zugleich sehr entspannt ist. Dabei erklingt in diesen Menschen permanent auch der universelle Urton – ob als Om, als Hu oder als Amen.

Die Herzmeditation an fließenden Gewässern

Der Herzton lässt sich auch gut an Gewässern vernehmen. Spirituelle Menschen fingen darum schon früh an, an Quellen, Flüssen, Seen oder auch am Meer zu meditieren. Die wohltuende Wirkung von fließenden Gewässern auf den Herzlotos kann immer wieder nur betont werden. Wie darum einmal ein Weiser zu einem Schüler sprach, der fragte, wie man schnell inneren Frieden finden kann: »Setz dich ans Wasser und sei still.«

Setzen auch Sie sich darum bequem an ein Gewässer. Wenn Sie die Möglichkeit haben zum Beispiel ans Meer oder auch an einen See. Schließen Sie die Augen und hören Sie einfach nur den Wellen oder dem Plätschern zu. Nach einiger Zeit dann hören Sie mittendrin den Urton. Vor allem in der Brandung ist er gut auszumachen. Machen Sie nichts anderes, als zu lauschen. Neben dem Urton werden Sie wahrscheinlich auch andere Geräusche wahrnehmen: die Möwen, vielleicht auch das Geschrei von badenden Menschen. Dennoch hören Sie inmitten des Lärms ständig den Herzton. Sie treten dabei in eine tiefe Entspannung ein. Es kann sein, dass Sie sich im normalen Alltagsbewusstsein gestört fühlen vom Geschrei der Kinder und der Erwachsenen. In diesem Moment aber, in dem Sie voll und ganz im Herzton aufgehen, stören Sie diese Geräusche nicht mehr. Im Gegenteil: Es kann sein, dass Sie sehr schnell eine tiefe Sympathie verspüren für diese lärmenden Menschen.

Bleiben Sie mit der Konzentration weiter beim Herzton. Sie erkennen dann, dass der Urton die Basis aller anderen Geräusche ist. Alle anderen Geräusche schwirren um den Urton herum, der Urton durchdringt aber alles. In diesem Moment kann es sein, dass Sie in die Unio Mystica eintreten: Sie fühlen sich mit allem verbunden. Sie erleben einen Moment tiefer Entspannung und Glückseligkeit.

Wenn Sie die Meditation am Wasser dann beenden und die Augen öffnen, ist das Geschrei der Möwen und der Mitmenschen immer noch da, genauso wie auch der Urton. Sie verstehen, dass Sie jederzeit wieder in diese tiefe Entspannung eintauchen können. Der Herzton war nie weg und wird nie weg sein – was zeitweise verschwindet, ist nur Ihre Wahrnehmung dieser tiefen Harmonie.

Sie können auch an einem Fluss oder einem Bach meditieren. Manche Flüsse plätschern nur leise, andere donnern mit tiefem Getöse durch die Landschaft. Dennoch hören Sie nach einiger Zeit ständig inmitten des Wasserrauschens den Urton.

An vielen Flüssen gibt es geomantische Kraftorte. Dies sind Stellen, an denen eine besonders harmonische oder hohe Energie herrscht. Ein gut beobachtbares Phänomen ist, wie Menschen aus sich heraus immer wieder genau an den Punkten Platz nehmen und dort für einen Moment meditieren – selbst viele Menschen ohne Meditationserfahrung halten dort kurz inne. Wenn Sie so einen positiven Kraftort bemerken, dann lassen Sie sich dort nieder und nutzen Sie die gute Kraft dieser Stelle.

Oder Sie meditieren an Wasserfällen. Dort wird ein gleichmäßiges Donnern erzeugt, das Sie ebenfalls schnell in Kontakt mit dem Herzton bringt. Das gilt für kleine Kaskaden genauso wie für Stromschnellen – und noch stärker für wirklich große und schwer donnernde Fälle. Besonders an den von Menschen gebauten Stauwehren ertönt ein lautes Donnern, das bei bewusstem Sitzen unmittelbar den Gedankenfluss zum Erliegen bringt.

Bei der Meditation an Gewässern gibt es noch ein paar Dinge zu beachten. Zum einen bringen Gewässer oft auch bestimmte Gerüche mit sich: Algen-, Schlick- oder Fischgerüche. Manchen ist das egal, andere mögen die Gerüche und wieder andere empfinden sie als unnagenehm. Da in der Meditation Ihre Sinneseindrücke geschärft werden, werden Sie auch diese Ausdünstungen anfangs besonders stark wahrnehmen. Sind für Sie die olfaktorischen Eindrücke sehr unangenehm, dann können Sie den Platz auch wechseln. Allerdings werden Sie auch an einem anderen Ort am Wasser diese Gerüche wahrnehmen. Darum mein Tipp: Akzeptieren Sie es. Diese Ausdünstungen gehören zum Leben. Wenn Sie auf die Gerüche verzichten, dann verzichten Sie auch auf einen Teil des Lebens. Nach einiger Zeit kann es ohnehin sein, dass Sie die Ausdünstungen nicht mehr wahrnehmen.

Der nächste Punkt ist der, dass manchmal Menschen von der Einheitserfahrung so überwältigt sind, dass sie sich gleich ins Gewässer hineinstürzen wollen. Manche fühlen sich vom Wasser regelrecht angezogen, sie wollen im Zustand tiefer Meditation eine Art Taufe erleben. Seien Sie sich bewusst, dass so etwas passieren kann. Und bedenken Sie: Ihre Unio Mystica wird nicht »mehr«, wenn Sie sich in die Fluten stürzen.

Eine Frau erzählte einmal: »Ich habe bei uns in der Stadt am Fluss am Stauwehr gesessen. Zuerst hat es mich noch gestört, weil dort Spuren der Zivilisation zu sehen waren: Zigarettenkippen, Flaschenkorken und so weiter. Dann habe ich mich voll und ganz auf den Wasserfall und seinen beruhigenden Klang konzentriert. Nach einiger Zeit wurde für mich das Wasser dann wie zu einer lebenden Masse, eine Art Strom, der mich irgendwohin mittragen würde. Ich habe in mir grenzenlosen Frieden und sehr große Freude verspürt. Ich war so voll von positiver Energie, dass ich mich gleich ins Wasser stürzen wollte: eine Art Initiation, wobei ich mich dem Wasser voll und ganz übergeben hätte. Ich habe aber zugleich so eine Art innere Stimme gehört, die meinte, dass das nicht gut wäre. Ich blieb darum am Wasser stehen und bin irgendwann einfach gegangen.«

Wenn Sie im Urlaub am Strand sitzen, von der Sonne erhitzt sind und ohnehin schon Badesachen tragen, dann ist es natürlich okay, wenn Sie sich nach der Meditation auf den universellen Ton ins kühlende Nass begeben. Wenn Sie sich aber angezogen ins Gewässer stürzen, werden Sie wahrscheinlich Ihre nassen, schweren Kleider sehr schnell wieder aus der Einheitserfahrung herausbringen, und Sie bekommen schlimmstenfalls eine Lungenentzündung. Darüber hinaus würden Sie sich an reißenden Flüssen oder Wasserfällen oder auch an Stellen mit gefährlicher Brandung unmittelbar in Lebensgefahr begeben. So herrscht an Felsen inmitten von Flüssen eine besonders gute Energie, die man auch zur Meditation nutzen kann – auch am Ende von Inseln oder Kiesbänken, wo die beiden Flusshälften dann wieder zusammenfließen. Unterhalb der Felsen oder um die Inselenden herum bilden sich aber Unterströme, die uns in die Tiefe ziehen können. Auch Wasserfälle oder Stauwehre, an denen das Wasser im 90-Grad-Winkel herabstürzt, erzeugen in der Regel einen tiefen Donner, der uns den Herzton gut wahrnehmen lässt. Was aber leider immer wieder vergessen wird: Auch hinter kleinen Wasserfällen oder Stauwehren bilden sich Walzen, die uns unter Wasser drücken können, weshalb das Baden an diesen Plätzen lebensgefährlich ist. Seien Sie sich all dessen bewusst, und bleiben Sie auch in Ihrer Ekstase im Gewahrsein des mystischen Klanges stets auf dem festen Boden der Erde.

Die Übertragung des Herztons auf andere

Wenn Sie sich Ihres Herztons bewusst geworden sind, können Sie ihn auch an andere Menschen weitergeben. Dies ist nicht unbedingt ein willentlicher Akt, um andere zu manipulieren, sondern eher eine Art freudiges Geschenk, das Sie anderen machen. Es ist eigentlich auch eher das Entdecken eines Vorgangs – denn wenn in Ihnen einmal der Herzton frei erklingt, dann überträgt er sich automatisch auf andere, dafür aufgeschlossene Menschen. Nicht nur Sie hören dann in sich dieses angenehme Summen, sondern auch die Menschen in Ihrem Umfeld werden in diese Herzvibration versetzt.

Stellen Sie sich einmal vor, mehrere Gongs werden nebeneinander aufgereiht. Wenn Sie einen Gong anschlagen, fangen wie auf magische Weise auch die anderen Gongs an zu klingen. Probieren Sie es aus, Sie werden staunen.

Genauso auch ist es nun mit dem Herzton: Wenn er in einem Menschen erklingt, dann werden auch die anderen in seiner Nähe diesen wunderbaren Laut verspüren, wodurch automatisch auch innerer Frieden und Ruhe in ihnen zu wachsen beginnen. Es klappt aber natürlich eher, wenn diese Menschen sich schon ein bisschen für die Spiritualität geöffnet haben.

Um bei dem Bild mit dem Gong zu bleiben: Der wunderbare Ton kann nur erklingen, wenn der Gong innen leer ist. Ist er verunreinigt, dann erklingt allenfalls blechernes Geschepper. Nicht anders ist es im Herz des Menschen, wo der »Schmutz« all das sein kann, was dem Ego so enorm wichtig ist. Sind wir im Inneren voll mit Vorurteilen, fixen Überzeugungen und festen Mustern, dann ist ein Schwingen des Herzens schwierig. Um in den universellen Herzton einzutauchen, müssen wir darum zunächst einiges an Vorarbeit leisten – zum Beispiel mit den in diesem Buch beschriebenen Übungen.

Ein altes Problem für spirituelle Sinnsucher bestand immer schon darin, wie man einen echten Heiligen erkennen kann. Scharlatane gab es schon immer: Menschen, die nur behaupten, sie seien heilig oder spirituell erwacht. Andererseits aber sind Erwachte auch nur Menschen mit menschlichen Schwächen und Eigenheiten. Wie also soll man einen echten Erwachten erkennen? Von dem indischen Heiligen Chishti gibt es die folgende Erklärung dazu: In der Nähe eines Erwachten werden Sie innerlich befriedet, Ihre Gedanken sind auf Gott gerichtet und Sie hören in sich den Urton.

Wenn Sie also in der Nähe einer Person innerlich friedlich werden, in große Harmonie geraten und dabei den Herzton vernehmen, dann sollten Sie dem nachgehen – vielleicht hat dieser Mensch ein Wissen, das auch Ihnen helfen kann.

Auf den Herzschlag lauschen

Durch das Wahrnehmen des Herzschlags kommen wir ebenfalls in Kontakt mit der Herzensenergie. Diese Methode kommt vor allem für Menschen infrage, denen es schwerfällt, auf den Herzlotos zu meditieren. Der Herzschlag ist die sichtbare und spürbare Manifestation der Herzenergie. Schon bei Embryos im Mutterleib pocht das Herz ab der dritten Schwangerschaftswoche, und mit dem Ende des Pulsschlags endet auch das irdische Leben.

In der Sufi-Mythologie wird überliefert, dass Gott Adam erschuf, indem er ihn aus Lehm formte und ihm dann Seinen Geist einhauchte. Darauf fing Adams Herz an zu schlagen, indem es permanent den Namen Gottes (auf Arabisch »Allah-Allah-Allah«) wiederholte. So werden wir durch den Herzschlag permanent daran erinnert, dass wir mit Gott verbunden sind. Wie es im Koran dazu heißt: »Wir (Gott) sind ihm (dem Menschen) noch näher als seine Halsschlagader« (50,16).

Die Auswirkungen der Meditation auf den Herzschlag sind vergleichbar mit denen der Fokussierung auf den Herzlotos: Es tritt eine ruhige und zugleich sehr freudige Konzentration ein, durch die wir uns nicht nur sicher fühlen, sondern durch die wir auch unser Liebesbewusstsein entfalten. Die Meditation auf den Herzschlag empfehle ich als ebenso rasch wirksame Alternative für diejenigen, die Probleme dabei haben, das Herzenslicht in der Brustmitte zu visualisieren.

Meditation auf den eigenen Herzschlag

Sitzen Sie wieder bequem, und achten Sie nur auf Ihren Pulsschlag – Bumm, Bumm, Bumm. Wenn Ihnen das anfangs schwerfällt, dann können Sie den Puls auch spüren, indem Sie mit der einen Hand leicht die Adern unterhalb des anderen Handgelenks berühren. Oder Sie fassen sich an die Halsschlagader, um dort Ihr persönliches Klopfen wahrzunehmen. Wenn Ihnen die Wahrnehmung Ihres inneren Rhythmus gelungen ist, brauchen Sie nach einiger Zeit nicht mehr mit den Fingern nachzuspüren – die Wahrnehmung des Pulses gelingt dann einfach so, Sie nehmen während der Meditation den Puls aus sich heraus wahr. Manche Meditationslehrer sagen sogar, dass die Konzentration auf den Puls eine der schnellsten Methoden ist, um die Gedanken abzuschalten.

Gelingt Ihnen diese Meditation, spüren Sie schon bald auch im Alltag ständig Ihren Puls. Durch diesen Fokus wird Ihr innerer Rhythmus entschleunigt. Normalerweise gilt, dass genau die Menschen an einer zu starken Pulsfrequenz leiden, die kaum Kontakt zum Puls haben. Wenn Ihnen der Herzschlag aber ständig bewusst ist, spüren Sie zwar, wie die Frequenz sich in aufregenden oder anstrengenden Situationen erhöht – Sie können aber aus sich heraus dazu beitragen, dass Ihr Puls wieder ruhiger wird.

Das ist wirklich das Erstaunliche: Sie können über die Wahrnehmung des Pulses mithelfen, dass sich die Frequenz verlangsamt. Wenn ich Ärzten oder Medizinern davon berichte, dann höre ich sie immer wieder staunen, da in der Schulmedizin der Herzschlag dem Parasympathikus zugeordnet wird und darum im Allgemeinen gelehrt wird, dass ein bewusstes Verändern der Herzfrequenz nicht möglich sei. Wie es genau geht, dass der Herzschlag sich verlangsamt, ist mit Worten auch schwer zu beschreiben. Es ist eine Art Magie, die sich den Erklärungen entzieht. Die gute Nachricht ist allerdings, dass Sie es sehr schnell herausbekommen, wie Sie Ihren Herzschlag kontrollieren können, wenn Sie darauf meditieren.

Allerdings muss auch gesagt werden, dass bei der Wahrnehmung des Herzschlags die willentliche Kontrolle nicht das Ziel ist. Es geht um ein passives Gewahrsein des inneren Trommelschlags. Eine gewisse Kontrolle des Herzschlags ist nur ein Nebeneffekt.

Nach einiger Zeit des regelmäßigen Übens beginnen Sie wahrzunehmen, wie Objekte außerhalb von Ihnen von Ihrem Herzschlag durchdrungen werden. Sie schauen dann einen Gegenstand an und spüren Ihren Herzschlag in diesem Gegenstand. Sie schauen einen Menschen an und spüren Ihren Puls in ihm. Ihr Herzschlag ist dann wie ein Punkt, den Sie in den äußeren Objekten platzieren können, um diese wahrzunehmen. Dadurch sind Sie in gedankenloser Aufmerksamkeit direkt mit den Gegenständen und Menschen um sich herum verbunden.

Dies ist der Zustand, der in der Yoga-Vidya mit Advaita bezeichnet wird: Non-Dualität. Sie sind mit Ihrer ganzen Aufmerksamkeit bei dem Objekt der Wahrnehmung, sodass Ihr Bewusstsein für Dualität verloren geht. Was bleibt, ist eine grundlegende Erfahrung der Einheit.

Eine Frau berichtete mit diesen Worten von ihrer Einheitserfahrung: »Wenn ich tief in mich hineinhöre, dann sagt mir mein Herzschlag immer wieder ›Ich bin – Ich bin – Ich bin‹. Mir tut das gut, mich zu spüren – wie ich lebe, wie ich existiere.«

Der gemeinsame Takt

Es ist ein physikalisches Phänomen, das aktuell noch nicht geklärt ist, das aber erstaunlicherweise immer wieder funktioniert: Stellen Sie mehrere Metronome so nebeneinander, dass sie miteinander schwingen können – zum Beispiel auf ein Brett, unter dem zwei leere Getränkedosen liegen. Stellen Sie die Metronome nacheinander auf denselben Taktschlag ein. Anfangs wird eine ziemliche Kakophonie herrschen – sie arbeiten alle leicht zeitversetzt. Nach einiger Zeit aber tritt das Erstaunliche ein: Obwohl die Metronome zu unterschiedlicher Zeit gestartet wurden, tritt eine Harmonie ein, alle Metronome schlagen ab einem gewissen Zeitpunkt gemeinsam in einem Takt. Obwohl es Maschinen ohne jede Intelligenz sind, fügen sie sich dennoch in die Harmonie ein.

Ein ähnliches Phänomen gibt es bei elektronischen Weckern des gleichen Modells, die die gleiche Frequenz der Wecktöne haben. Wenn Sie zwei Wecker mit einer leichten zeitlichen Verschiebung einstellen, werden sie anfangs einen ziemlichen Krach machen – zeitlich versetzt kommt der Signalton. Nach einiger Zeit aber werden beide Uhren im gleichen Takt die Signale von sich geben. Obwohl es zwei normierte Geräte sind, kommt es doch zu einer Verschiebung, sodass beide sich auf einen einzigen Takt einpendeln.

Ähnlich ist es mit der Herzfrequenz von Chormitgliedern. Wie Wissenschaftler der Universität Göteborg herausgefunden haben, geschieht bei gut eingespielten Chören auffallend oft das Phänomen, dass ab einer gewissen Zeit der Puls aller Sänger exakt im gleichen Takt schlägt. Dieser gemeinsame Puls kann sich auch ändern. Mal wird er beschwörend, mal ungeduldig und dann wieder befreit und sehr verspielt. So werden die Chormitglieder Teil eines höheren Organismus, der sich aus lauter einzelnen Individuen zusammensetzt.

Wir haben das Experiment in unseren Herzensgruppen wiederholt, indem wir gemeinsam sangen und danach alle aufforderten, ihren Puls zu fühlen und hörbar mitzuklopfen. Tatsächlich klopften nach dem Singen die Herzen aller Beteiligten im gleichen Takt. Das ist wirklich unglaublich. Es gibt in Gruppen also eine Harmonie, auf die sich die Einzelnen einschwingen. Auf die gleiche Weise gibt es ein »Bewusstseinsfeld« um uns herum, dem sich unsere Organismen angleichen.

Auf den gemeinsamen Takt achten

Diese Übung trägt dazu bei, dass sich die emotionalen und mentalen Körper von zwei Menschen vereinen, das heißt, Sie verschmelzen auf natürliche Art mit Ihrem Partner oder Ihrer Partnerin.

Diese wunderbare Übung kommt ursprünglich aus dem indischen Tantra-Yoga und wurde dort gelehrt, um Liebes- und Hochzeitspaare aufeinander einzustimmen. Besonders empfohlen wurde sie auch für Paare mit Kinderwunsch. Durch das gemeinsame Vibrieren des Pulses wird eine Harmonie hergestellt, die sich auch positiv auf die Fruchtbarkeit auswirken kann. Sie können die Übung aber auch mit Freunden ausführen, um in den universellen Puls einzutauchen. Sie sollten allerdings wirklich nur mit Menschen üben, zu denen Sie ein gutes Verhältnis haben, da sich Ihre Mentalkörper unmittelbar vereinen. Nach einiger Zeit sind Sie in einer gedankenlosen Aufmerksamkeit und erleben bald gleiche Eingebungen und Emotionen. Es gibt vielleicht kein intimeres Verhältnis zueinander, als wenn beide das Gleiche denken und fühlen.

In unseren Workshops, bei denen wir auch immer wieder Partnerübungen anbieten, machen wir diese Übung nicht, da es einfach zu intim wird, wenn sich zwei Menschen, die sich gerade erst in einem Kurs kennengelernt haben, gleich auf so tiefe Art vereinen.

Nun zur Praxis: Stehen Sie Ihrem Partner / Ihrer Partnerin mit einer Armlänge Abstand aufrecht und locker gegenüber. Legen Sie beide dann Ihre linke Hand auf Ihren Herzlotos. Mit der rechten Hand fassen Sie unmittelbar auf den Herzlotos des Partners. Welche der beiden Hände oben oder unten liegt, ist dabei egal. Schauen Sie sich in die Augen, und versuchen Sie, mit dem Atem des Partners in Gleichklang zu kommen. Spüren Sie also den Atem Ihres Gegenübers. Nach einiger Zeit atmen Sie im Gleichklang – aber umgekehrt: Wenn Ihr Gegenüber einatmet, atmen Sie aus. Wenn Sie einatmen, atmet Ihr Gegenüber aus. Spüren Sie nach einiger Zeit zusätzlich den Puls unter Ihren Händen. Nach ungefähr zehn Minuten vereinigen sich Ihre mentalen Körper.

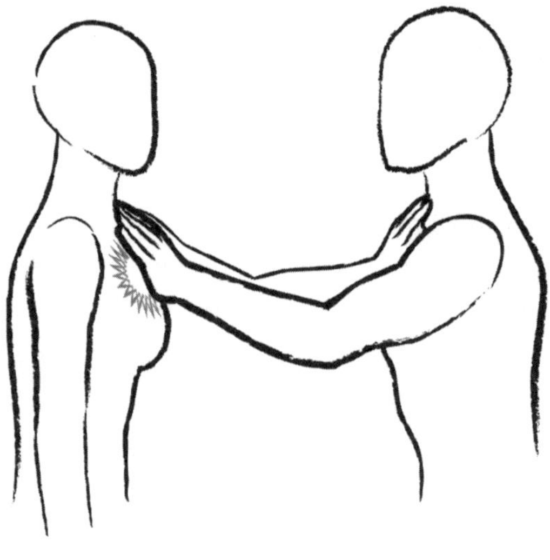

Wenn Ihnen diese Position schwerfällt, können Sie es auch so machen: Setzen Sie sich Ihrem Partner / Ihrer Partnerin bequem gegenüber. Falten Sie Ihre Hände wie zum Gebet, wobei die kleinen Finger leicht abstehen. Berühren Sie dann mit Ihren kleinen Fingern die kleinen Finger Ihres Gegenübers. Schließen Sie die Augen und spüren Sie Ihren Herzschlag. Nach einiger Zeit spüren Sie Ihren Puls auch an der Druckstelle, an der Ihr kleiner Finger den des Partners trifft. Sie spüren dann sowohl Ihren eigenen Herzschlag als auch den Herzschlag Ihres Partners. Konzentrieren Sie sich dabei voll und ganz auf den Takt. Spüren Sie, wie Sie und Ihr Gegenüber mit der Zeit im Gleichklang pulsieren. Sie sind nun eine energetische Einheit. Ihre beiden Gefühlskörper vermischen sich, das heißt, Sie spüren nach einiger Zeit genau das Gleiche wie Ihr Gegenüber – ob Freude oder Furcht, Wärme oder Kälte. Sie sind nun zwei Menschen, die gemeinsam einen Herzschlag haben und dabei das Gleiche spüren. Bleiben Sie in dieser zweisamen Aufmerksamkeit für etwa fünf Minuten.

Wenn Ihnen auch dies zu unbequem ist und Sie mit der Meditation auf den eigenen Puls bereits Erfahrung haben, können Sie sich auch in einer beliebigen Position gegenübersitzen und sich beliebig berühren. Konzentrieren Sie sich dann nur auf Ihren eigenen Puls. Nach einiger Zeit spüren Sie auch hierbei, wie Ihr eigener Puls und der des Partners zu einem einzigen Puls werden.

Wenn Sie mit der Partnerübung in den drei Positionen etwas Routine haben, kommt der nächste Schritt: Sie spüren Ihren gemeinsamen Puls auch ohne jede Berührung. Sitzen Sie dazu entspannt einander gegenüber und schauen Sie sich an. Meditieren Sie wieder auf Ihren eigenen Pulsschlag. Als Nächstes spüren Sie auch den Pulsschlag Ihres Partners, nach einer gewissen Zeit werden Sie beide im gleichen Takt schlagen. Seien Sie sich dessen bewusst: Sie sind nun zwei Personen mit einem völlig identischen Takt, das heißt: Etwas übersteigt Ihre bisherige körperliche Begrenzung. Erspüren Sie dabei auch den inneren Herzton, das universelle Brummen, um sich ganz mit Allem zu verbinden.

Gute Taten öffnen das Herz

Ihr Herzlotos wird nicht zuletzt auch dadurch aktiviert, dass Sie sich dafür entscheiden, bewusst Gutes zu tun. Wenn Ihr Herzlotos einmal frei ist, sind Sie ohnehin auf der »guten Seite«, ein freundliches, höfliches, verantwortungsvolles und zuvorkommendes Verhalten ist dann Ihr Normalzustand. Indem Sie sich aber jetzt schon entscheiden, gute Taten als etwas Ihrem Wesen Selbstverständliches anzusehen, öffnet sich bereits Ihr Herz.

Das Prinzip der helfenden Hand

Eigentlich alle Weltreligionen fordern dazu auf, sich ethisch zu verhalten. Dazu gehört es, dass wir nicht stehlen, nicht lügen, nicht töten, keine schlechte Nachrede üben, dass wir hingegen Gastfreundschaft, Offenheit, Freundlichkeit, Respekt gegenüber dem Alter und Nachsicht gegenüber den Kindern walten lassen, dass wir unser Brot mit den Armen teilen, auch Tiere gut behandeln, fremdes Eigentum und überhaupt die Schöpfung respektieren und achten.

Religionsskeptiker wenden ein, dass dies nur festgeschrieben worden sei, um die Menschen brav zu halten und das soziale Miteinander zu regeln. So gesehen tragen Religionen dazu bei, dass Gesellschaften funktionieren. Aus der Herzperspektive jedoch liegt im »Gutsein« selbst eine mystische Qualität, die uns die Einheit mit der Urquelle – Gott – wieder frei erleben lässt.

Mystiker haben deshalb das ethische Prinzip erweitert, von ihnen werden nicht nur die allgemeinen sozialen Regeln der Gesellschaft eingehalten, sondern ein zuvorkommendes, helfendes und dienendes Verhalten wird bewusst und konsequent gelebt, weil es das Erwachen beschleunigt.

Wahrscheinlich nichts gibt Ihnen so schnell so viel Energie wie selbstloses Dienen. Probieren Sie es aus: Sie können noch so krank und müde sein – wenn Sie sich dazu entscheiden, jemand anderem etwas Gutes zu tun, wird Ihnen sofort wieder Energie zuteil. Darüber hinaus macht bewusstes, freiwilliges Dienen geschmeidig und zugleich sehr robust. Es hilft Ihnen, über Ihren Schatten zu springen. Sie werden Ihren Stolz und Ihre gepflegten Selbstkonzepte los, sodass Sie schnell erwachen können.

Schauen Sie sich die Regeln fast aller christlich religiösen Orden an. Nicht nur das Beten wird dort als Weg zum Heil angesehen, sondern auch das bewusste Dienen. Während sich die Nonnen und Mönche vor anderen verneigen, befinden sie sich auf dem schnellsten Weg zu Gott.

Auch im Sufismus ist das Dienen ein zentrales Prinzip. Bei den drehenden Mevlevi-Derwischen zum Beispiel gehört es zur Initiation, eintausendundeinen Tag in einem Konvent zu dienen. Sie helfen dabei in der Küche, putzen die Toiletten und verrichten auch sonst alle möglichen gewöhnlichen Arbeiten. Bei der eigentlichen Initiation dann geloben die Derwische, weiterhin ihr Leben lang anderen zu dienen. Der Dienst am Menschen wird so zum Dienst an Gott.

Auch im Yoga ist das Dienen ein wichtiges Prinzip. Einer der zentralen Yoga-Pfade ist das Karma-Yoga: der Pfad des uneigennützigen Handelns. Im Karma-Yoga wird gelehrt, dass jede Tat – egal ob gut oder schlecht – auf uns zurückfällt. Begehen wir selbstlose und soziale Taten, so erlangen wir Segen, begehen wir niedere und egoistische Taten, so werden wir auch mit den Früchten daraus konfrontiert. Das Karma-Yoga sagt, dass grundsätzlich jede Tat, die wir selbstlos ausführen, automatisch schlechtes Karma ausgleicht. Selbstloses Dienen führt so dazu, dass wir von Ballast befreit werden und der Erlösung näherkommen. Yogis, die diesem Pfad folgen, bieten darum bei jeder sich bietenden Gelegenheit ihren Mitmenschen ihre Dienste an. Gestützt werden sie von der Bhagavad Gita, in der es heißt: »Dein einziges Recht ist es zu wirken und keinen Anspruch hast du auf die Früchte deines Tuns« (2,47).

Nicht zuletzt führt dienen auch dazu, dass wir sozial aufsteigen. Die Menschen wollen lieber jemanden, der ihnen dient, an der Spitze aller denkbaren Organisationen als jemanden, der sich nur bedienen lässt und vor allem an sein eigenes Wohl denkt. Wer nur auf dem Thron sitzt und sich bedienen lässt, wird unbeweglich – sowohl körperlich als auch im Denken. Wer aber dient, ist stets in Bewegung. Um dienen zu können, müssen wir Kompromisse machen und über unseren Schatten springen. Dadurch werden auch wir vom Leben mit Energie versorgt.

Bei dem Punkt, dass gute Taten das Herz öffnen, erlebe ich es regelmäßig, dass Zuhörer meiner Vorträge oder Teilnehmer meiner Workshops innerlich auf Abstand gehen: Viele verschränken demonstrativ die Arme, fangen unruhig an, hin und her zu zappeln, oder heben gleich den Finger, um Einwände hervorzubringen. Ihre Argumente gehen in der Regel in die folgende Richtung: Jahrhundertelang predigten die Kirchen den Gläubigen Wasser und tranken selbst Wein. Und die Aufforderung an die Gläubigen, zu dienen, ging oft damit einher, dass sie sich dadurch noch besser regieren ließen.

Ich frage die Menschen dann, worauf sie denn selbst verzichten müssten, wenn sie sich dazu entschieden, sich grundsätzlich gut zu verhalten? Müssen Sie angepasst sein, um gut zu sein? Schauen wir uns mal ein paar Beispiele eines wilden, unangepassten Lebens an: Motorradtouren, wilde Partys, Extremsport und dazu laute Musik. Doch muss man wirklich auf diese Wildheit verzichten, wenn man sich dafür entscheidet, bewusst Gutes zu tun? Meiner Erfahrung nach ist beides möglich. Wer sagt denn, dass Motorrad fahren, wildes Reiten, Klettern, Tauchen, Martial Arts oder Rock'n'Roll dazu führen, dass wir schlechte Menschen sind?

Die Entscheidung, bewusst Gutes zu tun, liegt unmittelbar in uns und ist darum auch weitgehend unabhängig von unserem Temperament und unserem Lebensstil. Sie können ein biederer, angepasster und unauffälliger Mensch sein und sich dabei schlecht gegenüber Ihren Mitmenschen verhalten. Und genauso können Sie ein wildes Leben führen und dabei bewusst Gutes tun. Schauen Sie sich mal die Krimis oder die Actionfilme im Kino oder Fernsehen an: Die Helden dort führen meist ein unangepasstes Leben – wilde Verfolgungsjagden zu Land, Unterwasserjagden, Feuerstürme oder wilde Stunts in der Luft. Und dabei stehen sie meist auf der guten Seite und dienen einer guten Sache.

Also: Wenn Sie bewusst dienen wollen, müssen Sie nicht unbedingt auf bestimmte Vorlieben verzichten, sondern schlagen lediglich in Ihrer Biografie ein neues Kapitel auf.

Warum wir uns durch gute Taten gut fühlen

Vernachlässigen wir auch nicht, dass wir uns durch gute Taten auch grundsätzlich gut fühlen. Nicht umsonst heißt es: »Tu Gutes, und es geht dir gut.« Wenn Sie sich im Alltag dazu entscheiden, gegenüber Ihren Mitmenschen stets freundlich zu sein und bewusst Gutes zu tun, haben Sie schon einmal die meisten schlechten Gefühle in sich aufgelöst. Das ist meiner Ansicht nach auch ein Grund dafür, warum manche Menschen immer wieder bewusst höflich und zuvorkommend sind. Denn wissen Sie, was der Trick von besonders angenehmen Menschen ist? Sie haben zwei Tricks: Zum einen wissen sie, dass die Höflichkeit zu ihnen zurückkommt, zum anderen, dass sie sich durch ihr eigenes höfliches Verhalten einfach nur gut fühlen. Haben Sie schon einmal einen ausgesucht höflichen Menschen gesehen, der schlecht gelaunt ist? Schlecht gelaunte Menschen sind meist auch irgendwie unhöflich. Gut gelaunte Menschen können sich natürlich auch unhöflich benehmen. Aber die Menschen, die sich gezielt um besonders feines und zuvorkommendes Verhalten bemühen, sind auch ständig gut gelaunt. Höfliches Benehmen kann darum wie ein Rauschmittel wirken – und es ist dabei noch gesund.

Probieren Sie es doch einfach mal aus: Gehen Sie außer Haus und seien Sie gegenüber ausnahmslos allen Menschen aus Ihrem Herzen heraus bewusst zuvorkommend, nett und aufmerksam. Was macht es mit Ihnen? Fühlen Sie sich dabei schlecht oder auf angenehme Art beschwingt?

Im Westen wird aktuell eine allzu große Höflichkeit leider kritisch angesehen: Zwar verlangt die Lebensweise ein kultiviertes Miteinander, andererseits wird auch ein Maß an Ruppigkeit und Aggressivität gefordert, um mit Autoritäten und Herausforderungen aller Art umzugehen. Eine allzu große Höflichkeit wird darum schnell als befremdlich angesehen. Ein negatives Beispiel dafür ist der »Streber«, der in Filmen oft schon absurd höflich dargestellt wird.

Lassen Sie sich aber von überzogenen Negativbeispielen nicht abschrecken. Bleiben Sie sich treu! Achtsam und zuvorkommend zu sein, muss noch lange nicht heißen, dass man aufdringlich wird. Und selbst wenn Sie mal als skurril angesehen werden: Die innere Freude, die Sie durch den galanten Umgang mit den anderen erleben, gleicht auch das wieder aus.

Außerdem ist da noch etwas, etwas Kleingedrucktes im »Regelwerk zum Leben«: Wenn Sie grundsätzlich nett und zuvorkommend zu allen Menschen sind, erleben Sie für sich auch selbst ständig schöne Momente. Das hat damit zu tun, dass positives Verhalten unseren Herzensspiegel freilegt. Indem Sie also bewusst anderen dienen, können Sie auch in scheinbaren Kleinigkeiten und Nichtigkeiten, in Naturschauspielen oder berührenden Momenten der Begegnung Schönes erleben, das Sie beglückt. Und nicht nur das: Das Leben selbst führt Sie als freundlichen Menschen immer wieder in schöne Situationen. Es ist tatsächlich so, als ob die Welt für Sie so gemacht wird, dass Sie ständig Schönes erleben.

Daher ist es der schnellste Weg, um sich gut zu fühlen: Tun Sie Gutes. Seien Sie gegenüber Ihren Mitmenschen positiv – und Sie erleben ständig schöne Momente.

Die Praxis der helfenden Hand

Diese Übung ist eine religiöse Konstante, man findet sie in unterschiedlicher Form in christlichen Exerzitien, im Islam bei den Sufis, und auch bei Buddhisten werden Varianten davon praktiziert. Bei dieser Übung geht es darum, dass Sie ausnahmslos allen Menschen so begegnen, als seien es Heilige. Sie wenden sich jedem einzelnen Menschen so zu, als sei es ein absolut heiliges Wesen. Manche Menschen schimpfen, manche lächeln zurück. Manche reagieren irritiert, und wieder andere nutzen Ihre Freundlichkeit in unverschämter Weise aus. Aber es bleibt dabei: Sie begegnen all Ihren Zeitgenossen achtsam und demutsvoll, so als wären es große Heilige oder Weisheitslehrer.

Im Lauf der Geschichte behandelten spirituelle Meister ihre Schüler auch immer wieder sehr schroff. Man hört von Zen-Meistern, die ihre Schüler sogar schlugen oder ins wilde Wasser warfen, von Sufi-Meistern, die ihre Schüler in lächerlichen Kostümen auf den Markt stellten, oder christlichen Meistern, die ihre adeligen Zöglinge niedere Schmutzarbeiten machen ließen. Zeitgenossen, die davon hörten, stellten darum oft die Heiligkeit der Mystiker infrage, wobei allerdings die Schüler selbst meist Verständnis für die Taten ihrer Meister hatten. Würden nämlich spirituelle Lehrer immer nur nett und freundlich zu ihren Schülern sein, so würden diese nur zu leicht an ihren unhinterfragten Gewohnheiten und Lebenskonzepten festhalten. Um aber negative Gewohnheiten zu durchbrechen, kann es hilfreich sein, wenn spirituelle Lehrer auch mal grob werden. Sufis sprechen in diesem Zusammenhang vom

»niederen Ego« (nafs ummara), das es aufzulösen gilt. Oder wie der Sufi Abu Said sprach: »Wo mein Ego ist, kann nicht Gott sein, und wo Gott ist, kann mein Ego nicht mehr sein.«

Grundsätzlich gilt: Die niederen Egos der Menschen sind von ihrer eigenen Wichtigkeit überzeugt. Sie suchen unentwegt Probleme, wo eigentlich keine sind, um dann zu streiten und andere Egos unterzubuttern. Wie der Mystiker Hakim Sanai schreibt, wähnt sich das Ego ständig größer und bedeutungsvoller, als es wirklich ist, und beschäftigt sich dauernd mit unnützen Dingen. Wahre Freiheit sei aber so nicht möglich. Thomas von Kempen sagt dazu: »Den Demütigen nimmt Gott in Seinen Schutz und rettet ihn, den Demütigen liebt und tröstet Er; zum Demütigen neigt Er sich hernieder.«

Einer der direktesten Wege, um das niedere Ego abzubauen und so das Seelenlicht des Herzens zu entfalten, ist – Sie ahnen es – das bewusste Dienen. In der Vergangenheit gab es auch immer wieder Beispiele, wo das herzensvolle Dienen bei einigen Mystikern fast schon extreme Züge annahm. Wir müssen uns dabei aber nicht völlig verausgaben, eigentlich reicht es schon aus, wenn wir unseren Mitmenschen mit der Freundlichkeit und Höflichkeit begegnen, die in einer zivilisierten Umgebung ohnehin üblich sein sollten.

Viele Menschen sagen, dass sie bei einer netten, höflichen und bescheidenen Person kein Problem hätten, das Prinzip der helfenden Hand anzuwenden. Nur werden im Alltag dann doch immer wieder aufs Neue konkrete Ausreden dafür gefunden, um nicht zu dienen: Der eine Mitmensch ist dann ein großer Egomane, der andere zu streitsüchtig, wieder eine andere ist zu zickig und intrigant, der nächste hat eine andere politische Meinung und beim übernächsten ist noch eine persönliche alte Rechnung offen. Doch vergessen Sie nie: Ihre Mitmenschen sind nicht von Natur aus negativ, sondern erscheinen Ihnen manchmal nur in Ihrer eigenen, persönlichen Sichtweise so. Die größten Egoisten, Egomanen und Egozentriker in Ihrem Umkreis helfen Ihnen letztlich nur dabei, Ihr eigenes Ego abzubauen.

Mit einem offenen Herzen sehen Sie Ihre Mitmenschen nicht mehr unbedingt als negative Egomanen an, sondern als interessante Persönlichkeiten mit bestimmten Eigenschaften. Sie selbst sind dabei grundsätzlich frei und glücklich. Diese Erfahrung ist es auf jeden Fall wert, Ihre eigene Ego-Illusion zu hinterfragen und aufzulösen und aus dem ständigen Konkurrenzkampf auszusteigen. Und der Weg dazu? Ihren Mitmenschen demutsvoll dienen.

Um diese Übung für Sie als modernen Menschen passend zu machen, schlage ich vor, dass Sie sich dafür einen bestimmten Zeitraum auswählen, zum Beispiel einen ganzen Tag. Für diese Zeit entscheiden Sie sich, diese Übung konsequent und ohne Wenn und Aber durchzuführen. Beginnen Sie erst einmal außerhalb Ihrer allzu vertrauten Lebenswelt, also nicht in der unmittelbaren Familie, Nachbarschaft oder am Arbeitsplatz. Dort sind oftmals einfach noch zu viele »alte Rechnungen« offen, die Sie daran hindern könnten, diese Übung in ihrer Totalität auszuführen. Wenn Sie in einer Stadt leben, können Sie diese Praxis zum Beispiel ausführen, während Sie einkaufen gehen oder bei Freizeitaktivitäten. Später dann geht das Prinzip der helfenden Hand von Ihrem Herzen automatisch aus.

Zunächst üben Sie es bewusst: Sie gehen also in Ihr Herz und beschließen, zu ausnahmslos allen Menschen nett, höflich und zuvorkommend zu sein, als wären es Heilige. In der gewählten Zeit gehen Sie bewusst zum Herzlotos und nutzen dessen Energie, um Ihren Mitmenschen zu dienen. Sie öffnen dann anderen freundlich die Tür; hören ihnen aufmerksam und demutsvoll zu, Sie lassen anderen auf der Straße oder im Treppenhaus freundlich den Vortritt oder Ähnliches.

Wenn Sie als Frau dabei in eine Situation kommen, in der es für Sie unangenehm wird, zum Beispiel weil Ihnen plötzlich Männer nachsteigen, die Ihre Freundlichkeit falsch verstanden haben, dann können Sie die Situation und die Übung natürlich verlassen. Bei der nächsten Gelegenheit aber wenden Sie wieder das Prinzip der helfenden Hand an.

Angestaute Spannungen abbauen

Ich möchte Sie noch einmal daran erinnern, warum Sie sich dafür entscheiden sollten, im Leben konsequent höflich zu sein und Gutes zu tun: Sie machen es aus sich heraus, weil Sie sich dadurch selbst gut fühlen, weil dadurch Ihr Herzlotos geöffnet wird und Sie schneller spirituell erwachen. Als Nebeneffekt ergeben sich durch Ihr zuvorkommendes und höfliches Verhalten auch noch zahlreiche soziale Chancen. Es öffnen sich Türen, die zuvor verschlossen waren, ohne dass Sie es überhaupt wussten.

Erfahrungsgemäß kann es ein Problem geben: Wenn Sie zu allen ständig nett und höflich sind und dabei manchmal beleidigt werden, ohne dass Sie darauf reagieren, kann es sein, dass sich in Ihnen ganz schön viele Aggressionen stauen. Dies ist auch erst mal nichts Schlimmes, sondern ganz natürlich. Es muss während Ihrer Herzentwicklung nicht passieren, aber wenn es passiert, dann sollten Sie es ernst nehmen. Später, mit einem offenen Herzlotos, ist es kein Problem mehr, aber im

Prozess der Öffnung kann es Sie teilweise doch ganz schön nerven, von Ihren Mitmenschen in Ihrem bewussten Dienen verachtet oder ausgenutzt zu werden.

Wie also mit den Spannungen und der Aggression umgehen? Indem Sie ein Ventil finden, durch das Sie diese Spannungen wieder ablassen können. Dieses Ventil ist dabei erst einmal grundsätzlich jede Form von körperlicher Betätigung, bei der Sie sich verausgaben. Es ist dabei eigentlich egal, ob Sie joggen, schwimmen, Holz hacken, Fußball spielen, Teppich klopfen, Liegestütze und Situps machen oder Ski fahren. Wichtig ist, dass Sie sich bei dieser Tätigkeit völlig verausgaben – denn ein erschöpfter Mensch kann nicht mehr nachtragend und wütend sein. Wichtig ist auch, dass Sie bei diesen actiongeladenen Tätigkeiten Ihre Aufmerksamkeit beim Herzen halten.

Ein Trick, den auch westliche Psychologen empfehlen, um Spannungen abzubauen, ist der: Sie können ein Kissen oder eine zusammengelegte Decke nehmen und darauf einschlagen. Sie sollten es sich dabei für eine Zeit zur Gewohnheit machen, täglich hundertmal auf das Kissen einzuprügeln. Wenn Sie dabei mit den Händen Probleme bekommen, können Sie auch einen Teppichklopfer oder einen Stock nehmen und damit täglich hundertmal auf das Kissen hauen. Sie können sich auch gleich einen Boxsack kaufen und daraufschlagen.

Allerdings gibt es beim Boxsacktraining ein paar Punkte zu beachten: Sie sollten am besten nach den festgelegten Schlag- und Tritttechniken aus dem europäischen Boxen oder aus dem thailändischen Muay Thai darauf einprügeln. Wenn Sie einfach so auf den Sack einschlagen, kann es sein, dass Sie sich die Gelenke verletzen. Speziell das thailändische Muay Thai mit seinen gleichmäßigen Kombinationen aus Schlägen und Tritten wird von buddhistischen Mönchen benutzt, die dabei auch meditieren. Sie können auch gleich Katas oder Formen aus dem Karate erlernen, um Spannungen abzubauen. In den Katas wird ein Kampf simuliert, wobei der Ablauf festgelegt ist – und man weiß, dass durch die Geschichte hindurch auch immer wieder Menschen dadurch erwachten. Eine noch speziellere Form sind die Katas aus dem Kendo, bei denen man mit Holzschwertern (Bokken) aufeinander einschlägt.

Dies sind aber nur Vorschläge. Wenn Sie keine Möglichkeit haben, Muay Thai, Karate oder Kendo zu praktizieren, dann bleiben Sie beim Einprügeln auf das Kissen oder bei schweißtreibenden Sportarten und körperlichem Training. Eine gute Gelegenheit, um Spannungen abzubauen, ist auch die Technik des Tandava, die im folgenden Kapitel beschrieben wird.

Später, wenn Sie ganz und gar im Herzen sind, ist es Ihnen zur Gewohnheit geworden, anderen Menschen gleich liebevoll zu vergeben. Wo sollten sich dann noch Spannungen aufbauen? Selbst wenn sich noch Spannungen in Ihnen ergeben, so werden diese gleich aufgelöst – so als wären sie nie da gewesen.

Aber bis dahin gilt: Seien Sie während Ihrer Entwicklung nicht »heiliger«, als Sie wirklich sind. Wenn Sie aufgrund des bewussten Dienens – oder auch aufgrund anderer Umstände – in sich Spannungen oder Aggressionen spüren, dann nehmen Sie das ernst! Lieber bauen Sie die Spannungen durch schweißtreibenden Sport oder durch bewusstes Einprügeln auf ein Kissen ab, als dass Sie »erleuchtet tun« – und dann die Spannungen im Alltag hintenherum an anderen auslassen.

Das Körperprogramm: Fest verwurzelt in der Erde

Ich empfehle allen Herzmenschen, gut auf ihren Körper zu achten. Dazu gehört nicht nur eine ausgewogene, gesunde Ernährung und Pflege, sondern auch eine solide Grundkonstitution, die im Allgemeinen durch Sport oder eine andere ausgewogene körperliche Betätigung erreicht wird wie etwa durch Yoga oder Qi Gong. Fakt ist, dass Sie als sportlicher Mensch Ihren Mitmenschen besser dienen können. Die Fitness ist deshalb kein Selbstzweck, sondern kann für Sie ein Mittel sein, um das Gute in der Welt zu mehren. Das heißt nicht, dass nicht auch unsportliche Menschen ihren Herzlotos öffnen und anderen dienen können, aber als ausdauernder und fitter Mensch haben Sie noch einmal ganz andere Möglichkeiten, um die Bürden der Welt mitzutragen.

Doch nicht nur das: Wir Menschen sind auch über unsere körperliche Beschaffenheit in der Lage, aus uns heraus den Herzlotos zu befreien. Die verschiedenen spirituellen Traditionen haben dafür konkrete Übungen entwickelt. Aus dem Hatha-Yoga zum Beispiel sind 76 körperliche Positionen (asanas) sowie mehrere Reinigungsübungen (kryas) überliefert, die letztlich dem Ziel des Erwachens dienen. Die Sufis in Arabien und Indien hingegen praktizieren zum Gottgedenken bestimmte Tänze, um in das allumfassende Liebesbewusstsein einzutauchen, während aus dem Herz-Qi-Gong fließende Bewegungen überliefert sind, die das Herzzentrum aktivieren. Auch moderne Formen solcher körperlichen Übungen gibt es: Im Autogenen Training beispielsweise lernen die Menschen, im tief entspannten Zustand auf ihren Herzschlag zu achten, und in der Progressiven Muskelrelaxation wird gelehrt, Anspannungen gezielt loszulassen.

Nochmals: Sie müssen keinen Sport betreiben, um Ihren Herzlotos öffnen zu können. Andererseits gibt es heute eine Vielzahl von Möglichkeiten, um dem individuellen Fitnesslevel entsprechend körperliche Betätigung mit Spaß zu verbinden.

Das Wunderbare an der Herzmeditation ist dabei, dass Sie sie problemlos in nahezu alle Sportarten integrieren können. Sie betätigen sich dann sportlich und bleiben die ganze Zeit mit Ihrer Aufmerksamkeit beim inneren Juwel. Eine sinnvolle Methode, um sich des Herzenslichts bewusst zu werden, besteht zum Beispiel darin, sich beim Joggen permanent auf die Brustmitte zu konzentrieren. Das klappt aber auch beim Fußball, beim Schwimmen, beim Skifahren, beim Tennis, beim Reiten, beim Pilates und sogar bei den Kampfkünsten: Sie sind körperlich aktiv und richten die Aufmerksamkeit dabei auf den Herzlotos, was noch einmal besonders viel Energie erzeugt, sodass sich der Lotos frei entfalten kann.

Vier Herzmethoden der körperlichen Aktivität

Ich habe aus der Vielzahl von körperlichen Methoden vier Übungen ausgewählt, die zum einen besonders effektiv sind und die Sie zum anderen auch problemlos allein und ohne weitere Unterweisung ausführen können, nämlich das Herzwandern, das Schütteln, Tandava und die Stopp-Übung.

Herzlotosmeditation und Wandern

Die ursprünglichste Herzsportart ist aus meiner Sicht das Wandern. Damit meine ich damit nicht die olympische Disziplin des Gehens, bei der die Athleten auf durchgehenden Bodenkontakt achten müssen, sondern mit Wandern meine ich das kilometerweite freie Gehen durch die Natur. Dabei werden nicht nur Ihre Beine trainiert: Weil sich bei den Interaktionen mit dem Gelände, mit anderen Menschen und mit Tieren immer wieder die vielfältigsten Bewegungsformen ergeben, werden nahezu alle Partien des Körpers angesprochen. Mal müssen wir für längere Zeit schwere Dinge tragen, Sachen heben, über Hügel und Berge auf- und absteigen, über Hindernisse hinwegklettern, dann müssen wir Gewässer überqueren oder über unwegsame Stellen balancieren.

Eine gute Gelegenheit, um mit dem Herzlotos Kontakt aufzunehmen, ist darum das bewusste Wandern mit der Meditation auf die innere Sonne. Sie nehmen sich dabei gezielt vor, während der Wanderung die ganze Zeit die Aufmerksamkeit beim Herzlotos zu lassen, was in der Regel auch gut gelingt. Wenn sich Gespräche mit anderen ergeben oder Sie unwegsames Gelände passieren, kann es sein, dass die Aufmerksamkeit nachlässt, doch nach einiger Zeit werden Sie wahrscheinlich während der gesamten Tour das Bewusstsein für den inneren Juwel aufrechterhalten können. Erfrischt und erfüllt kehren Sie dann wieder nach Hause zurück.

Sie können beim Wandern auch das Bild benutzen, als wären Ihre Beine zwei Kolben, die Ihrem Herzlotos Energie zuführen. So wie Turbinen oder Pumpen dazu beitragen, dass Energie erzeugt wird, wird auch durch Ihre Beine permanent Energie zum inneren Licht geführt.

Bei Wanderungen geraten Sie immer wieder an Plätze mit schönen Aussichten: auf Täler, Berge, Wälder, Felder, Flüsse, Wolken, aber auch architektonische Sehenswürdigkeiten oder von Menschen geschaffene Kunstwerke im Zusammenspiel mit der Natur. Sie können an diesen Orten stehen bleiben und diese besondere Schönheit noch einmal bewusst auf Ihren Lotos wirken lassen, was der inneren Sonne in besonderer Form zugutekommt. Stehen oder sitzen Sie dabei still und lassen Sie das Naturschauspiel auf sich wirken. Dann »atmen« Sie es ein, das heißt, Sie atmen tief ein und aus und stellen sich dabei vor, dass Sie die Schönheit der Landschaft in sich aufnehmen. Auch dadurch wird Ihr Lotos noch einmal mit guter Energie versorgt.

Dann wandern Sie weiter, bis Sie wieder eine wunderbare Aussicht entdecken, bei der Sie stehen bleiben und mit dem Herzlotos erneut die Kulisse einatmen. Wenn Sie das mehrere Male gemacht haben und dann nach Hause zurückkehren, werden Sie eine starke innere Energie spüren, die Sie in den nächsten Tagen durch den Alltag begleiten wird.

Schütteln

Diese Methode wird in gleich mehreren spirituellen Traditionen gelehrt, sowohl bei den Sufis als auch im Kundalini Yoga, dem Qi Gong und bei den Schamanen Zentralasiens. Die Grundidee dabei ist, dass in uns die vitale Herzensenergie schlummert, sich aber aufgrund zahlreicher Blockaden nicht frei entfalten kann. Indem wir uns aktiv schütteln und lockern, werden nicht nur diese Verspannungen gelöst, sondern es wird auch diese Herzenergie in Wallung gebracht. So werden wir durch das Schütteln mit Energie durchströmt. Wir werden so nicht nur tief gehend entspannt, sondern auch erfrischt. Die Zellen werden mit Licht aufgeladen. Darüber hinaus werden die Organe in ihrer gewohnten Position gelockert und belebt, was ebenfalls einen verjüngenden Effekt auf den ganzen Organismus hat. Menschen, die die Schüttelübung regelmäßig anwenden, wirken nicht nur entspannt und verjüngt, sondern erhalten auch ein strahlendes Äußeres.

Wenn wir uns einmal das Bild vorstellen, dass sich die Lebensenergie in unserem Körper entlang der Verspannungen staut wie gefrorenes Wasser oder wie hart gewordenes Wachs, so wird deutlich, was das Schütteln auslöst: Es macht diese Energie wieder geschmeidig und flüssig, wodurch sie sich neu im ganzen Körper verteilen kann. Die verspannten Stellen werden so entlastet und energetisch bislang unterversorgte Stellen mit neuer Kraft gefüllt.

Da das Gehirn in seiner Flüssigkeit bewegt wird, wird auch die Hirnaktivität angeregt, wodurch die Konzentration steigt. Wie eine Seminarteilnehmerin berichtete, die die Schüttelübung regelmäßig anwendet: »Es ist tatsächlich so, als ob jedes Mal, wenn ich mich bewusst schüttele, auch alle unnötigen Gedanken von mir abfallen, sodass ich danach einen entspannten, klaren Blick auf das Wesentliche habe.«

Auch der Schlafrhythmus kann durch die Schüttelübung reguliert werden. Indem Sie sich vor dem Zubettgehen schütteln, können Sie noch einmal bewusst alle Anspannungen abgeben, was einen sehr erholsamen Effekt hat.

Die Schüttelübung ist wirklich sehr leicht, und jeder Mensch, egal welchen Alters, kann sie machen:

Sie stellen sich aufrecht in den Raum. Ihre Füße sollten in einem schulterbreiten Abstand parallel nebeneinanderstehen. Gehen Sie leicht in die Knie.

Nun fangen Sie an, als Erstes Ihre Hände vibrieren zu lassen. Schütteln Sie anfangs die Hände nur kurz. Dann hören Sie auf und spüren der Vibration in Ihrem Körper nach. Schütteln Sie Ihre Hände dann wieder. Für manche Menschen ist selbst dieses Vibrieren der Hände so ungewohnt, dass es ihnen erst mal schwerfällt. Geben Sie nicht auf, sondern schütteln Sie weiter. Die Übung sollte Sie nicht anspannen. Wenn Sie das Gefühl haben, dass Ihre Hände verkrampfen, dann machen Sie eine kurze Pause. Schütteln Sie dann Ihre Hände erneut.

Wenn Sie mit dem Vibrieren Ihrer Hände vertraut sind, können Sie anfangen, es auf den ganzen Körper auszuweiten: Bewegen Sie dazu vorsichtig Ihre Knie auf und ab. Durch die Vibration der Knie wird Ihr Körper noch mehr gelockert. Versuchen Sie gleichzeitig, Ihre Hände und Ihre Knie zu bewegen. Nach einiger Zeit dann werden Sie automatisch die Vibration vom Becken ausgehen lassen, sodass der ganze Körper in eine Schüttelbewegung kommt. Wenn Ihnen die Vibration des Beckens gelingt, können Sie auch bewusst den Brustbereich vibrieren lassen, wobei Brust- und Beckenvibration zusammenhängen.

Sie können nach einiger Zeit auch Ihre Beine abwechselnd anheben und hin und her bewegen. Auch im Bereich der Füße und der Unterschenkel staut sich enorm viel Energie an, die uns im Alltag blockiert. Durch das Schütteln der Füße und Beine wird sie gelöst und steht wieder dem ganzen Organismus zur Verfügung.

Schütteln Sie ganz frei, ganz nach Lust und Laune, abwechselnd mal die Hände, mal die Füße, mal die Knie, mal das

Becken, mal den Brustbereich. Wenn Sie mit der Übung vertraut sind, können Sie auch vorsichtig anfangen, den Kopf hin und her zu bewegen. Sie sollten dies anfangs aber wirklich nur sehr kurz, sehr behutsam und mit großer Vorsicht machen. Ein zu starkes Schütteln des Kopfes kann nicht nur die Halswirbel verschieben, sondern auch den Augendruck erhöhen. Wenn Ihnen das Kopfschütteln gelingt, können Sie die Dauer und die Intensität erhöhen.

Sie können auch Ihren Kiefer hängen lassen und den Unterkiefer hin und her bewegen. Auch die Kiefermuskeln sind bei vielen Menschen enorm verhärtet, wodurch viel Lebensenergie gestaut wird. Um die Wangenmuskeln zu entspannen, können Sie den Lippentriller machen, indem Sie die Luft durch die geschlossenen Lippen blasen und dabei wie ein Pferd schnauben. Das ist anfangs für viele schwierig, später dann gestaltet es sich leicht und macht sogar Freude.

Um das Schütteln zu einer Herzübung zu machen, behalten Sie nun wenn möglich während der ganzen Zeit Ihre Aufmerksamkeit beim Herzlotos. Sie können sich vorstellen, dass die Vibration vom Herzen ausgeht. Der Herzlotos ist somit der Motor für diese befreienden Bewegungen.

Sie können sich aber auch vorstellen, dass durch die Vibration Ihr Herz mit vitaler Kraft versorgt wird: Ihr Herzlotos ist dann wie ein Kind, das durch die Vibration positive Energie bekommt.

Wenn Ihnen die Aufmerksamkeit auf den Herzlotos allerdings schwerfällt, dann konzentrieren Sie sich besser nur auf das Vibrieren. Diese Bewegung an sich ist bereits so wohltuend, dass es nichts macht, wenn Ihre Aufmerksamkeit vom Herzen abwandert.

Die Dauer der Schüttelübung sollte am Anfang drei bis fünf Minuten betragen. Sie können die Zeit aber später beliebig steigern. Zur Motivation hier noch das Zitat eines Mannes, der regelmäßig schüttelt: »Es ist die perfekte Selbstmassage. Jedes Mal, wenn ich mich geschüttelt habe, fühle ich mich total frei und entspannt, sodass ich wieder ganz im Herzen ruhen kann.«

Tandava

Auch diese Übung wird in unterschiedlicher Form in mehreren spirituellen Traditionen überliefert – im Yoga spricht man von »Tandava« oder »Nataraj«, im Sufismus von »Subud« oder »Latihan«, in Japan gibt es Parallelen zum Butoh-Tanz und im Westen zum expressionistischen Ausdruckstanz. Die Erklärungen für diese Bewegungsformen mögen unterschiedlich sein, die Grundidee ist die gleiche: Unser Körper besitzt ein ihm innwohnendes Potenzial zur Bewegung. Diese Bewegung geht nicht vom Geist, sondern unmittelbar vom Körper selbst aus. Indem wir ihm die Gelegenheit geben, sich frei zu bewegen, bringt er sich automatisch wieder ins Lot.

Tandava gilt dabei als »Tanz des Herzens«, da die fließenden freien Bewegungen uns auf sehr schnelle, direkte Art öffnen. Es klingt für manche unglaublich, aber es ist wirklich so: Unser Körper strebt permanent danach, sich wieder frei zu bewegen. Dadurch werden alle Spannungen und Blockaden abgebaut, und der Organismus findet aus sich heraus wieder zur Harmonie. Wir leben heute oftmals so wie eine Pflanze, die man in einem engen Drahtgestell gefangen hält. Lösen wir das Gestell, so fängt sie automatisch an, sich individuell und fließend zu bewegen, bis sie ihre natürliche Form erreicht hat.

Wenn ich vom Tandava berichte, fühlen sich manche bisher eher konventionell lebenden Menschen schnell überfordert. Es ist leider aktuell trotz Discokultur und Jazztanz für viele noch völlig ungewohnt, sich einfach ohne irgendwelche Vorgaben frei im Raum zu bewegen. Meiner Beobachtung nach gibt es auch eher bewegungsintensive und bewegungsvorsichtige Charaktere: Während die einen nach einer kurzen Aufwärmphase sofort aus sich herausgehen können, brauchen andere dafür Zeit und Raum. Beides ist völlig okay. Sie können beim Tandava nämlich nichts »falsch« machen. Sie tanzen einfach so frei im Raum herum, wie Sie sich wohlfühlen und wie es Ihnen guttut.

Das Tandava geht folgendermaßen: Sie stehen wieder bequem aufrecht. Die Füße sind am besten schulterbreit parallel zueinander, die Knie etwas gelockert. Lassen Sie auch die Hände locker hängen.

Nehmen Sie Ihren Herzlotos wahr, und erlauben Sie dem Körper, sich so zu bewegen, wie er es möchte. Nach einiger Zeit passiert dann etwas: Vielleicht bewegen sich Ihre Hände von allein. Machen Sie nichts Bewusstes: Beobachten Sie sich nur dabei, wie Ihre Hände sich von selbst bewegen.

Kurz darauf dann fängt wahrscheinlich Ihr Kopf an, sich zu bewegen, und auch Ihr Oberkörper beginnt sich zu drehen. Machen Sie nichts aktiv. Sie beobachten einfach nur Ihre Bewegungen als neutraler Betrachter. Greifen Sie nicht bewusst ein, sondern geben Sie Ihrem Körper die Chance, völlig frei zu tun, was er will. Ihnen ist danach, ein paar Schritte im Raum zu gehen? Tun Sie es. Ihnen ist danach, Ihren Kopf zu drehen, Ihren Oberkörper schräg zu biegen und Ihre Arme in verschiedene Richtungen gleiten zu lassen? Lassen Sie es geschehen. Ihnen ist danach, erst mal immer wieder eine bestimmte Bewegung zu vollziehen, um eine jahrelange Anspannung loszuwerden? Nur zu. Ihnen ist danach, sich hinzulegen und aus der liegenden Position heraus einige Bewegungen zu machen? Kein Problem. Wenn Ihnen dann danach ist, wieder aufzustehen und sich spontan im Stehen weiterzubewegen, dann tun Sie das ebenso. Manche haben das Bedürfnis, an der Wand spontane Bewegungen zu machen, um auch so Verspannungen abzubauen. Alles ist möglich.

Nach einiger Zeit kann es sein, dass Sie völlig spontan Bewegungen aus dem Tai Chi oder Qi Gong machen, Asanas aus dem Yoga oder Bewegungen der Sufis. Tun Sie es. Machen Sie es aber nur so lange, wie Ihrem Körper danach ist. Wenn er spontan zu neuen Bewegungen übergeht, dann machen Sie einfach diese – Ihr Körper weiß, was für ihn gut ist und was ihm gerade fehlt.

Manchmal kann es sein, dass die Bewegungen sehr schnell und hektisch werden. Auch das ist völlig okay. Es kann sein, dass dadurch tief gehende alte Muster gelöst werden. Es kann aber auch sein, dass Ihr Körper diese schnellen, ruckartigen Bewegungen ausführt, um sich so mit Energie zu versorgen.

Grundsätzlich gilt: Es gibt im Tandava nichts Falsches. Bewegen Sie sich und tanzen Sie, wobei jede einzelne dieser Bewegungen mit dazu beiträgt, dass Sie ausgeglichener und gesünder werden.

Halten Sie wenn möglich die ganze Zeit über die Aufmerksamkeit beim Herzlotos. Er ist das eigentliche Zentrum der Spiritualität, und indem Sie die Energie des Tandava zum Herzen lenken, tragen Sie dazu bei, dass es sich entfaltet. Wenn es Ihnen aber schwerfällt, dann lassen Sie es. Die spontanen Bewegungen entfalten nämlich in jedem Fall ihre Wirkung auf das Herz, auch wenn Ihre Aufmerksamkeit zeitweise abwandert.

Die Dauer der Übung sollte fünf bis fünfzehn Minuten betragen. Nehmen Sie sich deshalb bewusst dafür Zeit. Wenn die

Übung neu für Sie ist, brauchen Sie erfahrungsgemäß einige Minuten, um überhaupt in diesen freien Flow zu kommen. Wenn aber die befreiende Wirkung des Tandava in Gang gesetzt ist, dann sollten Sie es auch zulassen. Sie werden dadurch nicht nur gelockert, sondern auch spürbar mit Energie versorgt, und es wäre schade, wenn Sie mitten im Befreiungsprozess aufhören müssen, weil noch ein Termin ansteht. Also nehmen Sie sich ausgiebig Zeit. Normalerweise ist es so, dass der Prozess des Tandava nach einiger Zeit automatisch endet – oft nach einer viertel Stunde bis zu einer guten halben Stunde. Danach dann sind Sie gelockert und ausgepowert, sodass Sie von allein aufhören. Sie können sich dann wieder zurück in die Alltagswelt begeben, Sie können sich aber auch still hinsetzen und auf Ihr Herz meditieren. Erfahrungsgemäß gelingt nach solchen Prozessen die Herzmeditation noch leichter, weshalb zahlreiche Sufi-Schulen das Tandava als Standardübung vor den eigentlichen stillen Herzmeditationen lehren.

Wenn Sie mit dem Tandava vertraut sind, dann können Sie es auch immer wieder im Alltag für wenige Minuten ausführen. Dadurch treten Sie in einen Prozess der permanenten Lockerung ein, durch den sich Anspannungen und Blockaden aus dem täglichen Leben gar nicht erst groß aufbauen.

Die Stopp-Übung

Die nächste Herzbewegung, die ich empfehle, ist die Stopp-Übung. Sie kommt direkt aus der Sufi-Tradition. In der Vergangenheit sah man im Orient oft Derwische auf Jahrmärkten oder vor Moscheen stundenlang in einer fixen Position stehen. Was manche für einen Spleen hielten, war allerdings eine sehr mächtige spirituelle Technik. Auch in den Derwisch-Konventen wurde diese Übung oft praktiziert, und westliche Besucher, die unvorbereitet solche Zeremonien betraten, gerieten oftmals ins Staunen, wenn sie sahen, wie lauter Menschen starr – wie eingefroren – in bestimmten Positionen verharrten.

Im 20. Jahrhundert kam diese Übung auch in den Westen, wo sie unter anderem von Neo-Sufis wie Idries Shah, aber auch von Gurdijeff oder Osho gelehrt wurde.

In dieser Übung halten Sie für sich für einen Moment die Zeit komplett an, um sich so der Mechanismen bewusst zu werden, die Ihren Herzlotos einschränken. Anders als beim Schütteln und beim Tandava, wo Sie sich durch die Bewegungen befreien, geht es bei dieser Übung darum, sich der Gitterstäbe bewusst zu werden, die Sie permanent einschränken. Sie stehen dazu eine Zeit lang starr in einer bestimmten Position und spüren einfach in sich hinein, um sich so all der Spannungen und Gefühle bewusst zu werden, die auch Ihren Herzlotos gefangen halten.

Die Übung geht folgendermaßen: Sie bewegen sich bei sich zu Hause im Raum normal hin und her, wie Sie es gewohnt sind. Auf einen bestimmten Impuls hin bleiben Sie jedoch völlig starr in der Position stehen, in der Sie sich gerade befinden: Egal, wie Sie in diesem Moment Ihren Körper halten, Sie bleiben starr stehen, um dann in genau der Position eine Zeit lang zu verweilen. In Sufi-Konventen wurde dazu ein bestimmtes Signal gegeben, auf das dann alle stehen bleiben sollten. Aber Sie können mit Ihrer Absicht arbeiten. Der innere Impuls zum »Stopp« kommt dann automatisch. Sobald Sie ihn spüren, verharren Sie völlig regungslos.

Machen Sie nichts! Rühren Sie sich nicht! Egal, wie Sie sich gerade bewegt haben: Verändern Sie nichts an der augenblicklichen Position. Dann fangen Sie an, sich selbst zu beobachten. Was drückt diese Haltung aus? Und vor allem: Welche Gefühle und Gedanken haben Sie in genau dieser Haltung? Wenn Sie eine bestimmte Emotion entdecken, dann konzentrieren Sie sich voll und ganz auf diese Emotion. Lassen Sie sie nicht los, genauso auch, wie Sie die starre Haltung nicht loslassen, in der Sie gerade stehen. Wenn Sie in dem Moment wütend waren, als Sie stoppten, dann konzentrieren Sie sich voll und ganz auf die Wut. Wenn Sie fröhlich waren oder verzweifelt, dann konzentrieren Sie sich auch auf diese Empfindungen, verbunden mit der jeweiligen Körperhaltung.

Sufis benutzen dazu den Begriff »die Zeit anhalten«. In diesem Moment sind Sie nämlich wie eingefroren, sodass Sie aus der alltäglichen Routine herausgerissen die Möglichkeit haben, über sich zu reflektieren.

Wenn Sie mit der Übung ein bisschen vertraut sind, können Sie anfangen, muskuläre Verspannungen bewusst wahrzunehmen. Sie verändern dazu wiederum nichts an Ihrer aktuellen Position, aber Sie konzentrieren sich auf die Muskelpartien, die gerade angespannt sind. Sie können sich dabei bewusst werden, welche Muskelgruppen bei Ihnen andauernd angespannt sind und wie sie mit Ihren Emotionen oder Gedanken verbunden sind.

Erkunden Sie selbst: Haben Sie in dieser starren Position Schmerzen oder Spannungen, und wenn ja, wie sind diese Beschwerden mit Ihren Gefühlen und Gedanken verbunden? Welche Auswirkungen haben die immer gleichen – oft unbewussten – Anspannungen auf Ihren Herzlotos? Waren Sie sich in der jeweiligen Körperhaltung des Herzlotos bewusst oder hatten Sie ihn vergessen?

Dann beobachten Sie Ihren Herzlotos. Wie geht es ihm in dieser Position? Wird Ihr Herzenslicht durch die Position eingeschränkt, und welche Auswirkungen hat das auf den Organismus?

Die Übungsdauer sollte bei Ihnen zu Hause zwischen einer und fünf Minuten betragen. Wenn Sie öffentlich praktizieren, können Sie es auch nur wenige Sekunden machen. Aber seien Sie gewarnt: Ihre Mitmenschen werden es auf jeden Fall bemerken, wenn Sie für ein paar Sekunden starr dastehen, und es wahrscheinlich als merkwürdig empfinden.

Praktizierende, die mit dieser Übung vertraut sind, können die Stopp-Phase auch auf bis zu eine halbe Stunde oder länger ausdehnen.

Im Anschluss dann kommt der zweite Teil der Stopp-Übung, der genauso wichtig ist wie der erste: Fangen Sie an, sich wieder frei und fließend zu bewegen. Wenn Sie die Übung bei sich zu Hause ausführen, dann können Sie aus der Starre heraus anfangen, frei zu tanzen. Während Sie sich im ersten Teil der Übung darauf konzentriert hatten, wie die Haltung und die dazugehörende Emotion den Herzlotos umklammerten, so können Sie jetzt spüren, wie sich Ihr Herzlotos wieder frei entfaltet.

Sie können dabei das Bild benutzen, dass Ihr Herzlotos in der Stopp-Position in einer Art Gitter oder einem Korsett gefangen war, sodass Sie ihn im Alltag vergaßen. Wenn Sie sich aber aus der Stopp-Position heraus nun wieder frei bewegen, dann fallen diese Einschränkungen weg, was auch einen spürbaren Effekt auf den Herzlotos hat: Er erblüht. Sie spüren, wie Ihr Herzlotos sich entfaltet, ein Impuls, der länger anhält.

Den Lotos füttern

Einer der wichtigsten Punkte bei der körperlichen Gesundheit ist die bewusste Ernährung, wobei es nicht nur wichtig ist, was wir essen, sondern auch, wie wir essen. Ein guter Trick, um aus dem täglichen Essen den idealen Segen zu ziehen, ist, das Herz bewusst zu nähren. Stellen Sie sich einmal vor, Ihre innere Sonne sei ein kleines Kind. Es kann ein eigenes Kind sein, das Sie sich vorstellen, oder auch eine Nichte oder ein Neffe oder ein anderer Mensch als Kind. Es kommt oft vor, dass sich Frischverliebte gegenseitig in den Arm nehmen und sich vorstellen, das Gegenüber wäre ein Kind, das es zu hätscheln gilt. Mit einer solchen Vorstellung von einem geliebten Kind können Sie sich vor dem Essen auch selbst umarmen.

Dann stellen Sie sich Folgendes vor: Wenn Sie essen, dann füttern Sie nicht nur sich selbst, sondern auch dieses innere Kind. Einen kleinen Racker füttert man in der Regel sehr behutsam. Man wählt nur gesundes Essen aus und gibt es dem Kind auch nur sehr vorsichtig, achtsam und liebevoll. Stellen Sie sich darum vor, Sie führen die Gabel nicht nur zu Ihrem Mund, sondern nähren damit zugleich auch das innere Kind oder den inneren Geliebten. Ihre Bewegungen werden dabei sehr vorsichtig sein und auch vertraut und liebevoll. Sie passen auf, dass das Kind sich nicht verschluckt oder zu husten anfängt. Indem Sie sich selbst so achtsam füttern, bekommt Ihre Nahrungsaufnahme eine neue Qualität. Das Essen wird nicht mehr heruntergeschlungen, sondern in besonders achtsamer Form aufgenommen, zerkaut und geschluckt, wodurch sich auch die Nährstoffe besser aufnehmen lassen.

Beobachten Sie einmal, wie unterschiedlich Erwachsene handeln, wenn sie zum einen selbst essen und zum anderen ein Kind füttern. Erwachsene schlingen ihr Essen oft nur halb gekaut herunter, da die zeitlichen Umstände ein längeres Genießen nicht erlauben. So wie Eltern dabei mit sich selbst umgehen, würden sie es allerdings niemals mit ihren Kindern tun. Das Essen wird für sie sorgfältig ausgewählt, nur die besten und feinsten Stücke werden vom Teller ausgesucht und zurechtgeschnitten und dann voller Geduld in die Münder der Kleinen geführt.

Doch nicht nur, wie wir essen, hat Einfluss auf unser Herzenskind, sondern auch, was wir essen. Überlegen Sie mal: Wenn Ihr Herzlotos ein inneres Kind oder ein innerer Geliebter ist, würden Sie ihm dann Ungesundes zu essen geben? Macht dann zu viel einseitiges Essen wirklich Sinn? Macht eine allzu fettige oder süße Speise wirklich Sinn? Ist ein Glas Wein für ein Kind ratsam? Und wenn Sie durchaus ein Glas Wein oder Bier trinken wollen – ist dann ein zweites Glas wirklich gut für dieses geliebte Kind in Ihrer Brustmitte?

Das Feuer der Vergebenden Liebe

Die Öffnung des Herzens führt auch zur Vergebung. Denn im Feuer des Herzens werden Angriffe und Beleidigungen einfach verzehrt. Das Vergeben aus dem Herzen heraus macht uns leicht und glücklich, es befriedet die Situation und uns selbst.

Das Herz als sich öffnendes Schloss

Eigentlich alle Religionen lehren Vergebung, dennoch fällt sie vielen Menschen in konkreten Situationen schwer. Ein Grund dafür ist, dass Vergebung in unserem Denken oft an eine Wiedergutmachung gekoppelt wird: Eine Untat ist geschehen, also muss der Täter dafür zur Rechenschaft gezogen werden. Dies macht auf der rechtlichen und zwischenmenschlichen Ebene auch Sinn, allerdings trägt man dadurch eine erlittene Verletzung oftmals ein Leben lang mit sich herum – ohne Hoffnung auf Befreiung. Denn nicht jede ungute Tat findet diese Wiedergutmachung.

Betrachten wir es einmal von einer anderen Seite: Wenn wir berücksichtigen, dass das Herz auch der Sitz der vitalen

Lebensenergie ist, dann führen erlittene Beleidigungen aller Art dazu, dass wir gesundheitlich eingeschränkt werden. Wenn wir zum Beispiel physisch angegriffen werden, zum Beispiel durch Schläge, dann hat dies ganz klare Auswirkungen auf unsere Gesundheit. Doch können Sie sich vorstellen, dass Sie auch Beleidigungen massiv in Ihren Vitalfunktionen einschränken?

Das ist wirklich das Gemeine: Lange zurückliegende Verletzungen lagern in uns oft wie Steine, die uns auch heute noch bedrücken und nicht nur unsere natürliche Freude beeinträchtigen, sondern auch auf unsere Vitalfunktion Einfluss nehmen. Physische Verletzungen von früher können dabei schon längst auskuriert sein, aber die psychische Verletzung stört unsere Gesundheit noch immer. Indem Sie aufrichtig vergeben, tun Sie darum nicht nur dem anderen einen Gefallen, sondern vor allem sich selbst.

Der erste Schritt der Vergebung ist dabei immer die Entscheidung, es zu tun. Es ist die Bereitschaft, etwas loszulassen, das uns beeinträchtigt. Sehen Sie es einmal so: Das Gefühl, beleidigt worden zu sein, raubt Ihnen nicht nur Lebensfreude, sondern auch Kraft. Sie sind es, der leidet. Denn Beleidigungen kann es nur geben, wenn es einen oder eine Beleidigte gibt. Das heißt, dass Sie es sind, der etwas ändern kann. So macht es wirklich Sinn, dass Sie Ihren »Gegnern« vollständig vergeben.

Schwere Verletzungen

In Gesprächen höre ich oft, dass vergangene Attacken oder Verletzungen so stark waren, dass ein Vergeben nicht möglich scheint. Dabei fällt oft der Satz »Das kann ich nie verzeihen«.

Beispiele dafür sind sexueller Missbrauch, Vergewaltigung, physische Verletzungen, schwerste Demütigungen oder langjähriges Mobbing. Doch auch hier gilt: Solche Attacken rauben Ihnen lebenslang die Energie und schränken Sie in Ihrer Freiheit ein. Zu vergeben heißt, sich selbst zu befreien.

Vergebung ist dabei ein Prozess, der in Ihnen persönlich stattfindet – die strafrechtlichen Konsequenzen muss es parallel dazu geben. Mord, Gewaltverbrechen, Körperverletzung und sexueller Missbrauch bleiben auf der rechtlichen Ebene schwere Verbrechen, für die die Täter auch zur vollen Rechenschaft gezogen werden müssen. Wenn Sie anderen aus vollem Herzen verzeihen, dann ist es für Sie eine große persönliche Leistung, die Ihnen quasi Flügel verleiht. Das heißt aber nicht, dass damit »alles gut« ist. Dann nämlich wäre es beinahe so, als würden Sie der Tat zustimmen. Doch wenn die Taten relativiert würden, könnte derselbe oder andere Täter dazu ermutigt werden, anderen Menschen Ähnliches anzutun. So würde durch die falsch verstandene »Vergebung« das Elend auf der Welt weiter zunehmen.

Aktive Vergebung schaut darum so aus, dass Sie Ihrem Peiniger vergeben, aber nicht gutheißen, was geschehen ist. Und auch nicht gutheißen, wenn so etwas anderen Menschen widerfährt. Sie lösen vom Herzen her das für Sie Belastende an der Tat auf, ohne dass die rechtlichen Konsequenzen außer Acht gelassen werden.

Sufis sprechen in diesem Zusammenhang davon, »sich selbst aus der Gleichung herauszunehmen«. Die Gesetze bleiben unberührt, aber wir lassen nicht mehr zu, dass eine erlittene Tat unser Herz beschwert.

Vergebung von eher alltäglichen Verletzungen

Im Vergleich zu schweren Verbrechen sind Zurückweisungen, Übergriffe und Beleidigungen des Alltags von eher trivial wirkender Natur. Für die Betroffenen mögen es schwere Übergriffe sein, aber auf der strafrechtlichen Ebene wären es nicht einmal Bagatelldelikte. Ich kenne beispielsweise einen Mann, der jahrelang seinem Sportlehrer nicht verzeihen konnte, weil der ihn in der Schule oft drangsaliert hatte. Oder eine Frau, die ihrer ehemals besten Freundin jahrelang nicht verzeihen konnte, dass sie ihr den Freund ausgespannt hatte. Eine andere Frau konnte auch im Erwachsenenalter ihrer Schwester nicht verzeihen, dass sie sie als Kind oft bei den Eltern angeschwärzt hatte. Oder eine Angestellte, die nicht vergeben konnte, dass ein früherer Vorgesetzter gegen Ende des Arbeitsverhältnisses sehr unhöflich wurde.

Der Prozess des Vergebens ist für solche Menschen ein Weg der zwischenmenschlichen Befreiung. Im Westen leben, so mein Eindruck, die meisten Menschen von den Gefühlen her nicht frei. Wenn man nachfragt, warum sie sich nicht frei fühlen, laufen die Antworten oft auf dasselbe hinaus: Es sind noch alte Rechnungen offen mit Menschen, die einem etwas angetan haben. So bleiben die Herzen über Jahre gefangen. Wir können tatsächlich das Bild benutzen, dass ein solches Herz in Ketten gelegt und von einem Schloss festgehalten wird. Und erst durch den Willen zur Vergebung wird dieses Schloss geöffnet.

Die Vergebung ist dabei oft ein Prozess, der sich über einen längeren Zeitraum hinweg vollzieht. Es geht nicht von heute auf morgen. Aber der Wille dazu zählt. Ein Beispiel: Eine Frau wurde jahrelang von einem Partner schlecht behandelt und betrogen, was sie auch sehr viel später noch belastete. Schließlich wandte sie die Übung an, die ich gleich noch beschreiben werde: das Feuer der vergebenden Liebe. Dennoch kamen die negativen Emotionen immer wieder zurück. Doch sie blieb dran, und mit der Zeit wurden durch dieses Feuer der vergebenden Liebe die negativen Emotionen immer schwächer, bis sie verschwunden waren und das Ganze aus der Rückschau eher trivial wirkte. Der Prozess der Vergebung war vollendet.

Was in so einem Prozess der Vergebung auch passieren kann, ist, dass Sie plötzlich anfangen, Ihre ehemaligen Peiniger überschwänglich zu lieben. Jahrelang hegten Sie gegen diese Menschen finstere Gefühle. Nun sind sie weg – und mit Ihrer neu gewonnen Freude fühlen Sie sich wie verliebt. Mein Tipp: Seien Sie sich dieser Möglichkeit bewusst und genießen Sie den Prozess des Verzeihens besser für sich allein. Es kann sein, dass Sie dem anderen jahrelang etwas nachtrugen, ohne dass derjenige sich dessen überhaupt bewusst war. Wenn Sie diese Person nun aufsuchen, um ihr überschwänglich um den Hals zu fallen, weil sie ihr endlich verziehen haben, kann das schnell für Peinlichkeit und schlimmstenfalls neue Verletzungen sorgen.

Es kann allerdings auch vorkommen, dass Ihre Vergebung und Ihr dadurch verändertes Verhalten beim anderen ein Umdenken auslöst. Vielleicht kommt er dann auf Sie zu und bittet Sie um Verzeihung. So vieles ist möglich.

Wichtig ist, dass Ihre Vergebung unabhängig davon stattfindet, ob die Person, gegen die Sie einen Groll hegen, sich ändert oder nicht. Ihr Vergeben führt vor allem zu einer Verbesserung Ihres eigenen Wohlbefindens, nicht unbedingt zu einer Änderung des Verhaltens des Missetäters. So erzählte mir eine Frau: »Ich hegte jahrelang Groll gegen eine Bekannte, die mich viel schikaniert, beleidigt und vorgeführt hatte. Früher war sie für mich eine Art Sinnbild für eine starke, überlegene Frau, wie ich sie auch gern gewesen wäre. Heute allerdings tut sie mir leid, da ich verstanden habe, dass sie durch ihr mieses Verhalten anderen gegenüber auch sich selbst andauernd Steine in den Weg legt.«

Das Feuer des Herzens als reinigendes Licht

Kommen wir nun zur Praxis der Vergebung. Diese Übung kann Sie auf nützliche Weise ein Leben lang begleiten. Sie stellen sich dabei in der Mitte Ihrer Brust ein Feuer vor. Es kann auch ein Licht sein oder Sie konzentrieren sich wieder auf die innere Sonne. Sie können sich auch vorstellen, dass Sie inmitten der Brust eine Art Glutofen tragen.

Wenn Sie in der Vergangenheit Opfer eines Verbrechens, eines Übergriffs oder einer Beleidigung wurden, dann stellen Sie sich die Tat wie einen Gegenstand vor: zum Beispiel wie einen hässlichen Kristall. Und dann werfen Sie diese Beleidigung in das Feuer oder in den Ofen inmitten Ihrer Brust. Nun dauert es in der Regel nur wenige Sekunden, bis es verbrennt. Sie stellen sich also vor, wie die Beleidigung vom Feuer verzehrt wird und in Rauch aufgeht. Das Feuer wird dabei intensiver, das innere Licht wird also zusätzlich entfacht. Sie werden dadurch nicht nur die Beleidigung los, sondern bekommen auch noch zusätzliche Energie.

Sie können sich durch das Verbrennen der Beleidigung von der erlittenen Tat befreien. Was Sie ins Feuer werfen, wird aufgelöst, das Feuer aber bleibt bestehen. Was bleibt, ist das wärmende Licht. Sie konzentrieren sich auf ihre innere Sonne und genießen das wärmende Licht, während die für Sie belastende Schmach verschwindet.

Wie es aber so ist mit einem Feuer: Manche Gegenstände werden schnell verzehrt, andere brauchen länger. Genauso ist es auch mit den erduldeten Taten: Manche verschwinden sofort im Ofen des Herzlotos, andere brauchen länger, um sich wirklich aufzulösen. Wenn Sie für eine erlittene Beleidigung aus der Vergangenheit länger brauchen, um sie vollständig aufzulösen, dann lassen Sie sich nicht entmutigen. Führen Sie die Übung immer wieder durch. Jedes Mal, wenn Sie diese Tat ins Feuer des Herzens geben, spüren Sie das segnende Licht und die Wärme des Herzlotos. So profitieren Sie von dieser Reinigung doppelt: Zum einen werden Sie nach und nach von der Bürde der erlittenen Schmach befreit, zum anderen können Sie jedes Mal die positive Wärme und das Licht genießen und im ganzen Körper verteilen.

»Verzeih mir«

Der nächste Schritt der Vergebung ist der, dass Sie auch selbst anfangen, für Ihre eigenen Taten Verantwortung zu übernehmen und wo nötig um Vergebung zu bitten. Sie sollten dabei bedenken: Nicht nur als Opfer sind Sie behaftet mit negativen Worten und Taten, sondern auch als Täter haben Sie wahrscheinlich öfters Dinge getan, die Ihnen jetzt andere vergeben müssen.

Die Übung dazu kommt wiederum aus dem Sufismus, es gibt sie aber in ähnlicher Form auch in der christlichen Mystik. Einer der wichtigsten Sätze in der islamischen Mystik ist dabei »Aistarchfirullah«, »Verzeih mir, Gott«. Üblicherweise müssen Initianten, die sich einem Sufi-Orden anschließen, diesen Satz mehrere Tausend Mal sprechen – teilweise über Wochen hinweg mehrere Stunden am Tag. Der Überlieferung nach soll der Prophet Mohammed diesen Satz seinen Schülern beigebracht haben. Die Wirkung ist schnell feststellbar, denn die Gedanken werden dadurch sehr klar und man spürt eine gesteigerte Aufmerksamkeit in sich. Darüber hinaus sollen Menschen durch diese Übung die Absolution erlangen, das heißt die Reinigung von allen Sünden. Im Lauf der Geschichte sind darum unzählige Sufis allein aufgrund von diesem Satz erwacht.

Ein ähnliches Verfahren gibt es im Christentum durch den Satz »Mea Culpa«, »Meine Schuld«. Auch im Christentum war es früher üblich, diesen Satz über längere Zeiträume hinweg zu sprechen – teilweise schlugen sich die Gläubigen dazu auf die Brust.

Für die Übung nun können Sie auch einen Satz in Ihrer eigenen Sprache sprechen, zum Beispiel »Herr, verzeih mir«, »Vergebung«, »Es tut mir leid« oder ähnlich. Sitzen Sie dabei entspannt da und legen Sie die Hände auf Ihr Herz. Dann sprechen Sie immer wieder Ihren Satz: entweder das lateinische »Mea Culpa« oder den arabischen Satz »Aistarchfirullah« oder Ihren eigenen Satz.

Wichtig ist: In dieser Übung geht es nicht darum, dass Sie anderen vergeben, sondern erst mal darum, dass Sie selbst Vergebung erlangen, für alles, was Ihnen andere bis heute eventuell nachtragen. Das können wirklich schwere Missetaten sein, die Ihnen auch bewusst sind, teilweise aber sind es Übergriffe, die Sie völlig vergessen haben und die Ihnen durch diese Übung möglicherweise wieder bewusst werden. Es können aber auch kleine Dinge sein, zum Beispiel haben Sie sich vielleicht mal irgendwo vorgedrängt oder etwas Unüberlegtes gesagt. Sie selbst haben das vergessen, aber die betreffende Person denkt auch heute noch ab und zu an diese Situation.

Jedes Mal, wenn vor Ihrem inneren Auge so eine Situation auftaucht, bitten Sie inständig um Verzeihung. Das Verzeihen richtet sich dabei zunächst nicht an die betreffende Person, sondern an das Sein an sich. Wenn Ihnen so eine Tat bewusst wird, können Sie dann natürlich auch die betreffende Person selbst um Verzeihung bitten, entweder direkt oder auch im Inneren und schweigend.

Zusätzlich werden Sie mit hoher Wahrscheinlichkeit in Ihrem bisherigen Leben noch jemandem sehr viel angetan haben: sich selbst. Wahrscheinlich kein anderer Mensch hat Ihnen in Ihrem bisherigen Leben so viel Schmerz zugefügt wie Sie sich selbst. Durch jahrelange schlechte Gewohnheiten bei der Ernährung, durch Alkohol und Zigaretten, nicht genutzte Chancen, unhöfliches Verhalten gegenüber Ihren Mitmenschen mit entsprechenden Konsequenzen oder durch unangenehme Liebesbeziehungen. Indem Sie »Aistarchfirullah«, »Mea Culpa« oder Ihren eigenen Satz immer wieder sprechen, können Sie diese unangenehmen Dinge auch für sich auflösen.

Diese Übung befreit uns letztlich auch von Sünden. In allen Weltreligionen gibt es Regelkataloge für ethisches und unethisches Verhalten. Manche der Sünden scheinen uns heute nicht mehr zeitgemäß, zum Beispiel der Verzicht auf vorehelichen Sexualverkehr. Andere Sünden hingegen sind zeitlos: nicht stehlen, nicht lügen, keine Ungerechtigkeit und keine Übergriffe gegenüber anderen Menschen. Alle Religionen lehren dabei, dass zur Vergebung der Sünden auch eine bewusste Umkehr gehört: Indem wir Gott bewusst um Verzeihung bitten, wird in uns etwas befreit. Wir fühlen uns selbst wieder gut, und das kommt auch unserer Herzenergie zugute.

Der nächste Schritt der Vergebung ist es, dass Sie sich selbst für die Tat, die Sie erlitten haben, um Verzeihung bitten. Manche fragen dabei ungläubig: Wie soll das gehen? Wenn mir jemand etwas antut, dann müsste sich doch der Täter bei mir entschuldigen und nicht ich als Opfer muss mich bei mir entschuldigen. Aber wie gesagt: Es geht im Prozess der Vergebung nicht unbedingt um irdische Gerechtigkeit, sondern darum, die belastenden Taten loszulassen. Ein Trick ist darum tatsächlich der, dass Sie sich bei sich selbst für erduldete Schmach entschuldigen.

Sie fokussieren dabei vor dem inneren Auge die Situation, in der Sie leiden mussten, mitsamt dem Täter. Dann sprechen sie im Namen des Universums, des Göttlichen zu sich selbst: »Verzeih mir«. Nun beschließen Sie vom Herzen her, die Tat loszulassen. Sie können sich dabei die Situation auch wie ein wildes, ungestümes Tier vorstellen, das Sie freilassen.

Wie ist das denn mit dem Loslassen von etwas Vergangenem, was uns nicht guttut? Manche Menschen versuchen ernsthaft Wildtiere zu kultivieren, als wären es Haustiere, obwohl es Ihnen nur Energien raubt und Zeit kostet. Sagen sie dann zu sich selbst »Verzeih mir«, dann lassen sie das wilde Tier, die betreffende Situation vom Herzen her los. Sie tun sich selbst diese unnütze Mühe nicht mehr an.

Auch hier kann es sein, dass einmal nicht reicht, sondern dass Sie das »Verzeih mir« zu sich selbst öfters wiederholen müssen. Irgendwann aber kommt der Punkt, an dem Sie feststellen, dass die Sache Sie nicht mehr belastet. Sie sind frei.

Die Schutzaura des Herzens

Wie schön wäre es, nicht erst im Nachhinein geschehene Verletzungen heilen zu müssen, sondern gleich gar nicht so oft verletzt zu werden. Ein gutes Verfahren, um mit alltäglichen Beleidigungen, Zurückweisungen und unschönen Worten umzugehen, ist, dass Sie mit dem Licht des Herzens um sich herum eine Schutzaura aufbauen. Meines Wissens gibt es diese Übung in ähnlicher Form in mehreren spirituellen Traditionen – und auch in der modernen Psychologie wird sie angewandt, um Menschen inmitten einer oft negativ eingestellten Umwelt einen persönlichen Freiraum zu verschaffen.

Im Buddhismus zum Beispiel gilt die Lotosblüte als Symbol für die Erleuchtung. So wie Schmutz an den Seerosen abperlt, so perlen auch die irdischen Belange von der erwachten Seele ab. Ein Teich kann noch so trübe sein und der Grund ein Morast: Dennoch blühen die Pflanzen in hellen Farben, wobei Schmutz jeglicher Art von ihnen abfällt. In den Naturwissenschaften hat man diese Eigenschaften der Lotosblüten untersucht und auf alltägliche Gebrauchsgegenstände angewandt. Ein Beispiel dafür sind die Teflonpfannen, an denen ebenfalls nichts anhaftet.

Stellen Sie sich einmal vor, was wäre, wenn Sie selbst eine lebende Lotosblüte wären – oder auch eine lebende Teflonpfanne, an der alle Beleidigungen einfach abperlen. Die Übung, die ich Ihnen in diesem Zusammenhang vorschlage, geht folgendermaßen: Konzentrieren Sie sich wieder auf die innere Sonne in der Brustmitte. Stellen Sie sich nun vor, wie davon ein wunderbares Licht ausgeht, das Ihren ganzen Körper umhüllt. Sie können es sich als leuchtendes Ei vorstellen, das Ihren ganzen Körper umgibt und das mit Ihnen mitgeht, wenn Sie sich bewegen. Falls Sie nun von anderen Menschen unangenehm berührt werden, wissen Sie, dass Sie diese lichte Schutzschicht haben, die Ihren ganzen Körper komplett umgibt: von den Zehen bis zu den Haaren. Dies ist nun Ihr persönliches Teflon. Es ist so konstruiert, dass keine Beleidigung daran haften bleibt. Wenn Sie von einer Kränkung oder Schmähung berührt werden, bleibt an Ihnen einfach nichts kleben. Es flutscht an Ihnen vorbei, um irgendwo hinter Ihnen im Universum zu verschwinden.

Probieren Sie es aus, wie es sich anfühlt, eine solche Schutzschicht aus Licht zu tragen. Nichts bleibt mehr an Ihnen haften. Sie erschaffen sich damit einen eigenen Schutzschild, mit dem Sie unbeschadet durch ein Meer von negativen Wörtern, Emotionen oder Taten gehen könnten. Eine Art Garant für Ihre innere Autonomie, die Ihnen in jeder Gesellschaft Ihren ganz persönlichen Freiraum bewahrt.

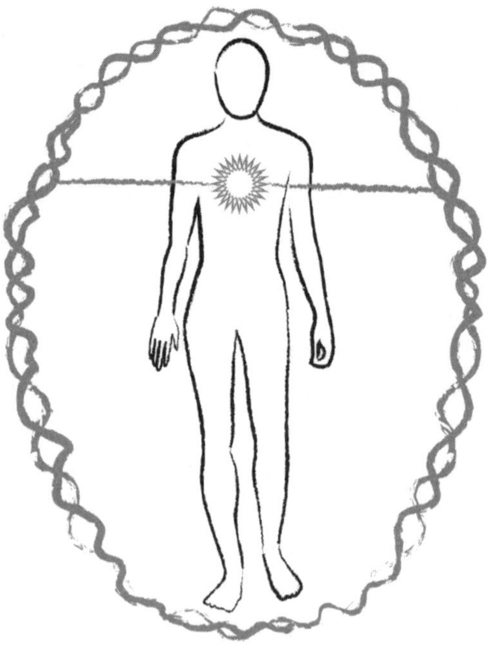

Diese Schutzaura ist wie ein Tauchanzug, mit dem Sie auch unter Wasser agieren können. Oder wie eine Thermoausrüstung, mit der Sie sich in Schneestürme wagen. Wie ein feuerfester Anzug, der Ihnen selbst inmitten von Flammen Schutz gewährt. Wie ein gepolsterter Neoprenanzug, den Sportler tragen, um beim Kite-Surfen auch aus einigen Metern hinabfallen zu können, ohne sich wehzutun.

Wenn Sie diesen Schutzschild des Herzens konsequent anwenden, kann sich Folgendes ergeben: Normalerweise wissen Menschen, die ruppig oder aggressiv sind, dass ihr Verhalten etwas auslöst. Sie spielen bewusst oder unbewusst mit den Reaktionen ihres Gegenübers. Wenn wir nun davon ausgehen, dass in der Welt alles auf den Absender zurückkommt, dann kommen auch irgendwann Feindseligkeiten, Aggressionen und Unhöflichkeiten auf den zurück, von dem sie ausgehen. Indem Sie durch Ihren Schutzschild nicht mehr auf solche Angriffe reagieren – einfach weil Sie nicht mehr getroffen werden –, dann fällt dieses Verhalten bald auf die Absender zurück. Gehässigkeiten aller Art machen nicht groß, sondern klein, und wenn Sie auf patziges oder aggressives Verhalten nicht mehr eingehen, werden Ihre ruppigen Mitmenschen schnell darauf gestoßen, wie mies sie sich benehmen und wie mies sie sich selbst dadurch fühlen. So führt die Schutzschicht Ihres Herzens nicht nur dazu, dass Sie bei sich bleiben können, sondern oft auch dazu, dass Ihre Mitmenschen ihr Verhalten hinterfragen und mit der Zeit ändern.

Die positive Kraft des Segnens

Wenn Ihr Herzlotos geöffnet ist, fangen Sie automatisch an, andere zu segnen. Segnen in diesem Sinne bedeutet, dass Sie Ihren Mitmenschen ständig alles Gute wünschen und Ihnen mental Kraft, Glück, Erfolg und Vitalität zukommen lassen.

Als Herzmensch könnte man Sie auch als »Segensspender« bezeichnen, da das Segnen dann aus Ihnen heraus wie von selbst geschieht. Es gehört zum Urzustand unserer Seele, der aber lebt erst wieder in einem offenen Herzen.

Segnen als schneller Weg des Erwachens

Wären wir als Seelen nur isolierte Monaden, dann wären uns auch die Schicksale der anderen egal. Aber das ist zum Glück nicht so. Wenn wir innehalten, merken wir sofort: Wir sind fühlende Wesen, die vom Schicksal anderer berührt werden. Wenn wir ganz tief in uns hineinblicken, dann entdecken wir, dass wir Seelen sind, die zum einen mit allen anderen Seelen verbunden sind und zugleich auch mit der »Urseele«, die man auch als »Allseele« oder »Gott« bezeichnen kann.

Das Segnen anderer ist dabei ein Impuls, der aus unserem Urzustand kommt, wenn unser Herzlotos geöffnet ist. Es ist kein Mittel zum Zweck, sondern geschieht, weil wir mit einem offenen Herzen gar nicht anders können.

Aber es funktioniert auch umgekehrt: Andere absichtsvoll zu segnen führt dazu, dass sich unser Herz öffnet, solange es noch inaktiv ist. Deshalb empfehle ich Ihnen auch das Segnen als bewusste Übung, um Ihren Herzlotos zu erwecken.

Es vollzieht sich dabei auf zwei Arten. Zum einen können Sie für eine bestimmte Person ein Bittgebet sprechen: Sagen Sie einen Satz, in dem Sie der Person all das Positive wünschen, das Sie für sich selbst erhoffen – Gesundheit, Erfolg, Reichtum, innerer Frieden, Erleuchtung. Wichtig ist, dass Sie es aus vollem Herzen tun. Wünschen Sie nicht, dass eine Person Gesundheit und Wohlstand bekommt, dafür aber erst bestimmte »Auflagen« erfüllen muss, sondern wünschen Sie es ohne Wenn und Aber.

Zum anderen können Sie sich vorstellen, wie Sie eine Art engelhaftes Licht, eine bestimmte Segensenergie oder auch eine Lichtdusche auf die Person lenken. Die »Lichtdusche« ist eine der ältesten Segenstechniken überhaupt. Stellen Sie sich dafür vor, dass das ganze Weltall durchdrungen ist von göttlicher Liebe. Und dann schicken Sie diesen Strom aus Licht und Liebe bewusst zu der Person, die Sie segnen möchten. Bitten Sie darum, dass dieser göttliche Energiestrom sie erreichen möge. Diese Bitte muss von einer völligen Totalität sein, ohne Vorbehalte und ohne Wenn und Aber. So wird ein positives Kraftfeld aktiviert, das sowohl die Person berührt, die Sie segnen, aber auch auf Sie selbst zurückkommt. Sie können es sich so vorstellen, dass Sie bewusst einen Lichtstrahl auf die eine (oder mehrere) Person(en) lenken. Dieser Lichtstrahl ist außerhalb von Ihnen, er kommt aus dem Kosmos. Indem Sie ihn auf andere lenken, werden Sie selbst auch von diesem Strahl durchflutet, was dann ebenso segensreich für Sie ist.

Vorbehalte gegen das Segnen

Meine Beobachtung ist leider, dass es in manchen Menschen einen tief sitzenden Widerstand gegen das Segnen gibt: Wenn ich davon erzähle, dann sind in meinen Kursen und Vorträgen manche davon gleich begeistert, andere beißen regelrecht die Kiefer zusammen, und man kann sehen, wie es in ihren Augen blitzt. Es scheint ihnen einfach so völlig ungewohnt zu sein, anderen Menschen aus ganzem Herzen alles Gute zu wünschen.

Die Herzöffnung wird so in der Hoffnung einiger auf ein rein individuelles Glücksgefühl reduziert, das nichts mit anderen zu tun haben soll. Aber wie schon gesagt: Die Herzöffnung ist kein persönlicher »Spiritrip«, sondern hat immer auch unmittelbar mit dem Erleben der anderen zu tun. Eine Herzöffnung ohne einen positiven Bezug zu den Mitmenschen ist nicht möglich, und das Segnen anderer ist unser ganz natürliches Urbedürfnis, wenn wir unseren Herzlotos aktiviert haben.

Mein Tipp in dieser Hinsicht: Machen Sie die Segnungen erst dann, wenn Ihnen wirklich danach ist. Wenn Sie noch einen inneren Widerstand spüren, dann konzentrieren Sie sich weiter auf die anderen Übungen in diesem Buch. Das Segnen kommt dann irgendwann automatisch, wenn sich Ihr Herzlotos öffnet.

Wenn Sie sich allerdings dazu entschließen, auch das Segnen in Ihre Herzenspraxis mit aufzunehmen, kann es sein, dass Sie wahre Wunder erleben. Im Sufismus gibt es den Begriff vom »Überschreiten der Klippe«, der auch im Koran 90,11-12 erwähnt wird. Damit ist gemeint, dass wir alle eine Sehnsucht nach einem erfüllten, wachen Leben haben, allerdings halten wir zu sehr an unseren gewohnten Überzeugungen und Gewohnheiten fest und können so nicht wirklich aufwachen. Es bedarf darum einer gewissen Anstrengung, eines gewissen energetischen Impulses, eben des »Schreitens über die Klippe«, um dauerhaft in dieser völligen Leichtigkeit und Liebe aufzugehen, die permanent in uns schlummert.

Eine Erklärung, warum sich manche nur ungern auf das Segnen einlassen, liegt darin, dass sie glauben, irgendetwas würde weniger, wenn sie anderen positive Wünsche oder positive Energie zukommen lassen. Dies entspricht der Annahme, etwas muss zwangsläufig weniger werden, wenn wir es verschenken: Wenn wir Geld spenden, dann fehlt uns selbst der Betrag; wenn wir Menschen Brot geben, fehlt uns selbst das Brot; wenn wir Menschen bei uns wohnen lassen, fehlt uns selbst der Teil des Wohnraums; und Ähnliches.

Das aber stimmt so nicht unbedingt, und beim Segnen ist es ohnehin ganz anders: Sie lassen anderen etwas Gutes zukommen, ohne dass es deswegen weniger wird. Denken Sie daran: Liebe wird nicht weniger, wenn wir sie aus vollem Herzen verschenken, sondern sie wird mehr – und das Gleiche gilt auch für die Segensenergien.

Das ist wirklich das Geniale daran: Indem Sie anderen Menschen nur Positives wünschen, werden Sie selbst mit positiver Kraft aufgeladen. Indem Sie andere segnen, werden Sie selbst gesegnet. Sie verlieren nichts, indem Sie anderen nur Gutes, Glück, Gesundheit und Erfolg wünschen, sondern Sie gewinnen selbst auch.

Insofern ist es wirklich manchmal unverständlich, warum sich viele spirituell Interessierte anfangs so sträuben, wenn es darum geht, anderen diese gute Energie zukommen zu lassen. Man kann es vielleicht mit Kleinkindern vergleichen, die zum ersten Mal mit ihren Eltern an einem warmen Sommertag zum Baden gehen. Die Erwachsenen fordern das Kind auf, mit ihnen ins Wasser zu gehen, doch das Kind schreit und wehrt sich – es will partout nicht hinein. Doch wenn es dann erkannt hat, dass das Wasser nicht gefährlich ist und dass Baden sogar Spaß macht, dann will es nicht mehr heraus und versteht nicht, warum es sich zuvor so dagegen gesträubt hat.

So ist es auch mit dem Segnen: Wenn wir uns einmal für diese allumfassende Liebe geöffnet haben und allen anderen ohne Wenn und Aber nur Gutes wünschen, und wenn wir spüren, wie diese gute Energie auf uns zurückkommt – dann verstehen wir nicht mehr, warum wir uns eigentlich zuvor so dagegen gewehrt haben.

Manchmal wird gefragt: »Macht es Sinn, wenn ich einen Menschen segne, von dem ich weiß, dass er Schlechtes tut?«

Meine Antwort ist die folgende: Es gibt sehr unterschiedliche Arten von »schlechtem Verhalten«. Entspricht ein Mensch in seinem Lebenswandel nicht Ihren Moralvorstellungen oder Ihrem Geschmack, so ist es nicht automatisch ein schlechter Mensch. Bricht er jedoch Gesetze, dann hat dies auch klare Konsequenzen. Ihr Segnen befreit die Menschen dann nicht vor der gesetzlichen Strafe oder gesellschaftlichen Sanktionen. Aber Sie können segnend darum bitten, dass er sein Verhalten bereut und auf einen guten Lebensweg kommt.

Die Bitte um mehr Gutes in der Welt

Mit dem Segnen verbunden ist der grundsätzliche Wunsch, dass sich das Gute in der Welt mehren möge. Sie wünschen sich dabei aktiv eine Welt ohne Hunger, Krieg, Leiden, Umweltverschmutzung. Manche tun dies als »romantische

Illusion« ab, nach dem Motto: Krieg, Hunger, Streit, Naturkatastrophen und Umweltverschmutzung sind quasi »naturgegeben«, sie werden immer da sein.

Aber stellen Sie sich einmal Folgendes vor: Aktuell gibt es etwa sieben Milliarden Menschen. Nehmen wir mal an, jeder erwachsene Mensch hat einen durchschnittlichen IQ von 100. Was für einen gewaltigen »Computer« hätten wir, wenn sich all die Menschen miteinander vernetzen und sich eine Welt wünschen, in der es keine Kriege mehr gibt? Eine Welt, in der Aggressionen und Konflikte auf konstruktive Art gelöst werden, in der Armut beseitigt ist und Reichtum gerecht verteilt wird. Eine Welt, in der die Energieprobleme gelöst sind und in der wir nachhaltig im Einklang mit der Natur leben? Eine Welt, in der Schwache und Fremde nicht mehr ausgegrenzt werden und in der die verschiedenen Kulturen mit ihren Besonderheiten sich austauschen und miteinander kommunizieren, anstatt sich zu bekämpfen. Stellen Sie sich einmal vor, was wäre, wenn sich richtig viele Menschen auf der Erde gleichzeitig Frieden, Gerechtigkeit und Harmonie wünschen?

Wünschen Sie sich niemals, dass etwas Schlechtes eintreten soll, nur aus verletzten persönlichen Gefühlen oder aus Rechthaberei, denn auch dieser Wunsch wird auf Sie zurückkommen. Wenn Sie in den Nachrichten von Katastrophen, Kriegen, Hungersnöten hören, dann wünschen Sie nie, dass es schlimmer wird! Wünschen Sie immer, dass es besser wird und dass auf der Erde Frieden, Glück, Gerechtigkeit, Naturschutz und Wohlstand zunehmen.

Wenn Sie in den Nachrichten sehen, dass eine Katastrophe mit großem menschlichem Leid passiert ist: ein Erdbeben mit vielen Toten; ein Flüchtlingsschiff mit vielen hundert Menschen, das auf dem Mittelmeer gekentert ist – dann denken Sie nicht, dass es den Menschen letztlich recht geschieht, da dieser Kontinent nun mal nicht alle Flüchtlinge aufnehmen kann, sondern wünschen Sie sich, dass sich das Gute in der Welt vermehrt. Wünschen Sie sich, dass die Menschen gerettet werden; dass die, die ertrunken sind, Frieden finden. Wünschen Sie sich, dass so etwas nicht mehr vorkommt und dass wir das Flüchtlingsproblem so lösen können, dass alle zufrieden sind.

Das gilt auch, wenn in der Politik eine Partei oder ein Kandidat gewinnt, die nicht Ihrer politischen Überzeugung entsprechen. Wünschen Sie nicht: »Möge der Kandidat scheitern« oder »Möge das Land jetzt Probleme bekommen«, sondern sprechen Sie positive Segenswünsche aus, die Ihrem politischen Naturell entsprechen, zum Beispiel: »Möge auch dieser Kandidat mit dazu beitragen, dass die Armut beseitigt wird, dass der Frieden erhalten bleibt, dass die Natur geschont wird, dass menschliche oder traditionelle Werte erhalten bleiben ...«

Wenn wir davon ausgehen, dass die Welt eine bewusste Matrix ist, in der alles mit allem verbunden ist und auch die Taten, Emotionen und Gedanken der Einzelnen auf das Ganze einwirken, dann tragen Sie auch auf diese Weise mit dazu bei, dass Politik positiv gestaltet wird, auch wenn Sie in keiner Partei engagiert sind.

Segnen beim Spazierengehen

Dies ist eine Übung, die Sie praktisch an das Segnen heranführt. Sie gehen einfach wie gewohnt spazieren und nehmen sich dabei vor, während dieser Zeit allen Menschen, denen Sie begegnen, gute Energie zukommen zu lassen: Sie segnen alle.

Das Segnen beim Spazieren ist anfangs eine Übung, später wird es bei Ihnen zum Normalzustand, das heißt, es geschieht dann aus Ihrem Herzen heraus automatisch.

Sie gehen also in Ihrer Umgebung spazieren, wobei Ihnen permanent andere Menschen begegnen. Fangen Sie dann an, ihnen gute Herzensenergie zu senden, indem Sie entweder die Lichtdusche auf diese Menschen lenken oder innerlich Bittgebete sprechen. Sie können auch beides zugleich tun.

Wenn Sie sich dazu entschließen, mit der Übung zu beginnen, dann segnen Sie ausnahmslos alle, die Sie treffen. Lassen Sie niemanden aus, weil er Ihnen aus irgendwelchen Gründen nicht gefällt. Auch wenn Ihnen ganze Menschengruppen begegnen, versuchen Sie, jedem Einzelnen positive Energie zu schicken.

Ein Vorteil dieser Praxis besteht übrigens auch darin, dass Sie irgendwann alle Menschen zumindest kurz eines Blickes würdigen, das heißt Ihre Wahrnehmung für die Mitmenschen wird im Höchstmaß geschärft.

Das Seelenlicht

Wenn Sie aus Ihrem Herzen heraus andere segnen, kann es nach einiger Zeit passieren, dass Sie bei den Mitmenschen ein wunderbares Licht erblicken. Sie entdecken ihr Seelenlicht, ein Licht, dass tief im Innern aller Menschen schlummert. Es zu sehen, kann man nicht erzwingen, es kommt von allein. Und es bringt auch nichts, wenn Sie nur darum andere segnen, um dieses Licht zu sehen. Sie sollten segnen, um zu segnen.

Nach einiger Zeit kann es passieren, dass Sie die Menschen in ihrem paradiesischen Zustand sehen. Es ist ein wichtiger Teil der meisten Hochreligionen der Erde, dass es nach dem

Leben einen paradiesischen Zustand gibt. Im Christentum, Judentum und Islam spricht man von den Himmeln oder den Paradiesen und im Hinduismus heißt dieser Bereich Devachan. In diesen himmlischen Welten erstrahlen die Menschen in völlig reinem Licht, ein Zustand, in dem sie völlig frei, gelöst und wunderschön erscheinen.

Mystiker gehen davon aus, dass dieser paradiesische Zustand das reine Sein der Menschen ist – darin erscheinen sie so, wie sie ohne all die Verdunkelungen und Verhärtungen sind, die das Leben mit seinen manchmal schrecklichen Erfahrungen mit sich bringt.

Sie werden überrascht sein, in welcher Schönheit Ihnen die Mitmenschen begegnen, wenn Sie ihr Seelenlicht erblicken. Es ist dann, als ob Sie lauter unterschiedliche irdische Engel erblicken. Sie sehen die anderen in ihrer vollkommenen Herrlichkeit. Sie treten ein in eine ganz leichte, bewundernde Verliebtheit und sind allein vom Anblick Ihrer Mitmenschen regelrecht beglückt.

Das hat dann natürlich auch gravierende Auswirkungen auf Sie selbst. Etwas in Ihnen wird »umgeschaltet«, Sie sind dann nicht mehr fähig, anderen willentlich Böses zu wünschen oder ihnen Böses zu tun. Sie sind dann durchdrungen von rein Gutem, ein Zustand innerer Ethik, den Sie nicht als Zwang empfinden, sondern der aus Ihnen heraus automatisch geschieht. Ein Zustand, der Sie leicht macht und befriedet.

Sie schaffen sich nicht zuletzt durch das Herzenssegnen Ihren eigenen paradiesischen Körper: Aus Ihnen heraus fließen ununterbrochen Ethik, Liebe und Freude, und Sie lieben nicht nur Ihre Mitmenschen permanent, sondern preisen überall das göttliche Sein. Diesen Zustand können Sie aber nicht erzwingen, sondern er überkommt Sie irgendwann automatisch, wenn Sie die Praxis des Segnens leben.

Wenn der segnende Blick missverstanden wird

Beim Segnen gilt es noch etwas zu beachten, vor allem wenn Sie eine Frau sind. Wenn Sie Ihre Mitmenschen segnen, betreten Sie die Ebene der Engel, denn das permanente Segnen ist ein Bereich des engelhaften Seins. Sie fangen darum irgendwann an, engelhaft zu strahlen – so als wären Sie in die Menschen verliebt, die Sie anschauen, was auch stimmt, da die Herzöffnung uns zum Bereich der dauerhaften Liebe führt. Manche Mitmenschen können aber das Leuchten, das dann von Ihnen ausgeht, falsch verstehen. Sie glauben dann gern, Sie würden mit ihnen flirten.

Darum empfehle ich, dass Sie beim Segnen besser dezent nach unten blicken. Es gibt eine bestimmte Blickrichtung, bei der Sie von unten oder schräg von der Seite andere anblicken und dabei segnen können. Probieren Sie es einfach aus, wie Sie segnen können, ohne dass es zu sehr auffällt.

Auch kann es sein, dass Sie aufgrund des Segnens irgendwie »komisch« wirken. Wenn Sie mit strahlendem Blick auf andere zugehen und ihnen dabei innerlich alles Gute wünschen, dann haben Sie in Ihren Augen einen Glanz, den manche Zeitgenossen leicht missdeuten können. Für einige könnten Sie dann wirken, als ob Sie gerade einen manischen Schub hätten, sodass sie Sie sogar für verrückt halten könnten. Streng genommen sind Sie in diesem Zustand auch so etwas wie ver-rückt, denn Sie sind in diesen wunderbaren Momenten aus der sozial vorgegebenen Alltagssicht herausgelöst – einer Alltagssicht, die normalerweise geprägt ist von Konkurrenzdruck, Argwohn und Misstrauen.

Ich kann Sie beruhigen: Sie sind nicht im klassischen Sinn verrückt. Verrücktheit als Oberbegriff für verschiedene medizinische Diagnosen beruht in der Regel darauf, dass Menschen plötzlich die ganze Welt als gegen sich verschworen ansehen und dabei unter großen Angstzuständen leiden, was die Betroffenen auch selbst als extrem unangenehm empfinden. In diesen segensreichen Momenten aber sehen Sie nicht die ganze Welt als gegen Sie gerichtet an, sondern Sie erleben die Menschheit als wunderbaren zusammenhängenden Organismus, dem Sie Liebe senden. Und es geht Ihnen dabei nicht schlecht, sondern im Gegenteil: Sie sind dabei sehr bewusst, innerlich friedlich und emotional sehr gut gestimmt.

Ausblick: Segnen bei Mobbing

Viele erleben heute, wie sie von Kollegen nahezu täglich drangsaliert, beschimpft oder missachtet werden. Im Allgemeinen wird in der Betriebspsychologie gelehrt, dass es sehr schwierig ist, aus Mobbingsituationen auszubrechen. Oftmals kristallisieren sich Täter-Opfer-Szenarien heraus, in denen die Opfer permanent gekränkt reagieren und sich zurückziehen, während die Täter Energie daraus ziehen, die Opfer stets aufs Neue vorzuführen, zu schikanieren und zu beleidigen. Manchmal sind sich die Täter des Mobbings bewusst, manchmal tun sie es auch unbewusst und kreiden die Opfer als »übersensibel« und »mimosenhaft« an.

Mittlerweile gibt es zahlreiche Angebote, um mit solchen Konflikten umzugehen – rhetorische Verteidigungsmaßnahmen, vertrauliche Aussprachen mit den Tätern, Gespräche mit den Vorgesetzten bis hin zum Berufswechsel.

Eine interessante Frage ist: Werden solche Situationen entschärft, wenn Sie die Täter segnen? Probieren Sie es aus, und segnen Sie die Person, die Sie mobbt, mit ganzem Herzen.

Die Situation, in der Sie stecken, ist derzeit sowieso gegeben. Sie müssen weiterhin jeden Tag zur Arbeit und treffen dort weiterhin täglich diesen Menschen. Sie können deswegen leiden, oder Sie können sich entschließen, die Situation aktiv in die Hand zu nehmen und selbst zu gestalten, indem Sie die Person segnen.

Die Angriffe werden vielleicht anfangs weitergehen, Sie werden aber nach kurzer Zeit ziemlich sicher eine neue Leichtigkeit spüren. Sie erkennen wahrscheinlich, dass die Person, die Sie mobbt, selbst auf irgendeine Weise in einer schwierigen Situation steckt. Indem Sie die Person segnen und ihr alles Gute wünschen, bekommt sie tatsächlich einen energetischen Kick, der einen positiven Nutzen mit sich bringt. Auch Sie selbst werden dabei mit Energie aufgeladen und kommen aus der Schwere, die Sie vorher spürten, heraus. Sie erlangen eine andere Ausstrahlung, die auch der anderen Person nicht verborgen bleibt. Dieses Segnen kann bewirken, dass sich die Opfer-Täter-Beziehung auflöst. Es kann sein, dass die Person, die Sie mobbt, an Ihnen völlig neue Seiten entdeckt, genauso auch, wie Sie selbst »den Täter« in einem völlig neuen Licht erleben.

Über die Weisheit des Herzens

Durch die Öffnung des Herzlotos nehmen auch Ihre Intelligenz und Ihre kognitive Wahrnehmung zu. Es ist, als ob Ihre Wahrnehmung davor wie durch Scheuklappen oder eine Art Jalousie verdeckt war – und nun fallen diese Begrenzungen weg.

Der Herzlotos besitzt eine eigene Intelligenz, die unmittelbar wahrnimmt. Im Gegensatz dazu steht die rein rationale Intelligenz des Verstandes, die sich eher abgrenzt und ständig nach Problemen sucht, wo keine sind. Der logische Verstand sieht zum Beispiel Menschen pauschal als »Juden«, »Muslime«, »Machos«, »Zicken«, »Ökos« oder »Angeber«, um sie zu kategorisieren oder oftmals auch zu verurteilen.

Das Herz hingegen dividiert das Leben nicht auseinander, sondern sieht die Menschen in ihrer individuellen Vielfalt, wobei die einzelnen Aspekte in ihrem ganzheitlichen Kontext gesehen werden. So sieht es wirklich die ganze Existenz als ein einziges Fest und jeden einzelnen Menschen darin als eine Bestätigung von Gottes vielseitiger Liebe und Schöpferkraft.

Sufis sehen das Herz sogar als das eigentliche Organ der Vernunft an, wobei die arabischen Wörter für »Vernunft« und »Brust« die gleiche Wortwurzel haben: sadr. So kommt es, dass es im Mittelalter im Orient oft Mystiker gab, die auch als Wissenschaftler wirkten, wobei damals noch kein Widerspruch zwischen Wissenschaft und religiöser Erfahrung gesehen wurde.

Das Wissen des Herzens ist nichts Schweres, Belastendes, sondern im Gegenteil etwas sehr Befreiendes und Erfrischendes. Es ist ein Wissen, dass uns beschwingt und in Ekstase versetzt. Kern der Herzintelligenz ist dabei ein grenzenloses Staunen über die Vielfalt der Welt, die Naturwunder, die Schönheiten um uns herum und auch über die jeweilige individuelle Besonderheit aller Mitmenschen.

Das Leben als gigantische Universität des Herzens

Eine Besonderheit des Lebens mit offenem Herzlotos ist, dass uns ständig Wissen zugeflogen kommt. Wie der Sufi-Heilige Al Ghazzali berichtet, ist dies eines der Kennzeichen für Heiligkeit: dass man alles Denkbare über die Dinge einfach weiß, indem man sie betrachtet.

Das ist wirklich genial. Durch ein geöffnetes Herzlotoszentrum strömen uns permanent Informationen zu, während wir die Dinge einfach nur anschauen. Es ist keine Reproduktion von bereits Gewusstem aus dem analytischen Verstand heraus. Es ist ein Zustand großer Klarheit, aus dem heraus uns die Informationen zukommen. Die Dinge um uns herum »teilen sich uns mit«. Als würde die Welt um uns herum zu uns sprechen, ganz ohne Worte.

Diese grundlegende Öffnung für neue Informationen kann man auch als »Betreten der Herzensuniversität« bezeichnen. Diese große Universität dabei ist das Leben selbst in all seiner Fülle, und der Zugang ist das offene Herz, durch das wir befähigt sind, all die Informationen auch aufzunehmen. Es ist eine

Universität ohne Türen und Tore. Es gibt letztlich auch nichts zu betreten, denn Sie sind bereits mittendrin in diesem gigantischen Raum des Wissens: einfach durch Ihren geöffneten Herzlotos, der Sie in tiefe Konzentration, Demut und Achtsamkeit versetzt, sodass Sie vom Leben selbst stets neu unterwiesen werden.

Dies ist eines der Geheimnisse der Sufi-Lehre: Das Leben selbst teilt uns in jedem Moment lauter neue Informationen und Eindrücke mit, und es liegt an uns, dieses Wissen aufzunehmen. Durch die permanente Konzentration auf die Brustmitte wird Ihr Verstand wieder wie der eines Kindes: gedankenlos offen für die Vielzahl an Informationen, die das Leben bietet. Der Unterschied zwischen einem Herzmenschen und einem Kind ist dabei der, dass ein erwachsener Herzmensch bereits viel Wissen mitbringt. Ein Kind weiß vom Leben jedoch vorerst nur wenig und ist leider auch offen für Manipulationen aller Art. Herzmenschen hingegen haben sich die kindliche Offenheit bewahrt, jedoch aufbauend auf dem Wissen eines Erwachsenen, sodass sie stets neue Informationen hinzugewinnen, um sie mit bereits Gewusstem zu verbinden.

Eine Sufi-Metapher dafür ist, dass das Wissen wie Milch ist: So wie eine Mutter ihren Säugling liebevoll nährt, so nährt uns das Universum im offenen Herzlotos stets mit Informationen. Es sind frische Geschenke, die das Sein uns ständig übermittelt.

Eigentlich flüstert uns das Leben andauernd Informationen zu. Was immer wieder erstaunlich ist: Viele Menschen nehmen diese Geschenke gar nicht an. Ein Beispiel: Jemand war im Ausland und berichtet von seinen Erlebnissen dort. Sind wir dafür offen, können wir aufgrund des Gesagten viele neue Informationen erhalten. Tatsächlich hören viele auch offen zu. Andere jedoch blocken ab. Sie wenden sich ab oder fallen dem Redenden gleich ins Wort, um über selbst Erlebtes zu berichten. So gehen neue Informationen verloren, und es wird nur bereits Gewusstes reproduziert.

Anders die Demut des Herzens: Hier betreten Sie eine Welt des Wissens, in der Sie stets hinzulernen. Wissen ist ein Schatz der Herzmenschen, darum verbeugen sie sich auch achtsam und demutsvoll vor all jenen, die mit dazu beitragen, dass sich ihr Horizont erweitert.

Der Herzlotos als Auge des Seins

Im geöffneten Herzlotos erkennen Sie ab einem gewissen Grad auch, dass nicht nur Sie die Welt erleben, sondern dass auch das göttliche Sein durch Sie die Welt wahrnimmt. Wenn das Göttliche alles umfasst – auch Sie –, dann meditiert es auch durch Sie auf Seine Schöpfung. In diesen Momenten gibt es Sie gar nicht mehr wirklich, was bleibt, ist die Erfahrung, dass das göttliche Sein durch Sie die Schöpfung betrachtet.

Dies ist eine weitere Erkenntnis aus der Aussage, dass wir Menschen die »Stellvertreter Gottes« sind: Wir sind über unsere Herzkelche nicht nur »Gottes Werkzeuge«, um in der Schöpfung die göttliche Energie bewusst und liebevoll zu verteilen, sondern wir sind auch so etwas wie »Gottes Augen«, durch die Er Seine Schöpfung betrachtet. Wer soll in genau diesem Moment und an diesem Ort die Welt erleben, wenn nicht Sie?

Dazu ein Experiment. Wenn Sie jetzt aus dem Fenster schauen, was sehen Sie da? Und wer außer Ihnen sieht in diesem

Moment genau das, was Sie sehen? Und selbst wenn ein anderer Mensch neben Ihnen steht und in diesem Moment aus dem Fenster schaut, dann sieht er mit einem völlig anderen Hintergrund und aus einer Verschiebung der Perspektive dennoch etwas anderes als Sie. So sieht und erlebt jeder einzelne Mensch auf dem Planeten Erde einen jeweils anderen Ausschnitt aus der unvorstellbaren Fülle des Seins.

Es gibt aktuell auf der Erde etwa sieben Milliarden Menschen. Jeder Einzelne dieser Menschen erlebt in genau diesem Moment einen ganz bestimmten Ausschnitt aus dieser Fülle des Lebens. Und nur Sie können in diesem Moment das Sein auf Ihre Art preisen.

So tragen Sie auch mit dazu bei, dass die Informationen, die das göttliche Sein in der Welt über sich sammelt, größer werden. Das ist die Aussage gleich mehrerer Mystiker aus unterschiedlichen religiösen Traditionen: Das Göttliche hat die Welt erschaffen, um über sich selbst Informationen zu gewinnen. Wir alle sind darum so etwas wie »Organe«, durch die das Sein über sich selbst Wissen hinzusammelt. Manche Menschen leben ein Leben lang nur in einem dumpfen Traumzustand, andere hingegen sind hellwach und preisen das Göttliche in jedem Moment.

Nicht nur Menschen, sondern alle Elemente in der Schöpfung sammeln permanent Informationen über die jeweilige Lebenswelt, doch wir Menschen als »Gottes Stellvertreter« haben eine besonders große Fülle an Möglichkeiten, um über das göttliche Sein in der direkten Umgebung zu kontemplieren. Wie es dazu in einem indischen Sprichwort heißt:

»Gott schläft in den Steinen,
fühlt in den Pflanzen,
träumt in den Tieren
und erwacht in den Menschen.«

Das ist ein Kern der Sufi-Lehre: Sie sind als Mensch auf der Erde inkarniert, um in Ihrer unmittelbaren Umgebung das Göttliche zu preisen. Wer soll genau an diesem Ort und genau in diesem Moment Gott erkennen und preisen, wenn nicht Sie? Nur Sie mit Ihrem Hintergrund sind in diesem Moment genau an diesem Platz und können so das Göttliche in den Wundern um Sie herum erkennen und lobpreisen.

Der Herzenszugang zur Akasha-Chronik

Wenn Sie erkannt haben, dass das göttliche Sein allgegenwärtig ist – auch in Ihnen – und Sie über Ihr Herz so etwas sind wie ein »Organ des Seins«, durch das der Schöpfer Informationen sammelt, passiert nach einiger Zeit noch etwas. Etwas im wahrsten Sinne des Wortes »Erhellendes« oder »Erleuchtendes«: Indem Sie sich mit dem Sein rückverbinden, erlangen Sie auch Zugang zu einem gewaltigen Wissensschatz. Esoteriker und Yogis nennen diesen Bereich Akasha-Chronik: einen Bereich, in dem bereits alles Wissen enthalten ist. Sufis nennen es Illyun, als eine gewaltige Bibliothek wird es beschrieben. Im Koran heißt es dazu: »Das Verzeichnis der Rechtschaffenen ist wahrlich in Illyun. Und was lehrt dich wissen, was Illyun ist? Ein deutlich geschriebenes Buch. Die Gottnahen werden es schauen« (83,18-21). Auch chassidische Juden lehren diesen Bereich: ein Himmel, der eine gewaltige

Bibliothek ist. Wie es im Alten Testament heißt: »Das Gericht nahm Platz und es wurden Bücher aufgeschlagen« (Dan 7,10).

Sie können zwar über diesen Wissensbereich nie das gleiche Wissen erlangen, wie es das Göttliche selbst hat, aber zumindest können Sie über Ihr bewusstes Herzzentrum Zugang zu Ausschnitten dieser Chronik bekommen. Manche Menschen erhalten hier zutreffende Informationen, indem sie eine Sache oder einen Menschen einfach nur vom Herzen her anschauen. Dann kann es passieren, dass ihnen bestimmtes Wissen spontan »zugeflogen« kommt. Sie schauen den anderen an und wissen gleich über einige Aspekte Bescheid.

Im Prinzip sind alle Informationen bereits in der gegenwärtigen Situation enthalten. Wenn Sie zum Beispiel wissen wollen, wie Ihr Schwiegersohn sich in der Ehe mit Ihrer Tochter verhält, müssen Sie nur den Schwiegersohn mit all seinen Eigenschaften und Aussagen betrachten. Wenn Sie wissen wollen, wie sich ein bestimmtes Geschäft entwickelt, dann müssen Sie alle vorhandenen Informationen und auch die Dinge »zwischen den Zeilen« neutral betrachten. Die Herzenssichtweise kann man auch als »Zeugenblick« bezeichnen: eine Sicht auf die Dinge ohne die Verdunkelungen unseres bewertenden Verstandes. Daraus ergibt sich dann irgendwann die Fähigkeit, einen Bereich des Geschehens um Sie herum mit Klarheit zu betrachten, sodass Ihnen daraus die gewünschten Informationen automatisch zukommen.

Prinzipiell kann jeder Mensch diesen Wissensbereich betreten, doch unsere vorgefertigten Scheuklappen hindern uns oft daran. Wichtig dabei ist: Das Tor zu dieser Wissensebene ist nicht der analytische Verstand, der bereits Gewusstes reproduziert, sondern das offene – auch ergebnisoffene – Herz, das über die Welt staunt.

Zum Betreten der Akasha-Chronik gibt es einige Übungen, die ich hier kurz erwähnen möchte: Zum Beispiel gibt es das Verfahren, Kinder oder Jugendliche völlig neutral zu betrachten und sich zu überlegen, wie sie sich im Laufe ihres Lebens entwickeln werden. Sie können auch Tiere oder Pflanzen betrachten und sich überlegen, wo sie herkommen und wie sie sich entwickeln werden. Es überrascht nicht, dass – zumindest früher – auffallend oft Lehrer, Pädagogen oder auch Kindergärtner irgendwann voller Weisheit waren, die sie auf alle Bereiche des Lebens ausdehnen konnten.

Dann gibt es die Übung, dass Sie irgendeinen Gebrauchsgegenstand betrachten und versuchen, über ihn so viele Informationen wie möglich abzurufen: Aus welchen Einzelheiten besteht er, wie wurde er produziert, was war zur Produktion notwendig, wie kann der Gegenstand eingesetzt werden und wie wird er schließlich enden? So kommt es, dass auch immer wieder Menschen während ihrer hingebungsvollen praktischen Tätigkeit erwachten und plötzlich das Leben mit klarem Blick und großer Weisheit betrachten konnten.

Allerdings: Wenn Sie Ihren Herzlotos aktivieren, dann geraten Sie ab einem bestimmten Zeitpunkt automatisch in diesen wunderbaren Bereich des Wissens. Sie müssen daher nichts extra »üben«, um schließlich die menschliche Fähigkeit der Erkenntnis zu aktivieren. Es ist aus meiner Beobachtung so, dass der Schleier vor diesem Erkenntnisfeld stückchenweise verschoben wird, das heißt, zuerst kommen Ihnen einige Informationen zugeflogen, später immer mehr. Getreu dem Sufi-Sprichwort: »Wir bekommen die Erkenntnisse nicht, wenn wir sie wollen, sondern wenn wir sie brauchen.«

Der Blick hinter die Kulissen

Der nächste Grad der Herzensschau ist der, dass Sie nicht nur durch das Betrachten von Personen oder Gegenständen lauter für Sie wichtige Informationen erhalten, sondern dass Sie auf einmal »hinter die Kulissen blicken«. Sie erkennen überall das schöpferische Urprinzip, das in allen Bereichen des Seins wirkt. Sufis nennen das »Arif-Erkenntnis«. In diesem Zustand erhalten Sie plötzlich auf so ziemlich alles Antworten. Sie sind unglaublich schlagfertig und weise.

Das heißt nicht, dass Sie wie Gott alle Geheimnisse des Universums kennen, sondern es bedeutet, dass Sie für sich innerhalb Ihres Wissensspektrums alles beantworten können. Um das Grundprinzip der Schöpfung kurz darzustellen: Die Allseele umfasst und durchdringt bewusst alle Bereiche der Schöpfung. Die ganze Schöpfung wurde in Gang gesetzt, damit die Allseele über sich selbst Erfahrungen sammeln kann. Die Schöpfung entstammt darum einem bestimmten Prinzip und kehrt wieder zu diesem Prinzip zurück. Innerhalb der Schöpfung herrscht allerdings Polarität, Yin und Yang. In der irdischen Welt gibt es überall Dualitäten, die zusammenwirken: rechts und links, männlich und weiblich, oben und unten, Tag und Nacht, Sommer und Winter, heiß und kalt, Strenge und Verspieltheit, Automatisierung und Kreativität, Ruhe und Unruhe, Monotonie und Abwechslung, Offenheit und Sicherheit und so weiter. Alles Äußere unterliegt in der Schöpfung einem Wandel, wobei sich aus dem Zusammenspiel von Yin und Yang immer wieder etwas Neues ergibt. Die Schöpfung ist wie ein kurviger, schlangenförmiger Fluss – und das Meer, in das sie strömt, ist der Zustand der Vollendung, der Vervollkommnung. Bis dahin haben die zahllosen Elemente der Schöpfung unendlich viele Informationen über sich gesammelt, die wieder zum göttlichen Ganzen zurückkehren.

Dies ist das grundlegend schöpferische Prinzip: männlich – weiblich – Nachwuchs, These – Antithese – Synthese; Aktion – Reaktion – Gegenreaktion, Position – Negation – Negation der Negation. Dieses Neue unterliegt wieder der Dialektik und ist dem Wandel unterworfen. Aus Yin oder Yang wird dann ein neues Yin oder Yang, das dann ein neues Yin oder Yang findet, mit dem es ein neues Yin oder Yang hervorbringt.

Das griechische Wort für »Dialektik« ist dabei dem Wort »Dialog« verwandt. Das heißt, durch die Entwicklungen auf der Erde hindurch tritt das göttliche Prinzip in Dialog mit sich selbst, indem die verschiedenen Facetten und Möglichkeiten des Lebens durchgespielt werden. Man könnte auch sagen, dass Gottes »linke Hand« und Gottes »rechte Hand« stetig zusammenwirken, um stets neue Ergebnisse zu erzeugen.

Der logische Verstand der meisten Menschen trifft ständig Bewertungen. Dann ist in der konkreten Situation zum Beispiel Yin stets gut und Yang stets schlecht. Vom Herzen her entfallen allerdings die Bewertungen, und Sie können in den verschiedenen Situationen stets aufs Neue dieses schöpferische Prinzip erblicken: dass das Göttliche sowohl im Yin als auch im Yang anwesend ist.

Um dieses Prinzip zu verdeutlichen, hier eine praktische Anregung: Sie lesen eine Zeitung oder schauen fern und erfahren von einer politischen Nachricht, die Sie besonders bewegt. Die übliche Reaktion ist meist die, dass die Nachricht sofort mit zahlreichen Verurteilungen bewertet wird. Versuchen Sie aber nun einmal vom Herzen her, über diese Nachricht so viele Informationen wie möglich abzurufen. Was war die Vorgeschichte dazu? Bei dieser Geschichte gibt es sicher zwei oder mehrere Seiten – welche sind das? Wie argumentiert die Gegenseite? Inwiefern haben beide Seiten auf ihre Art recht?

Dann gehen Sie einen Schritt zurück. Zu dieser politischen Nachricht gibt es eine Nachricht zuvor. Inwiefern hat diese Entwicklung die jetzige Nachricht verursacht? Und wie ist die Vorgeschichte der Vorgeschichte? Inwiefern haben bei der Vorgeschichte zu dieser Nachricht wieder beide Seiten auf ihre Art recht gehabt? So gehen Sie immer weiter zurück und erkennen, dass die aktuelle Nachricht nur eine aktuelle, stürmische Momentaufnahme innerhalb eines längeren politischen Entwicklungsprozesses voller Hin und Her und Auf und Ab ist.

Und es geht noch weiter: Die jetzige Nachricht wird wieder eine Gegenbewegung auslösen, die dazu führt, dass es neue Nachrichten geben wird, die wieder bei einigen Stürme der Begeisterung und bei anderen Stürme der Empörung auslösen werden – und wieder werden dabei beide Seiten auf ihre Art recht haben. Aus dieser Dynamik entsteht mit der Zeit eine völlig neue sozialpolitische Bewegung, die mit der aktuellen Anfangsnachricht nur noch wenig zu tun haben wird. Und diese neue Strömung wird wieder Gegenwind erzeugen, wobei wieder beide Seiten auf ihre Art recht haben werden ... So ist die politische Entwicklung seit Jahrhunderten ein permanentes Auf und Ab, und die jetzige Nachricht ist nur eine Momentaufnahme. Wenn Sie diese Betrachtungsweise für mehrere Wochen anwenden, indem Sie sich eine Nachricht herausfischen, die Sie besonders bewegt und sie möglichst neutral auf ihre Vorgeschichten untersuchen, werden Sie wahrscheinlich »hinter die Kulissen« zu blicken beginnen. Etwas in Ihnen wird erwachen, und Sie verstehen dieses grundlegende dynamische Modell von Yin und Yang in der Schöpfung.

Grundsätzlich gilt, dass die ganze Schöpfung in Bewegung, in Entwicklung ist. Alles Irdische unterliegt darum auch einem Wandel. Nur der geöffnete Herzlotos bleibt inmitten des Orkans stets in sich ruhend.

Das Prinzip des Flusses lässt sich auch in allen Religionen finden. Schon Heraklit sprach: »Panta rhei« (»Alles fließt«), um auf das dialektische Zusammenspiel in der Schöpfung hinzuweisen. In China heißt dieses Wandlungsprinzip Tao, in Japan Do und im Islam Tariq.

Eigentlich dürften sich nur Menschen, die das Glück haben, in großem Wohlstand zu leben, Stillstand wünschen, um am Erreichten festzuhalten. Im Arabischen gibt es das geflügelte Wort »das Wasser festhalten«. Damit ist gemeint: Auch wenn wir versuchen, den irdischen Moment festzuhalten, ist es nur kurzfristig möglich – langfristig verändert die Zeit alles.

Doch es gibt eben etwas, das bleibt: die freudige Ruhe inmitten Ihres Herzens. Wenn Sie dieses Prinzip einmal begriffen haben, können Sie es mit jedem beliebigen anderen Prinzip verbinden und auf dieser Grundlage fast alle Fragen beantworten.

Das dialektische Prinzip können Sie auf so ziemlich alles anwenden: Politik, Geschichte, Kultur, Volkswirtschaft, Wetter, Mode, Medizin, Musik, Kunst, Jugendkulturen und so weiter. In der Lehre der Reinkarnation zum Beispiel wird das Schicksal einer Person in diesem Leben so erklärt, dass es ein Ausgleich für die Taten in einem vergangenen Leben ist. Wenn Sie sich für jüdische Mystik und Kabbala interessieren, dann können Sie die Entwicklungen auf der Erde so erklären, dass der »Lebensbaum« mit seinen verschiedenen Ästen

(Emanationen) stets wieder ins Gleichgewicht kommt. Wenn Sie Anhänger des Taoismus sind, dann können Sie es so erklären, dass das sich stets wandelnde Sein immer wieder zur ausgleichenden Mitte strebt.

Die dialektische Erkenntnis ist eine spirituelle Konstante, die sich in zahlreichen Kulturen und Religionen finden lässt. Schon in Platons Kosmologie und später bei Plotins Allseele lassen sich Züge davon finden. Im Sufismus zum Beispiel bei Rumi und Ibn Arabis »Ringsteinen der Weisheit«, wonach Gott durch verschiedene Epochen hindurch den Menschen neue Propheten schickt, die auf ihre Art den Glauben erneuern, um so die Menschheit zur Entwicklung anzuregen. In Europa findet sich die Lehre der dynamischen Entwicklung auch bei Spinoza und später bei Romantikern wie Herder und Schelling – auch in Hegels Logik zur Phänomenologie des Geistes, nach der wir Menschen uns durch verschiedene geschichtliche Stationen entwickeln, um irgendwann zur Vollkommenheit zu gelangen.

Wenn Sie vom Herzen her dieses schöpferische Prinzip verstanden haben, können Sie in diesem Zustand fast alle Fragen schlüssig beantworten. Manche sprechen in diesem Zusammenhang von »Erkennen« oder »Erleuchtung«. Dieser Bereich des Wissens ist auch wirklich etwas Wunderbares. Allerdings entspricht er noch nicht der Einheitserfahrung des Samadhi. Sie können zwar in diesem Bereich das Problem der Theodizee lösen – der alten Frage, warum ein guter und allmächtiger Gott Böses zulässt: Eine Antwort ist die, dass Missgeschick nur auf der irdischen Ebene stattfindet und auch stürmische Veränderungen als Ausgleich innerhalb einer universellen Bewusstseinsentwicklung stattfinden. Das heißt: Das universelle Bewusstsein entwickelt sich auf der Erde nicht nur sanft und friedlich, sondern oftmals auch in Umstürzen,

Umbrüchen, Katastrophen und Kriegen. Sie erkennen so, dass die Opfer einer bestimmten sozialen Umwälzung dies als Teile des Ganzen erlebten.

Das eigentliche Samadhi ist erst dann verwirklicht, wenn Sie mit dem gleichen Langmut nicht nur Geschehnisse von außen, sondern auch Ihr eigenes, persönliches Schicksal betrachten können. Oder anders formuliert: Samadhi erlangen Sie, wenn Ihr Herz auch im persönlichen Auf und Ab wie das Auge des Hurrikans bleibt, wie ein Ball, der sich auf den Wogen des manchmal friedlichen und manchmal stürmischen Meeres getragen weiß.

Die universelle Liebe

Wenn Sie eine Zeit lang die Herzensübungen gemacht haben, kommen Sie zur Erfahrung der universellen Liebe. Diese Liebe entspringt der göttlichen Barmherzigkeit und durchdringt nahezu alle Bereiche der Schöpfung. Sie ist wie eine Substanz, die durch alles hindurchscheint. Mögen die Mauern noch so dick sein, dieses göttliche Energiefeld durchdringt sie.

Das Einzige, was sich gegenüber dieser Energie verschließt, ist der Verstand von uns Menschen, der sich gern abschottet und abgrenzt. Doch indem Sie sich vom Herzen her der göttlichen Liebe öffnen, werden Sie auch davon durchdrungen und gesegnet. Es ist ein Zustand, der Ihnen Flügel verleiht und Sie zugleich fest verwurzelt. Es ist wie Trunkenheit bei völlig klarem Verstand oder Glückseligkeit, verbunden mit großer Energie.

Die Liebe war schon immer eines der großen Mysterien der Menschheit. Es wurden Wüsten durchquert, Berge bestiegen, Dornenhecken durchkreuzt und Festungen eingenommen – wegen der Liebe. Sie verleiht uns Flügel, lässt uns über uns hinauswachsen und gleichzeitig öffnet sie uns für das Spirituelle.

Eine Erzählung aus dem Orient verdeutlicht dies: Jede Nacht schwamm ein junger Mann durch den wilden Tigris mit all seinen Strömungen und Strudeln, um bei seiner Geliebten zu sein. Eines Nachts dann sah er im Gesicht der Frau einen Schönheitsfleck, der ihm bis dahin noch nie aufgefallen war, und er sprach sie darauf an. Die Frau aber antwortete: »Der Schönheitsfleck gehört zu mir. Du kannst mich darum nur mit diesem Fleck lieben. Tust du es nicht, dann komm ab jetzt nicht mehr, denn sonst wirst du im Fluss untergehen.«

Ja, die Liebe verleiht uns große Leichtigkeit und Gewissheit, wodurch wir auch große Kräfte erlangen. Kommt jedoch der kritisierende Verstand hinzu, so verlässt uns die Liebe. Die beflügelnde Kraft verschwindet, und wir gehen im Fluss des Lebens unter.

Die stürmische Freude Frischverliebter

Liebende geraten automatisch in spirituelle Zustände. Eine Sufi-Legende erzählt dazu: Nachdem Gott Adam und Eva aus dem Paradies vertrieben hatte, wurden sie an verschiedenen Punkten auf der Erde ausgesetzt. Voll Trauer mussten sie einander dann über Jahre hinweg auf der Erde suchen, bis sie sich schließlich auf dem Berg Arafat im heutigen Saudi-Arabien wiederfanden. Der Koran erzählt, dass beide einander dann liebevoll umarmten und dabei gleichzeitig Gott priesen, worauf Er ihnen wieder verzieh (2,36). Darum gibt es im Sufi-Islam – anders als in der christlichen Theologie – keine generelle Urschuld des Menschen (im Judentum gibt es sie übrigens auch nicht). Die Menschen werden in Islam und Judentum erst einmal grundsätzlich gut geboren, und erst die äußeren Umstände lassen sie dann möglicherweise schlecht werden.

Doch zurück zur Liebe: Seit Adam und Eva einander wiederfanden, geraten alle Männer und Frauen weltweit automatisch in spirituelle Zustände, wenn sie sich verlieben. Doch nicht nur das: Seitdem fühlen sich auch alle Menschen, die in religiöser Ekstase Gottes Barmherzigkeit erfahren, in ihre Mitmenschen verliebt.

Im Orient gibt es eine lange Tradition von Liebesgeschichten, in denen zwei Liebende auf der Suche nacheinander zahlreiche Abenteuer bestehen müssen, um dann im Moment des Zusammenkommens Gott zu preisen. Durch die irdische Liebe wird auch gleichzeitig das spirituelle Erwachen möglich. Beispiele sind die Geschichten von Ibrahim und Djamila, Aziz und Azize, Sharayar und Sheherezade oder auch von Leila und Madschnun.

Auch in zahlreichen biblisch-koranischen Prophetengeschichten gibt es diese Verbindung von irdisch-partnerschaftlicher Liebe und spirituellem Erwachen. Was ich ein bisschen schade finde: Im Westen werden die wunderbaren Prophetengeschichten hauptsächlich aus männlicher Perspektive erzählt. Im Orient ist das anders: Dort werden fast allen Propheten Frauen zugeordnet, die ihren Männern mit Rat und Tat zur Seite standen und sich ebenfalls in zahlreichen Abenteuern und harten Prüfungen bewähren mussten. Deshalb darf man auch bei diesen Frauen von Meisterinnen und Menschheitslehrerinnen sprechen, wobei die Propheten oftmals bis zum Ende ihres Lebens mit diesen Frauen ein glückliches und gottergebenes Leben führten: Da sind der »Erfinderprophet« Idries und seine Frau Hadama, die den Menschen Ackerbau, Nähkunst, Astronomie, Tierzucht, Heilkunde und Bergbau brachten; Abraham, Sarah und Haggar – wobei Sarah mit Abraham nach Ägypten floh und dort vom Pharao bedrängt wurde und standhaft blieb, woraufhin der Pharao den beiden die bereits gläubige Haggar schenkte. Später ging Haggar auf Abrahams Wunsch hin mit ihrem Sohn Ismael in die Wüste und wäre dort fast verdurstet, bis sie die heilige Quelle Zamzam fand, um die herum die heutige Stadt Mekka gebaut wurde.

Dann ist da die Geschichte von Hiob und Rahma, denen trotz ihres Glaubens Kinder und Gut genommen wurden, sodass Hiob krank wurde und Rahma als Magd Opfer von Intrigen und schwer gedemütigt wurde – doch beide verloren den Glauben nicht, um am Ende wieder gemeinsam eine neue Familie aufbauen zu können. Dann die Geschichten von Josef und Zulaica, in der Josef anfangs von seinen Brüdern als Sklave nach Ägypten verkauft wurde, wo er in den Haushalt von Zulaica kam, die ihn zu verführen versuchte, worauf Joseph dann im Gefängnis landete und schließlich die Träume des Propheten deutete, bis er als Minister das Land ordnen sollte. Als Joseph erkannte, dass ihm jemand fehlte, begab er sich auf die Suche nach Zulaica, die in schwerer Armut lebte. Sie heirateten und führten fortan ein gottergebenes Leben mit zahlreichen Kindern. Oder die Geschichten von David und Bint-Thalut – der Tochter von König Saul –, in der David auch erst zahlreiche Prüfungen bestehen musste, um sie heiraten zu dürfen.

Oder denken wir an die zahlreichen Geschichten von Davids Sohn Salomon und Bilqis, der Königin von Saba, die ebenfalls von großer Weisheit war. Um mit ihr zusammenzukommen, musste Salomon mit göttlichem Beistand erst zaubern, um dann mit Bilqis immer wieder aufs Neue Abenteuer zu erleben und den Stoff für viele spätere Weisheitsgeschichten zu weben. Natürlich sind da auch die Geschichten vom Propheten Mohammed, dem seine neun Frauen immer wieder in vielen Dingen beistanden, und der schließlich im Gebet in der Umarmung seiner Lieblingsfrau Aisha die Erde verließ – ein

Umstand, über den manche konservativen Christen und Buddhisten noch heute den Kopf schütteln, da sie davon ausgehen, dass Spiritualität und irdische Partnerschaft einander ausschließen.

Auch in Indien ist die Verbindung von Spiritualität und irdischer Liebe verbreitet, zum Beispiel in der Geschichte von Rama und Sita: Rama musste erst einen Bogenschießwettbewerb des Königs Janaka um dessen Tochter Sita gewinnen, später mussten beide aufgrund einer Intrige in den Wäldern leben. Dann wurde Sita vom Dämonenkönig Ravana entführt und schließlich wieder von Rama befreit.

Eine andere Geschichte ist die von Radha und Krishna: Krishna wuchs trotz königlicher Geburt als Kuhhirte auf und gewann durch sein Flötenspiel und seine Streiche das Hirtenmädchen Radha zur Frau, wobei beide ein Paar wurden und später als weise Regenten herrschten.

Viele Juden, Christen und Muslime tun sich heute mit Geschichten wie denen von Rama und Sita sowie Krishna und Radha schwer, da sie von den Hindus als Gottheiten verehrt werden. Soweit es mir bekannt ist, waren Rama und Krishna ursprünglich reale Personen, die als Avatare wirkten, das heißt als Menschen, die unmittelbar vom göttlichen Geist durchdrungen waren, um so die Mitmenschen zu unterweisen. Erst später wurden sie dann »vergöttlicht«.

Auch in einigen klassischen griechischen Legenden wird die Verbindung von spiritueller Entwicklung und partnerschaftlicher Liebe besungen, zum Beispiel in der »Ilyas« des Homer, in der die Rückkehr des Odysseus von Troja über mehrere Stationen hinweg nach Ithaka zu seiner Frau Penelope beschrieben wird. Viele sehen die Rückkehr von Odysseus nicht nur als Ausdruck der irdischen Liebe, sondern auch als Weg der persönlichen und spirituellen Entwicklung.

Diese Verbindung von irdischer Liebe und Spiritualität wird übrigens auch heute noch in weiten Teilen Arabiens und Asiens besungen, zum Beispiel in den zahlreichen Popsongs, die oftmals so aufgebaut sind, dass man sie als Ode an einen persönlichen Geliebten, aber auch an Gott verstehen kann. Das gilt zum Beispiel für die Lieder der in der ganzen arabischen Welt verehrten Umm Kulthum. Wie es in einem ihrer Texte heißt: »Du bist die Hoffnung meines Lebens, eine besondere Liebe, die nie endet. Das beste Lied, das mein Herz berührte und das ich nie vergesse.« (»Amal Hayati«, Text: Ahmed Rami) Dabei kann die angesprochene Person sowohl ein konkreter Mensch sein als auch der göttliche Geliebte.

Drei ineinandergreifende Formen der Liebe

Da für Sufis das göttliche Sein selbst Liebe ist, ist grundsätzlich auch jede Form der Liebe göttlichen Ursprungs. Wir mögen uns in einen bestimmten Menschen verlieben, doch in Wahrheit geraten wir durch diese irdische Liebe immer auch zur universellen Liebe. Es ist die allgegenwärtige Liebe Gottes, die überall präsent ist und die auch erweckt wird, wenn wir uns in eine schöne Frau oder einen attraktiven Mann verlieben.

So wird das partnerschaftliche Gegenüber zum Tor zur unmittelbaren Erleuchtung. Wie schon der klassische Sufi-Lehrer Junaid sagte, ist partnerschaftliche Liebe ein guter Weg, um Erfahrungen zu sammeln und den Charakter zu formen. Al Ghazzali lehrte, dass die irdische Liebe ein gutes Mittel ist, um einen Ausblick auf die Freuden der spirituellen Erleuchtung zu erlangen. Aus einer esoterischen Sicht besteht ohnehin der ganze Sinn dessen, dass wir als Menschen erschaffen wurden, darin, dass wir so erfahren können, wie man bewusst liebt.

In der Lehre von Ibn Arabi gibt es nur eine Form der Liebe. Die Liebe selbst ist göttlichen Ursprungs und darum per se gut. Allerdings nimmt die Liebe im Menschenleben grob umrissen drei Stufen an, die aufeinander aufbauen. Auf der ersten Stufe herrscht die triebhafte, sexuelle Liebe, die notwendig ist, damit Nachwuchs gezeugt wird, die aber darüber hinaus den Menschen Freude bereitet und sie bereits spirituell öffnen kann. Wie Ibn Arabi sagt: »Alle Leidenschaften verhärten das Herz – außer der sexuellen Liebe, die die einzige Leidenschaft ist, die das Herz weichmacht.«

Allerdings sind auf dieser Ebene die Partner austauschbar, so kann auch Eifersucht entstehen und es kommt doch wieder zu Verlustängsten, Kränkungen und Streitereien. Darum sollten Sie, wenn Sie als junger Mann, als junge Frau auf dieser erst mal triebhaften Stufe der Liebe sind, weiterhin bewusst in Ihrer Herzensenergie bleiben. Denken Sie daran, dass Ihre Partnerin / Ihr Partner ein fühlendes Wesen ist und dass die sexuelle Begierde etwas Natürliches ist.

Als höhere Form der Liebe wird die partnerschaftliche Liebe zwischen zwei Menschen angesehen. Anders als bei der rein triebhaften Liebe, bei der die Partner austauschbar sind, bezieht sich diese Form der Liebe hauptsächlich auf eine Person. Sie überdauert die heiße Anfangszeit und hält auch, wenn die Leidenschaft weg ist. In dieser Form der Liebe wachsen die Menschen miteinander: Es müssen Kompromisse gefunden werden und beide müssen lernen, ihr Ego zugunsten des Partners zurückzunehmen. Es müssen Formen des Miteinanders und der Kommunikation gefunden werden, sodass sich aus der stürmischen Anfangszeit eine echte Partnerschaft entwickeln kann, die auch in schwierigen Zeiten Bestand hat.

Eine noch höhere Form der Liebe ist die allumfassende Liebe. Ähnlich wie bei der rein triebhaften Lieben werden auch hier wieder die Partner austauschbar – diese Liebe umfasst nahezu alle Menschen, wobei es egal ist, wer Ihnen gerade begegnet. Die Mitmenschen werden einfach darum geliebt, weil sie existieren. Wie es dazu in einem Sufi-Sprichwort heißt: »Die Liebe ist die Welle, nicht das Ufer.« Damit ist gemeint, dass es der Welle egal ist, an welchem Fels oder an welchem Strand sie ankommt.

Auf dieser Stufe lieben Sie Gott grundsätzlich in allen Gesichtern Ihrer Mitmenschen. Wie es im Koran dazu heißt: »Er (Gott) liebt sie (Menschen) und sie lieben Ihn (Gott) « (5,54). Und wie Ibn Farid in seiner Liebesode schreibt: »In Gedenken an den Geliebten (Gott) tranken wir Wein, der uns trunken machte, noch bevor die Rebe erschaffen war.«

Im Sufismus ist die Erweckungsgeschichte vom Ägypter Dhun Nun überliefert. Es wird berichtet, dass Dhun Nun viele Jahre durch die Länder pilgerte und dabei zahlreiche Abenteuer erlebte. Einmal kam er mit einer Sufi-Frau zusammen und beide verliebten sich – doch wie es manchmal so in der Liebe ist, kamen ihm bald Zweifel. So frage er sie: »Was ist das Ende der Liebe?« Daraufhin sprach sie: »Du Narr, die Liebe hat doch kein Ende, weil auch der Geliebte kein Ende hat.« Daraufhin erwachte Dhun Nun, da er erkannte, dass das Wesen der Liebe göttlich ist und sich darum auch grenzenlos über alles ausbreitet, was existiert. Wie Rumi spricht: »Nicht ein einziger Liebender (der Mystiker) sucht die Vereinigung, wenn nicht auch der Geliebte (Gott) sie suchen würde.«

Als Beispiel für dieses Liebesbewusstsein wird in der sufischen Tradition Jesus genannt. Auch über Jesus gibt es im Orient eine Vielzahl von Geschichten, von denen viele im Westen aktuell gar nicht so bekannt sind.

In einer Sufi-Legende ging Jesus einmal mit seinen Anhängern auf der Straße, als Gegner ihn aufs Übelste beschimpften. Doch Jesus sprach zu ihnen nur schöne Worte voller Zuneigung und Respekt. Da fragten ihn seine Begleiter: »Meister, diese Menschen beleidigen dich mit schlimmen Worten und du sprichst dennoch zu ihnen nur Schönes.«

Da sprach der Legende nach Jesus zu ihnen: »Sie können nur so sprechen, weil in ihnen nur Schlechtes ist.« Er – Jesus – aber konnte zu ihnen nur Schönes sprechen, weil in ihm nur Schönes war.

Wir sind alle Kinder des einen Vaters, der einen Mutter

Im Zustand der universellen Liebe erkennen Sie, dass alle Menschen Kinder des einen göttlichen Seins sind. Zwar wissen wir vom Verstand her, dass alle Menschen Geschwister sind, doch im Zustand des verschlossenen Herzens nehmen wir noch die Position eines Geschwisterteils unter mehreren ein – permanent konkurrieren wir mit anderen, so wie sich auch Geschwister oft bekämpfen. Im geöffneten Herzen allerdings erwachen wir – etwas in uns wird »erwachsen« und wir nehmen plötzlich die Position des Elternteils ein. Stellen Sie sich tatsächlich einmal vor: Wenn alle Menschen die Kinder des göttlichen Seins sind, wer soll dann mehr oder weniger »perfekt« sein? Wer soll mehr oder weniger »wichtig«, »schön« oder »interessant« sein? Und welches menschliche Kind soll vom göttlichen Vater, der göttlichen Mutter mehr oder weniger geliebt sein?

Nehmen Sie dazu ruhig einmal den Blick eines Elternteils auf seine Kinder ein. Sagen wir einmal, eine Mutter hat vier Kinder und jedes ist anders. Das eine ist rebellisch und kämpferisch, das andere eher faul und stur, eins flunkert manchmal und eines ist so überbrav, dass es fast gar nicht auffällt. Manchmal streiten die Kinder untereinander oder sie streiten mit der Mutter. Aber glauben Sie ernsthaft, die Mutter würde eines der Kinder weniger lieben? Oder dass Gott, der Vater, eines Seiner Kinder weniger lieben würde? Oder das Gott in seiner Funktion als Schöpfer eines Seiner Kinder weniger perfekt geschaffen hätte?

Um bei dem Beispiel der Mutter mit den vier Kindern zu bleiben: Stellen Sie sich vor, eines der Kinder würde ständig die anderen Kinder tyrannisieren: Mal zieht es einem Geschwisterkind an den Haaren, mal schubst es ein kleineres, mal rebellierte es laut gegen die Mutter. Die anderen Kinder sehen sich dann natürlich im Recht und verlangen von der Mutter, dass es das Geschwisterteil bestraft. Wahrscheinlich wird die Mutter das Kind auch schimpfen oder bestrafen, aber glauben Sie wirklich, sie würde deshalb das Kind weniger als die anderen Geschwister lieben?

Wenn Sie die Perspektive des liebenden Vaters, der liebenden Mutter einnehmen, erscheinen plötzlich auch alle »Nachteile« anderer Menschen nicht mehr als Nachteile, sondern viel eher als interessante Eigenschaften.

Jeder ist vollkommen

Diese Übung ist sehr alt und wird meines Wissens schon seit Jahrhunderten überliefert. Es geht darum, eine bestimmte Sichtweise, die geprägt ist von Frieden, von Zuneigung und Akzeptanz, auf all Ihre Mitmenschen zuzulassen.

Für diese Übung nehmen Sie sich anfangs wieder bewusst Zeit – sagen wir eine Stunde. Wenn Sie diese Übung öfters ausführen, dann brauchen Sie diese zeitliche Vorgabe nicht mehr, es wird für Sie zur Selbstverständlichkeit. Um aber dahin zu gelangen, sollten Sie die Übung regelmäßig in einem bestimmten vorgegebenen Zeitrahmen machen. Diese Übung führen Sie außerhalb Ihres Zuhauses an einem neutralen Ort aus, von dem aus Sie ungestört mehrere Menschen beobachten können. Wichtig ist dabei, dass es nicht Ihr direktes persönliches Umfeld ist. Wenn Sie die Übung anfangs in der direkten Familie, in der Nachbarschaft oder bei der Arbeit praktizieren, dann laufen Sie Gefahr, dass zu viele ungelöste Konflikte hochkommen. Wichtig ist auch, dass Sie sich dabei sicher fühlen und am besten ungestört sitzen. Sie sollten also nicht in unangenehme Gespräche verwickelt werden oder Ähnliches. Später allerdings erübrigen sich auch diese Maßnahmen.

Früher saßen die Mystiker dazu auf Marktplätzen, an Straßen oder auch an Brücken. Heute können Sie dazu in einem Straßencafé sitzen, auf einer Parkbank, am Bahnhof oder Sie machen die Übung gleich während einer Bahn-, Bus- oder U-Bahnfahrt.

Sie sitzen also bequem an einem Platz, von dem aus Sie ungestört Menschen beobachten können – und meditieren wieder auf Ihren Herzlotos. Nun fangen Sie an, bewusst aus dem Herzen heraus die Menschen um Sie herum zu beobachten. Versuchen Sie, dabei nicht zu bewerten. Die Herzintelligenz verurteilt nicht. Viel eher versteht und entschuldigt sie die Menschen und auch die Geschehnisse in der Welt. Der analytische Verstand ist bei den meisten Menschen eigentlich ständig nur am Verurteilen. Das Herz hingegen sieht die Menschen eher neutral oder sogar voller Zuneigung. Es ist ein Staunen über die Menschen. Der analytische Verstand sieht bestimmte Kategorien und Menschentypen, die es zu bewerten oder gar zu verurteilen gilt. Die Herzintelligenz hingegen sieht die Mitmenschen mit all ihren Eigenheiten eher bewundernd und interessiert. Das betrifft schwierige oder laute Mitmenschen im Alltag ebenso wie ausgemachte Übeltäter und Schurken, deren Verhalten allerdings nicht gutgeheißen wird.

Fangen Sie in Ihrer Übung nun an, die im analytischen Verstand negativ bewertenden Eigenschaften eines Menschen, den sie betrachten, positiv zu sehen: Aus dem lauten Angeber wird so ein geselliger Zeitgenosse; aus dem Rowdy wird ein ungestümer Recke; aus der eitlen, zickigen Tussi wird eine selbstbewusste, junge Frau, die auf ihr Äußeres achtet; aus dem Unfreundlichen wird ein vom Leben Gezeichneter, der seine Art gefunden hat, damit umzugehen; und aus dem Gesetzesbrecher wird einer, dem es aus verschiedenen Gründen schwerfällt, auf Gesetze zu achten und der dann auch selbst unter den Konsequenzen leiden muss.

Kommen Sie immer wieder in diese neutrale Beobachtung aus Ihrem Herzen heraus. Wenn Ihnen das gelingt, tritt in Ihnen bald eine wohlige Ruhe ein, die verbunden ist mit einem Staunen und sogar einem Beglücktsein über die Menschen.

Sie können ergänzend zu dieser Beobachtung das folgende Bild benutzen: Von Ihrem Herzen geht eine feine Substanz aus, die die Menschen vor Ihnen beruhigt. Eine Art Duft oder Nebel, der die anderen, egal welches Temperament sie zeigen, befriedet. Die Menschen vor Ihnen können dann zwar immer noch laut oder hektisch sein, aber irgendetwas ist jetzt da, was sie innerlich erfüllt.

Ein Satz, den ich schon mehrfach von Herzmenschen gehört habe, ist: »Es gibt so viele wunderbare, interessante Menschen!« Dies ist der Ausdruck einer tiefen Ehrfurcht und Bewunderung, mit welcher Schönheit und Weisheit das göttliche Sein die verschiedenen Menschen geschaffen hat.

Aus Japan ist eine Geschichte überliefert, die diesen tiefen inneren Frieden symbolisiert: Zu den größten Zen-Meistern im 14. Jahrhundert gehörte Daito Kokushi, der in Japan auch als »Lehrer der Nation« bezeichnet wird. Nach seiner Erleuchtung verschwand er aus dem Kloster, und man suchte viele Jahre nach ihm, bis man ihn schließlich unter einer Brücke bei den Obdachlosen lebend fand. Man holte ihn von dort weg, damit er der Lehrer des Kaisers wurde. Auf seine Zeit als Bettler angesprochen, schrieb er das folgende Gedicht:

»Sitzend in tiefer Versenkung
Siehst du die Menschen
Kommen und Gehen
Über die große Brücke
Wie Bäume, die im Gebirge wachsen.«

Und Tenkai, der große Wiederbeleber des Zen im Japan des 17. Jahrhunderts, der viele Schüler bis zu Erleuchtung begleitete, wandelte Daitos Gedicht folgendermaßen ab:

»Sitzend in tiefer Versenkung
Siehst du die Menschen
Kommen und Gehen
Über die große Brücke
Wie sie eben sind.«

Was machen Sie allerdings, wenn Sie während dieser »Herzensstunde« angesprochen und in ein Gespräch verwickelt werden? Sie beschließen am besten innerlich, die Übung zu unterbrechen. Dann gehen Sie auf das Gesagte ein. Was nicht klappt, ist, dass Sie es einfach ignorieren, wenn Sie in diesem entspannten Liebesbewusstsein angesprochen werden: Die Situation wird sich dann eher gegen Sie wenden. In der Regel sind Sie in diesem Moment auch sehr erfrischt, und so ergeben sich daraus sogar oftmals gute, länger andauernde und interessante Gespräche. Wenn Ihr Gesprächspartner weiterzieht, können Sie die Übung fortsetzen. Falls sich aber durch die Person, die Sie anspricht, ein Gefühl der Bedrängnis ergibt, können Sie den Ort selbstverständlich auch verlassen. Sie »müssen« nicht dort bleiben, weil Sie unbedingt die Übung absolvieren wollen. Die Meditation klappt nur, wenn Sie sich sicher fühlen.

Das Herz als noch ungeborenes Kind

Hier eine weitere Übung, um in das universelle Liebesbewusstsein einzutauchen. Meines Wissens kommt diese Meditation aus der Naqshbandi-Sufi-Linie, einer Tradition, die vor allem in Indien und Zentralasien, aber auch in der Türkei verbreitet ist. Mit dieser Meditation beginnen Sie anfangs bei sich zu Hause in einer bequemen Sitzposition. Gelingt es, dann können Sie sie später auch bei Ihren Arbeiten und im täglichen Umgang mit anderen Menschen ausführen.

Sie konzentrieren sich wieder auf Ihren Herzlotos. Stellen Sie sich diesmal vor, Ihr Herzlotos ist ein Embryo, den Sie in sich in der Mitte der Brust tragen. So wie eine schwangere Mutter all ihre Liebe und all ihre Fürsorge und Aufmerksamkeit dem noch ungeborenen Leben in sich zukommen lässt, so lassen Sie Ihre ganze Aufmerksamkeit dem Herzlotos zukommen. Sie können sich tatsächlich vorstellen, dass Ihr Herzlotos noch ungeboren ist. Wenn er geboren wird, öffnet sich die Knospe und damit erwachen auch Sie.

Richten Sie darum Ihr ganzes Liebesbewusstsein zur inneren Sonne. Lieben Sie die Herzblüte so, als wäre es ein wunderbares Kind – oder als wäre es ein wunderbarer Mann oder eine wunderbare Frau. So wie Sie Ihr ganzes Liebesbewusstsein im frisch verliebten Zustand einem bestimmten Mann oder einer bestimmten Frau zukommen lassen, so richten Sie Ihre ganze Liebesenergie auf den Herzlotos. Sie werden schon nach kurzer Zeit feststellen, dass in Ihnen ganz schön viel Liebesbewusstsein schlummert – eine Liebesenergie, die vielleicht über Jahre hinweg brachlag und die auf einmal zum Erblühen kommt.

Grundsätzlich schlummert die Liebesenergie in vollem Ausmaß in jedem Menschen – nur wurden viele durch Enttäuschungen, Verletzungen oder schwierige Umstände dazu gebracht, diese kosmische Energie verkümmern zu lassen. Doch auch wenn Sie in der Vergangenheit von einem anderen Menschen enttäuscht wurden: Der Herzlotos kann Sie nicht betrügen, verlassen oder hintergehen. Wenn Sie dieser wunderbaren Knospe die ganze Liebe zukommen lassen, zu der Sie fähig sind, passiert etwas mit Ihnen: Die Knospe öffnet sich, Sie erwachen und werden dauerhaft freudig sein.

Was manchmal ein bisschen schade ist: Viele Menschen vergessen, wie viel Spaß es macht, verliebt zu sein. Es ist diese überschwängliche, überbordende Energie, die uns regelrecht Flügel verleiht. Nach dem Frischverliebtsein kommen oftmals Beziehungsroutine, Enttäuschungen und schließlich Verletzungen, die so schlimm sein können, dass wir der irdischen Liebe generell abschwören. Doch dadurch geht diese überbordende gute Energie des Verliebtseins verloren.

Aber: Was soll passieren, wenn Sie Ihre ganze Liebesenergie Ihrem Herzlotos schenken? Der Herzensquell wird Ihnen nicht wehtun. Im Gegenteil: Er wird Sie spirituell öffnen. Sie können das Gefühl des Verliebtseins voll genießen, ohne Angst haben zu müssen, enttäuscht zu werden.

Wenn Sie damit anfangen, all Ihr Liebesbewusstsein auf die Brustmitte zu richten, hat das auch schnell körperliche Auswirkungen. Es kann sein, dass Sie anfangen, flach und intensiv zu atmen, es kann auch sein, dass Sie lachen oder dass Sie weinen. Und wenn Sie lange genug praktizieren, kann es passieren, dass Sie erwachen. Sie spüren dann regelrecht, wie sich etwas öffnet. So wie ein Samen zerbricht, wenn aus ihm die Pflanze wächst, oder wie ein Ei platzt, wenn der junge Vogel nach draußen will, so spüren Sie dann regelrecht, wie sich in Ihnen der Herzlotos befreit, um endlich offen zu strahlen.

»Ich bin die Liebe«

Ein weiter guter »Trick«, um in das universelle Liebesbewusstsein einzutauchen, ist der folgende: Stellen Sie sich vom Herzen her vor, Sie sind die personifizierte Liebe. Dazu können Sie sich als positive Affirmation den Satz sagen: »Ich bin die Liebe.« Sie lieben also nicht nur andere, sondern Sie sind die Liebe in Person. Wenn Sie in diesem Bewusstsein Menschen begegnen, dann begegnet die universelle Liebe diesen Seelen.

Die Übung hierzu beginnt damit, dass Sie sich zu Hause erst einmal bei Ihren alltäglichen Arbeiten aus dem Herzen heraus vergegenwärtigen, dass Sie die Liebe sind. Wenn Sie putzen oder kochen, dann spüren Sie: Die Liebe kocht, die Liebe putzt, die Liebe spricht, die Liebe geht aufs WC und so weiter.

Wenn Sie dann außer Haus gehen und anderen Menschen begegnen, dann halten Sie dieses Bewusstsein weiter aufrecht. Es führt Sie in einen Zustand des freundlichen Lächelns und des uneigennützigen Dienens. Wenn Sie jemanden anlächeln, dann sagen Sie sich: »Die universelle Liebe lächelt diesen Menschen an.« Wenn Sie anderen dienen, zum Beispiel indem Sie ihnen einen Gefallen tun oder ihnen die Tür aufhalten, dann sagen Sie sich innerlich: »Die universelle Liebe dient diesen Menschen.«

Vor allem Menschen in der Dienstleistungsbranche können auf diese Weis(e) sehr gut im täglichen Umgang mit anderen üben, sei es im Einzelhandel, in der Gastronomie, an Rezeptionen, im Bereich der Erziehung oder Reha oder Medizin. Aber auch Menschen, die im Büro sitzen oder am Fließband stehen oder bei sich zu Hause allein arbeiten, können diese Affirmation aufrechterhalten – bei allem, was sie tun.

Wenn Ihnen diese Affirmation gelingt, fangen Sie nun an, für einen festgesetzten Zeitraum – sagen wir wieder eine Stunde – alle Menschen ausnahmslos zu lieben. Sie lieben die Menschen dabei wie gute Freunde, alte Bekannte oder nahe Verwandte, über deren Erscheinen Sie sich aus ganzen Herzen freuen. Sie begegnen dabei einem Mitmenschen und fangen bewusst an, ihn überschwänglich zu lieben.

Was machen Sie allerdings, wenn Ihnen ein Mitmensch begegnet, bei dem Sie ein tief gehendes Gefühl der Ablehnung und des Widerwillens spüren? Oftmals ist dieses Gefühl der völligen Ablehnung oder gar des Ekels nur eine Momentaufnahme, es verschwindet wieder. Manchmal ist es auch so, dass diese Person etwas Dunkles, oftmals andere Verachtendes ausstrahlt. Sie als Herzmensch würden dann überschwänglich diese Person lieben, die aber Ihnen eher Böses wünscht. Anders als beim Segnen sollten Sie so jemanden bei Ihrer Übung besser erst mal auslassen. Segnen können Sie ausnahmslos und ohne Kompromisse alle Menschen um Sie herum, nur beim Liebesbewusstsein ist es anfangs besser, diejenigen, die in Ihnen zunächst Abneigung und Abscheu erregen, zu überspringen. Sie segnen dann innerlich einfach diese Person und wenden sich anderen Menschen zu, die Sie problemlos mit Ihrem Liebesbewusstsein bedenken können.

Später werden Sie auch auf die anfangs schwierige Person Ihr Liebesbewusstsein ausdehnen können, zum Beispiel weil sie die anfänglichen »Nachteile« nun doch in einem positiven Licht sehen oder weil Sie genauer erkennen, was in dem betreffenden Menschen vor sich geht.

Wenn Sie diese Übung regelmäßig ausführen, hat das für Sie wieder bestimmte Konsequenzen: Die eine ist, dass Sie bald auch außerhalb der Übung grundsätzlich allen Mitmenschen gegenüber diese tiefe Sympathie und Zuneigung empfinden und dabei auch diesen inneren Frieden spüren. Jede Aggression, jeder Hass ist nämlich grundsätzlich umkehrbar. Aggression und Hass beziehen sich nur auf äußere Dinge, in der Regel, weil bestimmte Erwartungen von uns nicht erfüllt wurden. Die freudige Leichtigkeit aber entspricht dem Grundzustand unserer Seele.

Oft beschweren sich Menschen, dass sie keiner liebt oder dass sie von anderen nicht richtig geliebt werden. Mein Tipp dazu: Wenn Sie von anderen geliebt werden oder allgemein Liebe erfahren wollen, dann lieben Sie selbst aus vollem Herzen. Wenn

Sie von anderen gemocht werden wollen, dann fangen Sie selbst an, die Menschen zu mögen. Wenn Sie wollen, dass Ihre Mitmenschen Sie sympathisch finden, dann fangen Sie an, Ihre Mitmenschen sympathisch zu finden.

Je mehr Sie die Menschen aus vollem Herzen lieben, desto mehr kommt die Liebe auf Sie zurück. Es wird etwas freigesetzt, das Sie innerlich frei macht und befriedet. Es ist wie ein Schalter, den Sie betätigen, eine Entscheidung, die Sie treffen, um dann in die befreiende Leichtigkeit des universellen Liebesbewusstseins einzutauchen.

Wenn Sie als Frau, aber auch als Mann im Umgang mit anderen Menschen das Bewusstsein aufrechterhalten, dass Sie die Liebe sind, kann es passieren, dass sich andere sehr schnell in Sie verlieben und Ihr strahlendes Lächeln als Flirtversuch interpretieren. Darum mein Rat an Sie: Seien Sie auch hierbei vorsichtig, und passen Sie auf, dass dies speziell von Männern nicht missverstanden wird. Gewöhnen Sie sich – ähnlich wie beim Segnen – einen Blick an, durch den Sie Ihre Mitmenschen nur diskret anschauen, ohne dass diese Ihren Blick genau bemerken.

Diese Affirmation »Ich bin die Liebe« ist übrigens gar nicht mal so ungewöhnlich. Ein wichtiger Teil der Sufi-Lehre ist, dass wir Menschen in uns die göttlichen Namen, die göttlichen Attribute tragen. Wie es in Bibel und Koran heißt, lehrte Gott Adam die Namen, womit nicht nur die Fähigkeit zu sprechen gemeint ist, sondern auch bestimmte göttliche Attribute wie Gerechtigkeit, Geduld, Vergebung, Nachsicht, aber auch die freudige Liebe. Wenn wir uns voll und ganz auf das universelle Liebesbewusstsein in uns konzentrieren und uns dabei vergegenwärtigen, dass wir dieses wunderbare Bewusstsein sind, setzen wir das Göttliche in uns frei – bis zu einem Ausmaß, das wir Erleuchtung nennen.

Erwachen im Hier und Jetzt

Das erwachte Herz führt zum Samadhi: Sie können es auch »Erleuchtung« nennen. Buddhisten nennen es »Satori«. In der christlichen Tradition wird es als »Unio Mystica« bezeichnet, und Sufis nennen es wahlweise »Ridwan« (Erleuchtung) oder »Fana fi Allah« (Aufgehen in Gott).

Das Samadhi als Urzustand der Seele

Es ist das Wunderbarste, das nur vorstellbar ist. In diesem Zustand sind Sie unmittelbar ins Hier und Jetzt erwacht und sehen sich und die Dinge so, wie Sie sind. Genau genommen »erlangen« Sie dabei nichts – das Samadhi ist nämlich der eigentliche Urzustand unserer Seele. Die meisten Menschen haben ihn nur im Lauf ihres Lebens vergessen und mit anderem überdeckt. Oder anders formuliert: Das, was wir als »normal« wahrnehmen, ist das eigentlich Unnormale, während das Samadhi das Normale ist.

Im Samadhi erkennen wir, dass wir unmittelbar göttlichen Ursprungs sind. Bevor die Seelen die Erde betraten, weilten sie ununterbrochen im Bewusstsein dieser wunderbaren Verbindung mit Gott. Der Urzustand der Seele ist dabei reines Glück – eine Freude, die unentwegt aus sich heraus entsteht. Im Urzustand unserer Seele wissen wir auch, dass wir mit allen anderen Seelen verbunden sind – und alle Seelen sind zugleich mit der Allseele verbunden, mit dem göttlichen Sein.

Im Urzustand weilen die Seelen permanent in dieser glückseligen Aufmerksamkeit. Wenn sie aber die Erde betreten, dann vergessen sie nach und nach diese wunderbare Verbindung und erfahren Leid in allen möglichen Formen. Um es zu lindern, fangen wir an, uns in diesseitige Freuden zu stürzen, von denen wir uns Glück erhoffen: in Liebesbeziehungen, im Aufstieg in sozialen Hierarchien, in Konsumgütern, Genussmitteln und so weiter. So allerdings vergessen wir immer mehr, dass wir göttlichen Ursprungs sind und dass das Samadhi unser eigentlicher Urzustand ist.

Ihr Bewusstsein dehnt sich beim Samadhi anfangs über Ihren Körper hinaus aus. Anfangs sehen Sie sich plötzlich für einige Zeit ganz klar von außen und erkennen, dass das eigentliche Bewusstsein das Göttliche ist, das alle Bereiche der Schöpfung umfasst. Alles ist vom Göttlichen durchdrungen – die ganze Welt, Ihr Körper und Ihr Bewusstsein eingeschlossen. Die empfundene Trennung zwischen sich und der Außenwelt fällt nun weg. Wie es darum in einem Zen-Gedicht heißt: »Der Ozean und die Welle sind eins.«

Eine Erfahrung, die Sie im Samadhi machen, ist zum Beispiel, dass jeder Moment in sich völlig wunderbar ist. Es gibt nichts zu erreichen. Dieser Moment an genau diesem Ort, an dem Sie jetzt gerade sind, ist bereits voller Freude, Licht und Liebe. Dieser jetzige Moment ist einfach wundervoll. Im Samadhi brauchen Sie keine äußeren Dinge mehr, um glücklich zu sein. Glück ist der Urzustand der Seele, und in diesem Zustand wissen und erleben Sie das auch.

Sie erfahren unmittelbar Gott. Es ist aber nicht das Gottesbild, das die meisten Kirchen lehren – von einem strengen Übervater, der außerhalb der Welt über uns thront –, sondern es ist die Erfahrung des allumfassenden Bewusstseins, das alle Bereiche der Schöpfung vom Makrokosmos bis zum Mikrokosmos durchdringt.

Die Auflösung der kirchlichen Gottesbilder führt übrigens dazu, dass manche Mystiker den Gottbegriff verneinen – was bleibt, ist das reine Sein. So wird Glaube von etwas bisher Spekulativem zu einer unmittelbaren Erfahrung und der göttliche Geliebte zu einer Tatsache. Hier wird Gott nicht erklärt oder begründet, sondern unmittelbar im Herzen erfahren.

Eine genaue Beschreibung des Samadhi ist nur schwer möglich – es ist, als würde man versuchen, einem Kind das Erwachsensein zu erklären. Es geht nicht, da das Kind das Erwachsensein mit seinen kindlichen Konzepten verbindet. Die Erwachsenen sind hingegen aus den kindlichen Prioritäten herausgewachsen. Genauso ist es mit dem Erwachen: Wenn Sie das Samadhi erleben, können Sie es nur schwer in Worte fassen. Worte grenzen Dinge ein – im Samadhi hingegen erfahren Sie das allumfassende Sein, bei dem es nichts mehr auszugrenzen gibt. Es ist darum letztendlich nur erlebbar.

Der Unterschied zwischen »erleuchtet« und »nicht erleuchtet« ist darum nur schwer auszuloten. Die Erleuchtung ist nun mal unser eigentlicher natürlicher Zustand, und die Menschen im Samadhi haben das lediglich erkannt. Es gibt Beschreibungen, wie man einen erleuchteten Menschen erkennen kann. Von

Chishti zum Beispiel gibt es die bereits erwähnte Erklärung: In der Anwesenheit eines Erwachten spüren Sie inneren Frieden, Ihre Gedanken sind permanent auf Gott gerichtet, und Sie hören in sich den Urton. Rumi sagt, dass die Erwachten die Menschen sind, die auch in traurigen Zeiten ein freudiges Herz haben.

Letztendlich kann nur ein erwachter Mensch einen anderen erwachten Menschen erkennen. In der gegenwärtigen Esoterik gibt es zum Beispiel viele Menschen, die für sich beanspruchen, ein »erwachter Meister« oder eine »erleuchtete Meisterin« zu sein. Doch wie soll man einen »echten Meister« erkennen?

Dazu eine Geschichte vom ägyptischen heiligen Dhun Nun, um den sich viele wunderbare Geschichten ranken. Zu seiner Zeit gab es einen Zweifler, der meinte, Dhun Nun sei ein Scharlatan. Dhun Nun streifte daraufhin einen Ring vom Finger und bat den Mann, den Ring auf dem Markt zu verkaufen. Der Mann ging zum Fischverkäufer, zum Gemüsehändler und zum Obststand, und alle dachten, der Ring sei eine Fälschung. Dann schickte Dhun Nun den Mann zum Goldschmied, der den Wert sofort erkannte und viele Goldstücke dafür bot.

Dhun Nun erklärte: »Siehst du, so ist es auch mit dem Erwachen. Nur ein Goldschmied kann den Wert des Goldes erkennen, und nur ein echter Meister kann auch einen anderen Meister erkennen.«

Rumi, der die Geschichte kannte, schrieb: »Falschgold kann es nur geben, weil es echtes Gold gibt – und falsche Meister gibt es nur, weil die Menschen wissen, dass es echte Meister gibt.«

Darum mein Tipp: Versuchen Sie, sich im gegenwärtigen Supermarkt der Esoterik weniger den Kopf darüber zu zerbrechen, ob ein bestimmter Mensch »erwacht« oder »erleuchtet«

ist. Streben Sie lieber danach, bei sich selbst den Herzensspiegel freizulegen und selbst zu erwachen. Im Samadhi sehen Sie dann alle Menschen als erwacht an, denn das pure Sein ist der Urgrund von allem – auch von allen anderen Menschen.

Ich beobachte häufig, dass Sinnsucher einen Erwachten an moralischen Kriterien erkennen wollen: Ein Meister soll dann möglichst asexuell leben und die gleichen moralischen Werte teilen wie sie und am besten immer nur nett lächeln. Am besten sollte er so eine Art Weihnachtsmann oder Frau Holle sein, den Menschen nett zuhören und sie dann auch noch in ihren engen Lebenskonzepten bestätigen. Doch was ist zum Beispiel mit einem Menschen, der raucht, trinkt und dann auch noch ständig die Gewohnheiten und Überzeugungen der anderen infrage stellt? Kann so ein Mensch erwacht sein?

Dazu die folgende Antwort: Das Erwachen ist die Erkenntnis unserer tiefen Verwobenheit mit dem Urgrund, der auf der äußeren Ebene alles umfasst. Man kann es so beschreiben, dass wir uns dann ständig unseres Seelenlichts bewusst sind, das in allen Situationen mit allen anderen Seelen verbunden ist, auch mit der Allseele.

Unsere Charaktere und Eigenheiten allerdings entwickeln sich in der Regel vor der Verwirklichung unseres Herzens: Wenn Sie zum Beispiel vor der Erleuchtung hetero- oder homosexuell sind, sportlich oder ein Stubenhocker, belesen oder hypersexuell, dann wird sich dies nach der Herzöffnung wahrscheinlich auch nicht ändern. Aber, natürlich, es gibt immer wieder Fälle, bei denen das Erwachen zu einer Abkehr von bestimmten Gewohnheiten führte.

Es gibt Fälle, in denen Menschen schon in jungen Jahren die Erleuchtung zuteilwurde: Ein Beispiel ist Yogananda, dessen Leben auch gut dokumentiert ist. Dann gibt es Menschen, die schon vor dem Erwachen einen großen Ruhm hatten, wie etwa Rumi oder Al Ghazzali und die danach ihre Erkenntnis mit philosophischen Beispielen zu beschreiben versuchten. Wieder andere leben nach der Verwirklichung bescheiden und still weiter. So heißt es bei Ibn Arabi: Ein Erwachter fällt nicht auf, da er sich nicht mehr für äußeren Ruhm interessiert, sondern sich nur um den jeweiligen Augenblick kümmert, der mit einer bestimmten Aufgabe verbunden ist, die Gott ihm gerade zugeteilt hat. Rumi sagt, dass es einer Lampe egal sei, wo sie hängt. Wenn Gott die Lampe aktuell höher gehängt hat – dem Erwachten also Ruhm beschert hat –, dann nur, weil sie so anderen besser leuchten kann. Den Heiligen selbst ist es ziemlich egal, ob sie wohlhabend und berühmt sind oder nicht.

Die Erleuchtung in den verschiedenen Kulturen und Religionen

Das Samadhi kann die Menschen in unterschiedlicher Form ereilen. Vom Propheten Abraham wird berichtet, dass er in der Wüste über Mond und Sonne meditierte und dabei zur Erkenntnis kam, dass es ein noch höheres Prinzip – Gott – geben muss. Von Buddha wird erzählt, dass er unter dem Bodhibaum saß und darüber meditierte, wie menschliches Leiden aufhören kann. Vom Propheten Mohammed heißt es, dass er in der Höhle im Berg Hira meditierte, woraufhin ihm der Erzengel Gabriel erschien und ihm schlagartig die Einheit des Seins bewusst wurde. Vom heiligen Franziskus sagt man, dass er nach einem ausschweifenden Leben durch eine Vision von Jesus berufen wurde. Rumi erlangte die Erleuchtung, nachdem er sich zwei Tage und Nächte ununterbrochen auf dem Marktplatz von Konya gedreht hatte.

Solche Erweckungsphänomene sind nicht nur von großen Menschheitsmystikern übermittelt, sondern werden auch immer wieder im Alltag von ganz normalen Menschen, von Polizisten, Journalisten, Lehrerinnen, Studentinnen, berichtet. Der amerikanische Religionswissenschaftler William James hat dazu sogar eine ganze wissenschaftliche Studie geschrieben, in der er die Berichte von Menschen verglich, die diesen Urzustand erlebt hatten. Zusammenfassend lässt sich sagen, dass alle ein tiefes Einheitserlebnis hatten und ein Gefühl des inneren Friedens und der Passivität, ein Zustand, aus dem heraus sie hinter die Kulissen der Welt blicken konnten. Das Erkennen, durch das sich das Leben der Menschen entscheidend veränderte, war tatsächlich so, als ob sie schlagartig erwachten und einen Zustand der Transzendenz erreichten, durch den sich das Bewusstsein für den Rest des Lebens grundlegend wandelte.

Das Samadhi ist mit all dem eine anthropologische Konstante: Zu allen Zeiten und in allen Kulturen sind Menschen spirituell erwacht. Das Erwachen aber formte sich auf den Grundlagen des Bewusstseins, in dem sie zuvor lebten. So erklärt sich, dass zum Beispiel Buddha oder Mahavira, die in einer Welt lebten, in der die Menschen an Wiedergeburt glaubten, darauf aufbauend eine andere Lehre formulierten als zum Beispiel Moses, Jesus oder Mohammed, die fest in der biblischen Tradition verankert waren, oder Laotse, Konfuzius oder Dschuangse, die in einer Welt lebten, in der die Menschen an Gang und Wandel des Tao glaubten.

Das Samadhi ist übrigens auch der ultimative Gottesbeweis: Allein der Umstand, dass unabhängig voneinander in allen Kulturen Menschen erwachen und dadurch den Begriff des Göttlichen entwickeln, muss darauf hinweisen, dass es etwas Göttliches gibt. Oder anders formuliert: Starre Religionen gibt es darum, weil es im Menschen einen Sinn für Heiliges gibt, der dann organisiert wird.

Warum alle Religionen göttlichen Ursprungs sind

Im Samadhi erkennen Sie, dass alle Religionen göttlichen Ursprungs sind und die Aufgabe haben, die Menschen wieder zu Gott zurückzuführen. Ein gewaltiger Ozean – mehrere Flüsse. Der Ozean ist dabei das Gottbewusstsein, und die Flüsse sind die Religionen.

Rein logisch gesehen widersprechen sich die einzelnen Religionen. Wenn die eine Religion wahr ist, müsste dann aber die andere unwahr sein? So ist es nicht, und im Samadhi erkennen Sie, dass alle Religionen auf ihre Art Richtigkeit besitzen.

Mystiker wurden auch darum immer wieder verfolgt, weil sie mit dieser Erkenntnis im Widerspruch zu den offiziellen Aussagen der Kirchen standen, die aus Machtgründen darauf bestanden, dass ihre eigene enge Auslegung der heiligen Texte die einzig richtige sei. Aber im Bereich der Mystik erkennen wir, dass »recht haben« nur eine Möglichkeit von vielen ist. Auf ihre Art haben Christen, Juden, Muslime, Hindus und Buddhisten völlig recht. Das heißt aber nicht, dass die anderen Wege falsch sind. Aus Sicht der Mystik hat Gott sich immer den Menschen mitgeteilt und unter ihnen auch immer wieder Gesandte auserwählt, um in der Sprache und Kultur ihrer Zeit anderen einen Weg zur Einheit zu weisen. Darum: ein Ozean – viele Flüsse. Ein Gipfel – viele Pfade. Oder wie es im Koran dazu heißt: »Einem jeden Volke gaben wir ein Gesetz«, »Einem jeden Volk haben wir einen Gesandten geschickt.«

Mystiker erkennen grundsätzlich, dass die ganze Schöpfung vom göttlichen Sein durchdrungen ist, dass alles aus einer Quelle kommt und dorthin wieder zurückfließt und dass auch grundsätzlich alle Religionen zum Heil führen. Diese Toleranz und Hochachtung gegenüber anderen Religionen ist oft eine Auffälligkeit bei Mystikern – auch wenn diese selbst fest in einer religiösen Tradition verankert sind.

Junaid, ein bekannter Sufi aus Bagdad, verglich Gott mit Wasser und die Religionen mit gefärbten Gläsern. Wenn die einen sagen, das Wasser sei rot oder blau, dann nicht, weil es rot oder blau ist, sondern weil es die menschgemachte Färbung in diesen Gläsern annimmt.

Auch Rumi lehrte diese grundlegende Toleranz gegenüber allen Religionen. Zu seinen Zuhörern in Konya am Ende der Seidenstraße gehörten darum nicht nur Muslime, sondern auch Christen, Juden und sogar Buddhisten. Auf die religiösen Unterschiede angesprochen, erzählte er die folgende Geschichte: Einst kam ein Elefant in eine Stadt voller Blinder, und jeder bekam ein Stück von ihm zu fassen. Bald schon stritten die Blinden untereinander bei der Frage, was für ein Wesen da den Weg zu ihnen gefunden hätte: Die den Rüssel ergriffen, sagten, er sei wie eine Schlange; die die Ohren fassten, sagten, er sei wie eine Palme; die die Beine fassten, sagten, er sei wie ein Baumstamm; und die den Rücken fassten, sagten, er sei wie ein Thron. Tatsächlich aber sah der Elefant eben aus wie ein Elefant. Es war nur ihre Blindheit, die die Menschen streiten ließ.

Auch von Franz von Assisi ist diese Toleranz überliefert. Nach seiner Erweckung pilgerte er mit den Kreuzfahrern nach Ägypten, um die Menschen dort das Christentum zu lehren. Von der Brutalität und Rohheit der Kreuzfahrer abgestoßen – beim Massaker von Damiette wurden mehrere Tausend Menschen getötet – pilgerte er selbstständig an den Hof des

Sultans, der von Franziskus gleich angetan war. Der Überlieferung nach traf der Heilige am Hof des Sultans auch islamische und christliche Mystiker, mit denen er über Gott diskutierte. Er kehrte daraufhin nach Europa zurück und lehrte, dass in allen Religionen Wahrheit enthalten sei. Darüber hinaus forderte er die Christen auf, gemeinsam mit den Muslimen und Juden täglich zur gleichen Zeit zu beten, damit – trotz der theologischen Unterschiede – alle regelmäßig zu einem gemeinsamen Gott beten würden.

Oder der japanische Zen-Meister Gasan, der nach der Lektüre des Matthäus-Evangeliums sprach, dass auch darin Worte stehen, die die Menschen zur Befreiung führen. Oder der indische Mystiker Darah Shukoh, der in seinem Werk »Nagm al Bachr« lehrte, dass Islam und Hinduismus gleichermaßen zur Erkenntnis Gottes führen.

Im Koran steht: »Einem jeden Volk gaben Wir (Gott) eine Religion und einen offenen Weg. Wenn es Allah nur gewollt hätte, so hätte Er euch allen nur einen Glauben gegeben. So aber will Er (Gott) euch in dem prüfen, was euch aufgetragen wurde. Wetteifert daher in guten Taten, denn Ihr werdet alle zu Allah zurückkehren« (5,48).

Das Samadhi als Ende und als Beginn der Reise

Wenn ich in meinen Kursen vom Samadhi berichte, werden manche Zuhörer unruhig. Die Aussicht, einen anderen Bewusstseinszustand zu erlangen, einen grundsätzlich anderen Blickwinkel aufs Leben, klingt für sie regelrecht verstörend. Sie wollen lieber so etwas wie eine Herzöffnung möglichst ohne Samadhi, da sie glauben, dass das Samadhi eine Art

Schlusspunkt ist, etwas, das ihr Leben in der ihnen vertrauten Form komplett beendet.

Ich kann solche Menschen aber beruhigen: Das Leben geht auch nach dem Samadhi seinen ganz normalen Gang weiter. Sie werden danach genauso früh aufstehen, zur Arbeit gehen, einkaufen und Ihre Wohnung putzen. Nicht das Leben ändert sich, sondern Ihre Sicht auf das Leben.

Wenn Sie gut im Leben stehen, dann wird sich nach dem Samadhi erst mal nichts ändern. Wenn Sie nicht so gut dastehen, dann erkennen Sie jetzt, dass Sie in einer vertrackten Lebenssituation sind. Durch das Samadhi haben Sie eine Art Erweckungserlebnis, das Sie dann in ein völlig neues Leben starten lässt.

Manchmal höre ich Sätze wie »Ich habe noch vor, etwas Bestimmtes zu machen. Nach dem Samadhi geht das dann doch nicht mehr, oder?« »Ich will noch eine Familie gründen und Kinder kriegen.« »Ich will noch einen Traumpartner finden, ein bestimmtes Seminar besuchen und eine Weltreise machen«. Sie können das alles aus vollem Herzen auch nach dem Samadhi erleben. Diese Befürchtungen klingen so, als ob Kinder sagen, sie wollen nicht erwachsen werden, weil ihnen dann das Spielen mit Puppen keinen Spaß mehr machen wird. Natürlich können Sie auch als Erwachsener mit Puppen spielen, aber es sind dann auch viel freudigere, spannendere und interessantere Dinge möglich.

Manche Religionen lehren, dass das Samadhi das Ende einer sehr langen Entwicklung sei. Hindus und Buddhisten zum Beispiel sagen, dass die Menschen erst durch viele Leben hindurch Erfahrungen sammeln und an sich arbeiten müssen, um dann bewusst im Samadhi sein zu können. Der Zyklus der Reinkarnationen wird so beendet, und die Menschen gehen ins Nirwana ein. Im mystischen Christentum und im Sufi-Islam hingegen wird gelehrt, dass die Unio Mystica erst der Beginn der eigentlichen Arbeit ist. Das Gottgedenken ist damit so gefestigt, dass wir nun in allen Situationen und an allen Orten Gott preisen können. Hier erst wird darum der eigentliche Impuls fruchtbar, warum wir Menschen in die Welt gesetzt wurden: um in einer Vielzahl von Möglichkeiten das göttliche Sein immer wieder neu zu preisen.

So sagte einmal ein Mystiker: »Stell dir vor, die Welt und das ganze Universum ist eine riesengroße Galerie voller Kunstwerke, die entdeckt und bestaunt werden wollen. Oder wie eine Schatzkammer voller Geheimnisse, die erst gefunden werden müssen, um dann darüber den Schöpfer zu preisen. So ergeben sich Perspektiven, Schönheiten und Eindrücke in unglaublichen Formen, die so wahrscheinlich nur von uns Menschen wahrgenommen werden können. Doch wenn wir uns genau betrachten: Wer meditiert da eigentlich auf die göttliche Fülle um uns herum? Wer bin ich, wenn nicht pures Sein? So ist es letztendlich die göttliche Quelle selbst, die durch mich Seine Schöpfung betrachtet. Das heißt nicht, dass ich mich als gottgleich ansehe, sondern als so gering, dass da in mir für nichts anderes mehr Platz sein kann als für den himmlischen Vater, der durch mich hindurch auf Seine Welt meditiert.«

Ein weiteres Paradox, über das viele Mystiker berichten, ist: Beim Erwachen stellen Sie fest, dass die ganze Schöpfung bereits erwacht ist – also auch alle Menschen. Wie kann das sein? Es gibt auf der Welt so viel Leid, Elend, Depression, Frustration,

Ängste, Hass und Gewalt. Außerdem ergibt sich durch die bewusste Erfahrung des Seelenurgrunds ein eindeutiger Perspektivwechsel: »vor« und »nach« dem Samadhi. War der Erwachte aber auch schon vor seinem Erwachen wach?

Wieder muss man dazu sagen, dass die ganze Schöpfung vom Sein durchdrungen ist. Und das Sein ist bereits wach. Was Ihnen im Samadhi widerfährt, ist darum, dass Sie dies nur endlich bewusst erkennen.

Allerdings kann diese Erkenntnis nur schwer in Worten vermittelt werden. Worte grenzen logische Sachverhalte unmittelbar voneinander ab. Gottes Bewusstsein durchdringt jedoch alle Bereiche der Schöpfung. Wo soll da etwas nicht Göttliches sein, von dem es sich abzugrenzen gilt?

Akzeptanz

Das Samadhi führt zu einer großen Akzeptanz. Der logische Verstand will die Welt und die anderen Menschen andauernd ändern, verbessern oder korrigieren. Im Samadhi aber tauchen Sie in einen tiefen inneren Frieden ein, der Sie über die Welt staunen lässt. Sie wissen, dass alles seinen Gang nimmt und automatisch wieder ins Gleichgewicht kommt. Es gibt also nichts zu beschleunigen oder zu verbessern. Sie können zwar ab und zu die Erwartungen, Worte und Taten Ihrer Mitmenschen mit einem flotten Spruch kommentieren, aber Sie sind entspannt, weil Sie wissen: Es ist bereits alles, wie es ist.

Eine alte Frage ist, ob die Menschheit nicht stillsteht, wenn alle das Samadhi erreichen. Eine Annahme ist zum Beispiel, dass eine große Not die Menschheit vor vielen Jahrtausenden dazu gebracht hat, in Ostafrika die Savanne zu verlassen und sich auf dem Globus zu verteilen, um durch soziale und technische

Erneuerungen das Leben immer besser zu gestalten. Aber wer sagt denn, dass die Neuerungen und Erfindungen wirklich aus Not entstanden sind? Vielleicht war es auch eine Art Bestimmung, der wir Menschen einfach nur gefolgt sind?

Ich möchte dazu ein Beispiel geben: Eine Bekannte, die sich sehr für Weltraumfahrt interessiert, sprach mich darauf an, ob die Besiedelung des Weltalls überhaupt noch Sinn machen würde, wenn alle Menschen glücklich im Samadhi sind. Ich würde sagen, dass das Entwicklungsbedürfnis im Menschen eingeschrieben ist. Er will sich immer weiterentwickeln, in alle Richtungen. Und vielleicht eines Tages in den Weltraum hinaus. Wir müssen uns also wegen solcher Fragen nicht unnötig das Leben schwer machen.

Eine alte Frage ist, ob das Samadhi nicht auch fatalistisch mache, was zu der Annahme führt, dass wir Menschen ohnehin keinen Einfluss auf die Geschehnisse der Welt haben könnten – wozu auch das Erkennen des Samadhi gehört.

Tatsächlich lehren einige Mystiker, dass das Samadhi ein Geschenk des Universums ist, auf das wir keinen Einfluss hätten. Andere spirituelle Lehrer jedoch lehren ganz klar, dass es einen Weg zur Vereinigung mit dem Göttlichen gibt. Hier ein paar Beispiele: Buddha lehrte den achtfachen Pfad der Erkenntnis, Patanjali den achtfachen Pfad des Yoga, Rumi lehrte das Ritual des Sema – des rituellen Drehtanzes – und Benedikt lehrte die Regularien für die Ordensbrüder und -schwestern. So gesehen gibt es tatsächlich entscheidende Übungen und Hinweise, wie Sie Ihr Leben verbessen können – auch durch die Übungen in diesem Buch.

Tatsächlich ist es eine tiefe Erkenntnis der Mystiker, dass Gott mit uns kommuniziert, wenn wir Ihn anrufen. Wie es in den Evangelien heißt: »Bittet, so wird euch gegeben; suchet, so werdet ihr finden; klopfet an, so wird euch aufgetan.« (Matth 7,7).

Und wie es im Gebet der Muslime heißt: »Sami Allahu liman Hamidah« – Allah hört auf die, die Ihn lobpreisen.

Siddhis – übernatürliche Kräfte

In Indien wird gelehrt, dass das Samadhi »Siddhis« mit sich bringt: übernatürliche Kräfte. Manche Anbieter auf dem Esoterikmarkt werben sogar damit, dass die Teilnehmer entsprechend teurer Kurse magische Fähigkeiten wie Teleportation, Hellsicht oder das Materialisieren von Wertgegenständen erlangen.

Ich würde sagen: Vergessen Sie das erst einmal! Der Sinn des Samadhi besteht nicht darin, dass Sie magische Kräfte erlangen, sondern darin, dass Sie Ihren ganz natürlichen Seelenzustand erreichen. Um glücklich zu sein, brauchen Sie nichts Äußeres, auch keine magischen Fähigkeiten. Was passieren kann, ist, dass Ihnen durch das Samadhi bestimmte Fähigkeiten zugeflogen kommen, die man streng genommen als »magisch« deuten würde. Solche Fähigkeiten sind aber in der Regel weitaus unspektakulärer, als manche glauben – darum aber nicht weniger schön. Zum Beispiel kann es sein, dass Sie plötzlich Eloquenz im Umgang mit anderen Menschen erlangen; dass Sie ein Gespür für Kraftorte oder Heilpflanzen bekommen; dass Sie bewusst und klar träumen und in den Träumen von alten Meistern unterwiesen werden oder dass Sie plötzlich dem Atem immer neue Geheimnisse abringen. Generell gilt: Solche sogenannten Siddhis strömen Einzelnen zu, nicht weil diese Menschen es wollen, sondern weil genau diese Menschen genau diese Fähigkeit zu ihrer Zeit an ihrem Ort im Sinne des Göttlichen bestmöglich einsetzen können.

Im Fluss des Lebens

Eine Besonderheit am Samadhi ist, dass Sie sich unglaublich schnell in neue Situationen einfügen können. Sie sind jetzt nicht mehr begrenzt auf die immer gleichen Reaktionsmuster, sondern können in den unterschiedlichen Situationen des Lebens auf eine Vielzahl von Handlungsmöglichkeiten zurückgreifen, die der Situation entsprechen. Das ist aus meiner Sicht auch der Grund, warum so viele Erwachte für ihre Mitmenschen oft so unscheinbar wirken. Herausragendes Auftreten hängt oft damit zusammen, dass die Reaktionen und Handlungen der meisten Menschen immer gleich sind: Die »Besonderheit« einiger Mitmenschen ergibt sich dann durch ein immer gleiches, aber besonderes Verhalten. Wenn aber das immer gleiche, vorhersagbare Verhalten wegfällt – und nur dann kann man im Alltag optimal agieren –, dann fällt auch das »Besondere« weg, sodass Erwachte im Alltag oft völlig unauffällig sind.

In Samadhi erleben Sie sich im Fluss des Lebens. Ein bisschen verwandt ist es mit dem Flow. Asiaten sprechen vom Tao- oder Do-Prinzip, das heißt, Sie sind mit all Ihren Taten bewusst eins mit dem Lauf der Dinge. Ein Mann beschreibt es so: »Ich erlebe es wie beim Kajak im Wildwasser. Der Fluss geht seinen Gang, dem ich folge. Manchmal gibt es stürmische Stellen, manchmal seichte, manchmal ruhige, manchmal wilde, manchmal Barrieren und manchmal Unterströmungen. Ich folge nur der Spur.«

Der Meister vom Berge

Hier noch ein paar praktische Anregungen. Diese Übung hilft Ihnen bei der Erkenntnis, dass Ihr Bewusstsein nicht nur auf Ihren Körper begrenzt ist. Die meisten Menschen identifizieren ihr Bewusstsein mit dem Körper, wobei bis heute nicht einmal schulwissenschaftlich geklärt ist, wo im Körper das Bewusstsein überhaupt liegen könnte. Ist es im Kopf oder im Herzen oder im Bauch? Im Samadhi erkennen Sie, dass das Bewusstsein auch außerhalb Ihres Körpers besteht. Ihr Körper verändert sich und wird eines Tages sterben. Auch Ihre Gedanken und Ihre Gefühle ändern sich – das Bewusstsein aber bleibt. Durch diese Übung erlangen Sie nun eine konzentrierte Außensicht auf Ihre Person.

Stellen Sie sich Folgendes vor: Sie sind ein verwirklichter Swami, der im Himalaja auf einem Berg sitzt. Sie sind dabei völlig klar, voll Liebe und voll innerem Frieden und haben sich von den Belangen der Erde völlig losgesagt. Von diesem Berg herab konzentrieren Sie sich nun auf Ihren realen Körper, der im Hier und Jetzt in Ihrem Zimmer sitzt. Sie sind sowohl der Beobachtende als auch der Beobachter. Betrachten Sie sich selbst von dieser Außenperspektive. Sie können dabei jederzeit den Standpunkt wechseln. Mal stellen Sie sich den erwachten Yogi im Himalaja vor, dann wieder sehen Sie sich mit den Augen dieses Yogis von außen.

Nach einiger Zeit erlangen Sie dadurch eine nahezu totale Sicht Ihrer selbst: Sie sehen sich ganz klar mit all Ihren Eigenheiten, Bewegungen, Regungen, Gedanken und Gefühlen. Anfangs wird diese Konzentration auf sich selbst noch häufig unterbrochen, irgendwann aber gelingt sie total. Sie nehmen quasi jede Zelle Ihres Körpers wahr. Wenn Ihnen diese Außensicht länger gelingt, rückt das Erwachen recht schnell näher.

Seien Sie kopflos

Ein Grund, warum wir unseren natürlichen Seelenzustand des Samadhi nicht wahrnehmen, ist der, dass wir uns ständig mit etwas identifizieren. Auf der materiellen Ebene sagen wir zum Beispiel: »mein Haus, mein Schmuck, mein technischer Schnickschnack, mein Auto, meine Frisur, meine Kleidung«.

Die materielle Ebene kann auf dem spirituellen Weg ziemlich schnell verlassen werden. Wirklich problematisch sind aber die nicht-materiellen Identifikationen: »meine politische Überzeugung, meine Gedanken, meine Meinung, mein Wissen, meine Erwartungen ans Leben, meine Gefühle, meine schwierige Vergangenheit, meine Sicht auf die Mitmenschen« und so weiter.

Wie die Betonung auf das Materielle kommen auch die nicht-materiellen Identifikationen nicht wirklich aus uns selbst, sondern verfestigen sich in einem längeren Sozialisierungsprozess. Was wir als selbstständigen Charakter wahrnehmen, wird uns fast vollständig von der uns umgebenden Gesellschaft anerzogen: von Eltern, Kindergarten, Schule, Freunden, Bekannten und Massenmedien.

Um über das Sein und das Nicht-Sein zu meditieren, gibt es eine weitere sehr mächtige Methode aus dem Zen. Stellen Sie sich dafür vor, Sie seien kopflos. Nehmen Sie sich dafür wieder eine gewisse Zeit zum Üben, zum Beispiel eine viertel, eine halbe oder auch eine volle Stunde. In dieser Zeit sind sie kopflos. Nach und nach dann wird dieser Zustand so mächtig, dass Sie ihn auch außerhalb der Meditation spüren können, was letztendlich darauf hinausläuft, dass Sie sich mehr und mehr von den Fallstricken des Egos befreien.

Diese Übung ist eher eine Alltagsübung, sie macht wenig Sinn im stillen Sitzen, sondern dann, wenn Sie sie im Alltag anwenden, am besten im Umgang mit anderen Menschen. Sie stellen sich also tatsächlich vor, Sie seien kopflos: Ihr Rumpf, Ihre Arme, Ihre Beine sind noch da und funktionieren weiter, aber der Kopf fehlt. Sie sind nur noch pures Sein, ohne alle gedanklichen und emotionalen Anhaftungen. Sie existieren einfach ohne alle Probleme.

Wenn Sie diese Übung im Alltag im Umgang mit anderen anwenden, kann es natürlich sein, dass Sie auch immer wieder sprechen müssen. Grundsätzlich gilt, dass wir unsere Konzepte von der Welt, dem Leben und unseren Mitmenschen immer wieder neu durch Worte bestätigen. Daher: Schweigen Sie während des Übens so viel wie möglich. Seien Sie ganz Hören und Wahrnehmen. (Ja, diese Wahrnehmungsorgane bleiben Ihnen natürlich auch »ohne Kopf«.)

Wenn Sie angesprochen werden und antworten müssen, dann sagen Sie so wenig wie möglich. Es kann sein, dass Sie Ihre Stimme dabei wie aus einer anderen Welt hören. So lernen Sie, nicht nur anderen zuzuhören, sondern auch sich selbst zuzuhören, sodass Ihnen bewusst wird, wie Sie Ihre Konzepte von der Welt und Ihren Mitmenschen durch viele Worte unentwegt aufrechterhalten.

Ihre Mitmenschen werden Sie in diesen Momenten als schweigsam, eventuell sogar als mürrisch ansehen, das sollte aber kein Problem sein, da es meist akzeptiert wird, wenn jemand immer wieder mal wenig redet.

Sie können die Übung auch dadurch unterstützen, dass Sie sich im Bereich des Kopfes eine Frische, eine Kühle vorstellen, die Sie im kopflosen Zustand auch nicht verlässt, wenn bestimmte Situationen hitzig werden.

Die Matrix

Im Zustand des Samadhi wird Ihnen bewusst, dass alles mit allem verbunden ist – und nicht nur das: Alles ist von einer unsichtbaren Lebenskraft durchdrungen. In der Geschichte der Menschheit haben unabhängig voneinander viele Mystiker, Schamanen und Philosophen darüber berichtet. Karl von Reichenbach nannte es die »Od-Kraft« und Franz Anton Mesmer das »Allfluidum«. Im Yoga wird dieses bewusste Feld »Tantra« genannt: »Gewebe« oder »Kontinuum«. Auch das Wort »Sufi« bezieht sich darauf: Auf Arabisch heißt Sufi »Wolle«, was daher rührt, dass sich die frühen Muslime in reinweiße Baumwollgewänder kleideten, um sich so vom Reichtum der Welt abzugrenzen. Eine andere Bedeutung ist jedoch, dass Sufis mit dem göttlichen Sein verwoben sind. Ich nenne hier dieses bewusste, allumfassende Feld »Matrix«. Sie können es aber auch als »Netz«, »Gewebe« oder »Kontinuum« bezeichnen.

Normalerweise ist diese Matrix für uns Menschen unsichtbar. Seher nehmen dieses allumfassende Netz jedoch in einem speziellen Violettton wahr. Es ist nicht statisch, sondern fließend: Auch wenn Menschen, Tiere, Pflanzen und Gegenstände scheinbar fest und von anderen Dingen abgrenzbar sind, so hängt doch alles zusammen und ist in einem permanenten Fließen.

Die moderne Wissenschaft tat sich lange Zeit mit der Erkenntnis schwer, dass alles miteinander verbunden und im Fluss ist und dann auch noch pulsiert. Bis zur Mitte des 20. Jahrhunderts gab es jedoch auch von westlich geprägten Ethnologen zahlreiche Berichte über Urvölker, deren Schamanen auf scheinbar primitive Art davon sprachen, dass in der Natur alles zusammenhängt und beseelt ist. Heute sieht es die fortschrittliche Wissenschaft allmählich ähnlich.

Die Matrix-Übung gestaltet sich anfangs vielleicht schwer – nach einiger Zeit aber gelingt Ihnen auch diese Praxis sicher mühelos. Sie nehmen sich zunächst eine bis fünf Minuten Zeit. Sie können die Übung zu Hause machen, sinnvoll ist es aber auch, sie regelmäßig unterwegs zu praktizieren, am besten im Freien. Passen Sie dort jedoch im Straßenverkehr auf und auch darauf, dass Sie mit anderen Menschen nicht zusammenstoßen. Es kann nämlich sein, dass Ihnen die Matrix schlagartig bewusst wird und Sie davon so überwältigt sind, dass Sie alles um sich herum vergessen. Bringen Sie sich also nicht in Gefahr.

Sie können sitzen oder gehen. Schauen Sie auf die Uhr, wenn Sie zum Beispiel beschließen, diese Übung drei Minuten lang zu machen, dann bleiben Sie innerhalb dieser Zeit in folgender Vorstellung: Alles ist von der Matrix durchdrungen, sie stellt eine Art bewusstes Feld auch außerhalb des menschlichen Bewusstseins dar und ist fließend in Bewegung. Schauen Sie auf die Bäume, die Blumen, die Wiesen, die Vögel und Tiere und die Wolken – alles ist von der Matrix durchdrungen. Stellen Sie sich bewusst vor, wie Alles mit Allem zusammenhängt!

Sie sehen weiter hinten einen Baum? Stellen Sie sich vor, wie der Platz vor Ihnen von der Matrix durchdrungen ist und bis zum Baum reicht. Und weiter, bis zum Himmel!

Sie sehen ein Gewässer? Stellen Sie sich vor, wie die Matrix das ganze Wasser durchdringt inklusive aller Lebewesen und Pflanzen darin. Dann schauen Sie auf den Übergang zwischen Wasser, Luft und Land. Stellen Sie sich vor, wie die Matrix auch hier alles belebt.

Sie stehen vor einem Bergpanorama? Betrachten Sie die Berge, die Bäume, die Häuser und die Wolken, und stellen Sie sich vor, dass die Matrix auch hier alles umfasst.

Nun stellen Sie sich vor, dass die Matrix auch Sie durchdringt – Ihre Arme, Beine, Gefäße, Organe, Ihren Herzlotos, Ihren Kopf, Ihre Haarspitzen. Alles an und in Ihnen ist ebenfalls von der Matrix durchdrungen.

Wenn Sie dann wieder die Umgebung betrachten, seien Sie sich dessen bewusst, dass die Matrix sowohl Sie umfasst als auch alles andere um Sie herum. Wo könnte es noch Trennung geben? Ihnen wird bewusst: Eine Trennung erfolgt nur im Kopf – in Wahrheit sind Sie und das Leben um Sie herum eins.

Wenn Sie die Übung bei sich zu Hause oder in anderen geschlossenen Räumen wie dem Büro machen, dann schauen Sie sich ebenfalls um: Sie sehen die Wände, vielleicht Bücher, Geschirr, Stifte, Werkzeug, einen Computer mit Bildschirm, Lebensmittel, Ihnen persönlich wichtige Dinge … Stellen Sie sich wieder vor, dass jedes einzelne Teil innerhalb der Matrix ist – auch wenn Ihnen die Dinge rein logisch voneinander getrennt erscheinen. Vielleicht gibt es ein Fenster? Schauen Sie aus dem Fenster, und stellen Sie sich vor, wie die Welt draußen ebenfalls von der Matrix durchwoben ist. Die Welt draußen und die Welt in Ihrem Zimmer sind auf fließende Art miteinander verbunden.

Dann schauen Sie auf sich selbst. Seien Sie sich bewusst, dass auch Sie – und alle Teile Ihres Körpers – von der Matrix beseelt sind. Wo genau ist nun noch der Unterschied zwischen den Büchern, den Stiften, den Wänden, der Welt draußen und Ihnen?

Diese Übung ist so stark, dass allein sie bei manchen zum spirituellen Erwachen führt. Wenn Ihnen diese Übung zusagt, dann sollten Sie sie regelmäßig ausführen. Auch hier gilt allerdings wieder: Weniger ist oft mehr. Wenn Sie zum Beispiel feststellen, dass Ihnen regelmäßig fünf Minuten zu lang sind, dann reduzieren Sie die Praxis auf das Maß, das Sie problemlos ausführen können.

Das Bewusstsein ausdehnen

Hier noch eine letzte praktische Anregung in diesem Buch. Auch diese Meditation, die Expansion Ihres Bewusstseins, kann Ihr Leben schlagartig verändern. Sie geht folgendermaßen: Richten Sie Ihren Fokus auf den Herzlotos, und spüren Sie dabei die Freude des Herzens. Bleiben Sie mit der Aufmerksamkeit bei dieser Freude. Nehmen Sie wahr, wie Ihr Herzlotos wächst. Er wird so groß, dass er Ihren ganzen Körper umfasst. Sie sind nun in der leuchtenden Kugel Ihres Herzlotos. Halten Sie diese Vorstellung für einige Sekunden aufrecht. Dann stellen Sie sich vor, wie sich der Lotos weiter ausbreitet, sodass er auch die Menschen um Sie herum erfasst. Bleiben Sie dabei weiter in der Freude. Wenn Sie die Freude verlieren, dann konzentrieren Sie sich wieder auf den unmittelbaren Herzlotos in der Mitte Ihrer Brust, bis die Freude zurückkommt.

Wenn Sie in der Freude sind, können Sie sich vorstellen, wie die innere Sonne sich noch weiter ausdehnt. Die Menschen um Sie herum werden so Teil Ihrer freudigen Ekstase. Dann stellen Sie sich vor, wie Ihr Herzlotos sich noch weiter ausbreitet, bis er ganze Straßenzüge umfasst. Bleiben Sie auch dabei in der Freude, und stellen Sie sich vor, dass alle Menschen, Tiere, Pflanzen und Dinge inmitten Ihres Herzlotos umherwimmeln und ein Teil der Freude sind.

Wenn Sie aus der Freude herausfallen, kehren Sie zur Meditation auf den Herzlotos zurück, bis Sie die Freude wieder spüren. Dann stellen Sie sich vor, wie sich Ihr Herzlotos noch weiter ausdehnt und die ganze Stadt und das ganze Land umfasst. Ihr Herzlotos dehnt sich noch weiter aus, bis er die ganze Erde umhüllt. Alle Menschen, alle Länder, Berge, Ozeane, Pflanzen, Tiere, alle Vögel und Fische und Wolken sind nun inmitten Ihres Herzlotos. Ihr Herz umfasst die ganze Welt, auch alle anderen Menschen und deren Herzen.

Bleiben Sie in der gedankenlosen Ekstase des Herzens. Wenn die Freude nachlässt, kehren Sie erneut zur unmittelbaren Meditation auf die innere Sonne inmitten Ihrer Brust zurück. Dann können Sie sich vorstellen, wie sich Ihr Herzlotos so weit ausdehnt, dass er Sterne, Sternensysteme und Galaxien umfasst. Alle Galaxien kreisen nun inmitten Ihres Herzlotos. Während Sie sich das vorstellen, sitzen Sie oder bewegen Sie sich weiter im Raum. Sie wissen, dass alle Mitmenschen mit ihren Herzenslichtern inmitten Ihres Herzenslichts sind. Bleiben Sie dabei in der Freude des Herzens.

Nun kommt der zweite Schritt: Stellen Sie sich vor, dass es Sie gar nicht mehr gibt. Sie sind ausgelöscht. Was bleibt, ist das Grundgefühl der ekstatischen Freude. Alles, was existiert, ist inmitten dieses gigantischen Herzenslichts. Alles, was existiert, ist diese grenzenlose Freude. Inmitten dieser unermesslichen Bewusstheit ist alles miteinander verbunden, und alles ist inmitten dieses Herzlotos.

Natürlich gibt es noch Ihren Körper, aber Ihre Person, Ihre Vorgeschichte, Ihre Gedanken und Meinungen – all das ist ausgelöscht. Die wunderbare, wimmelnde Welt inmitten der grenzenlosen Freude geht ihren Gang auch ohne Sie. Sie haben zwar noch einen Körper im Hier und Jetzt, aber Sie sind weg. Was bleibt, ist diese Ekstase. Familiär, freundschaftlich, beruflich gehen die Interaktionen mit Ihren Mitmenschen weiter, Ihr Körper agiert noch in dieser gigantischen Welt der Freude. Aber alles andere – Ihre ganze »Persönlichkeit« – ist nicht mehr da. Die Welt geht ihren Gang – auch ohne Sie. Was bleibt, ist reine Bewusstheit und Freude.

Nach dieser Übung erzählte ein Mann: »Das war die entscheidende Wende in meinem Leben. Die Energie ist durch mich hindurchgeflossen wie Licht. Dann hat sich mein Bewusstsein unglaublich ausgedehnt. So groß, dass es alle Galaxien umfasste. Irgendwann musste ich sogar lachen. Ich habe erkannt, dass alles Yin und Yang ist. Davor konnte ich mit diesem Symbol nicht viel anfangen, doch dann habe ich es verstanden: Alles ist im Irdischen ein Wechselspiel, wobei das göttliche Sein in allen Bereichen vorhanden ist. Wir alle kommen von Gott und kehren zu Gott zurück, auch wenn wir ihn nie verlassen haben. Die Schöpfung bewegt sich durch Höhen und Tiefen zurück zu Gott.«

Für Ihre eigene Praxis möchte ich Ihnen zum Abschluss noch einen Satz des türkischen Sufi-Mystikers Yunus Emre mit auf den Weg geben: »Wenn du Gott suchst, such Ihn nur im eigenen Herzen.«

Literatur

Al Ghazzali, Abu Hamid: Das Elixier der Glückseligkeit, München 1989
Al Habib, Andre: Sufismus. Das mystische Herz des Islam, Freiburg 2014
Assisi, Franz von: Sämtliche Schriften, Stuttgart 2014
Bhagavad Gita (unterschiedlichste Ausgaben)
Bingen, Hildegard von: Wisse die Wege, St. Hildegard 2012
Buber, Martin: Die Erzählungen der Chassidim, München 2014
Buddha: Die großen Reden, Köln 2014
Chandogya Upanishad (unterschiedliche Ausgaben)
Cleary, Thomas: Zen-Geschichten, München 1997
Freud, Sigmund: Das Unbehagen in der Kultur, Stuttgart 1910
Hafiz, Mohammed Shamsedin: Der Diwan (unterschiedliche Ausgaben)
Hegel, Georg Wilhelm Friedrich: Phänomenologie des Geistes, Frankfurt 2008
Ibn Arabi: Das Buch der Siegelringsteine der Weisheitssprüche, Graz 1975
James, William: Die Vielfalt religiöser Erfahrung, Frankfurt 2014
von Kempen, Thomas: Die Nachfolge Christi, Kempten 1997
Konfuzius: Gespräche, Hamburg 2011
Laotse: Tao Te King: Das Buch vom Sinn und Leben, Hamburg 2010
Platon: Sämtliche Dialoge, Frankfurt 1990
Plotin: Enneaden, Berlin 2015
Reich, Wilhelm: Charakteranalyse, Köln 2010
Rumi: Von Allem und vom Einen, Kreuzlingen/München 2008

Rumi: Matthnawi (unterschiedliche Ausgaben)
Sanai, Hakim: The Walled Garden of Truth, London 1975
Spinoza: Ethik, Hamburg 2015